Ko-Erinnerung

Medien und kulturelle Erinnerung

Herausgegeben von
Astrid Erll · Ansgar Nünning

Wissenschaftlicher Beirat
Aleida Assmann · Mieke Bal · Vita Fortunati · Richard Grusin · Udo Hebel
Andrew Hoskins · Wulf Kansteiner · Alison Landsberg · Claus Leggewie
Jeffrey Olick · Susannah Radstone · Ann Rigney · Michael Rothberg
Werner Sollors · Frederik Tygstrup · Harald Welzer

Band 2

Ko-Erinnerung

Grenzen, Herausforderungen und Perspektiven des neueren Shoah-Gedenkens

Herausgegeben von
Daniela Henke und Tom Vanassche

DE GRUYTER

ISBN 978-3-11-113025-5
e-ISBN (PDF) 978-3-11-062270-6
e-ISBN (EPUB) 978-3-11-062160-0
ISSN 2629-2858

Library of Congress Control Number: 2020937619

Bibliografische Information der Deutschen Nationalbibliothek
Die Deutsche Nationalbibliothek verzeichnet diese Publikation in der Deutschen
Nationalbibliografie; detaillierte bibliografische Daten sind im Internet über
http://dnb.dnb.de abrufbar

© 2022 Walter de Gruyter GmbH, Berlin/Boston
Dieser Band ist text- und seitenidentisch mit der 2020 erschienenen
gebundenen Ausgabe.
Coverabbildung: Chinnapong / iStock / Getty Images Plus
Druck und Bindung: CPI books GmbH, Leck
www.degruyter.com

Inhalt

Vorwort —— VII

Ko-Erinnerung denken

Daniela Henke
Von der Singularitätsthese zur Ko-Erinnerung: Prolegomena zu einem Paradigmenwechsel —— 3

Susanne Knittel
Figures of Comparison in Memory Studies: Singularity, Multidirectionality, Diffraction —— 21

Ko-Erinnerungen in der deutschsprachigen Literatur bis 1990

Sven Kramer
Zur Ko-Erinnerung in Peter Weiss' Roman *Die Ästhetik des Widerstands* —— 39

Tom Vanassche
Probing the Limits of Co-Memoration: Edgar Hilsenrath's Rhetoric of Commemoration —— 59

Literarische Ko-Erinnerung in der Gegenwart

Miriam Nandi
Multidirectional Memory and the Postcolonial Indian Novel: Vikram Seth's *Two Lives* —— 83

Johanna Öttl
‚Flüchtlingskrise' und NS-Erinnerung: Zu einem aktuellen Diskurs bei Norbert Gstrein und Vladimir Vertlib —— 99

Anna Brod
Shoah und NSU-Morde – „racism past and present": Ko-Erinnerung bei Esther Dischereit —— 119

Urania Milevski, Lena Wetenkamp
Trauma im Text: Zur Methodologie von Narratologie und *memory studies* in Nino Haratischwilis *Das achte Leben. Für Brilka* —— 135

Performative und diskursive Ko-Erinnerung

Verena Arndt
„Wir sind nicht mehr der Inbegriff des Bösen!": Ko-Erinnerung in Yael Ronens Theaterabend *Common Ground* —— 157

Rüdiger Lautmann
Engführungen des Erinnerns an die NS-Homosexuellenrepression und an die Shoah —— 175

Anna G. Piotrowska
Happy in Their Own Way, Unhappy Together: Commemorating the Romani and Jewish Holocaust in Music —— 193

Autorinnen und Autoren —— 207

Personen- und Sachregister —— 211

Vorwort

Das Wort ‚Erinnerungskultur' ist in Deutschland zentral von der Auseinandersetzung mit der Shoah geprägt. Kein Ereignis hat derart viele Debatten ausgelöst, kein Ereignis eine solch immense Anzahl an Gedenkstätten und Denkmälern hervorgebracht. Auch außerhalb der Täterländer hat die Erinnerung an die systematische Ermordung der europäischen Juden durch die Nazis eine einmalige Bedeutung – in der Politik, in der Kunst, für die Identitäten betroffener Gruppen und als Maßstab für Inhumanität und unvorstellbare Grausamkeit. Zynisch formuliert Richard Chaim Schneider in seinem Pamphlet *Fetisch Holocaust:*

> Wenn es ihn nicht gegeben hätte, müßte man ihn glatt erfinden: den Holocaust. Die Gegenwart ist undenkbar ohne ihn, die Medien, die Öffentlichkeit profitieren von ihm. [...] Der Holocaust ist eine Notwendigkeit geworden. Die Kultur der Gegenwart findet in ihm ihren wichtigsten Gegenstand, die Politik ihren wichtigsten Wertmaßstab. Alles ist Holocaust: der neue Bestseller auf der Spiegel-Liste und das Ozonloch, der Oscar-gekrönte Spielfilm und das Waldsterben, die Hühnerfarmen (Hühner-KZ) und das Leid der Palästinenser, die Gedenkfeiern und die ‚ethnischen Säuberungen' im ehemaligen Jugoslawien, historisch-wissenschaftliche Untersuchungen und die Tierversuche. Wie langweilig wäre es in unserer Gesellschaft, wenn es den Holocaust nicht gegeben hätte. (Schneider 1997, 9)

Obwohl sich die Formen der Shoah-Erinnerung und die Debatten seit der Publikation dieses Pamphlets vor mehr als zwanzig Jahren geändert haben, provoziert Schneiders Zynismus auch heute noch. Auch kann seine ‚Diagnose' immer noch Punkte für sich verbuchen, insbesondere was den inflationären rhetorischen Einsatz von Shoah-Vergleichen und Nazi-Vergleichen im Allgemeinen in allen möglichen und unmöglichen Debatten betrifft.

Innerhalb der *memory studies* gilt die Shoah weiterhin als Bezugspunkt und Maßstab. Die Auseinandersetzung mit dieser setzte ihre Themen, fand Begrifflichkeiten und prägte Diskurse. Michael Rothberg hat in seiner 2009 erschienenen Monografie *Multidirectional Memory* darauf hingewiesen, dass die Prävalenz der Shoah in Erinnerungsdebatten ein Nullsummenspiel heraufbeschwört, in welchem Erinnerungsinhalte unterschiedlicher Kollektive miteinander um Bedeutung und Anerkennung konkurrieren. Nach dieser Logik sei der Nachweis der eigenen Wichtigkeit identisch mit der Abwertung anderer Erinnerungsgemeinschaften. Rothbergs Analyse hat innerhalb der *memory studies* den Blick auf die Möglichkeit einer von Koexistenz und Dialog, von Inklusion und gegenseitiger Anerkennung geprägten globalen und multikulturellen Erinnerungskultur und -forschung freigegeben. In dem Sinne kann der hegemoniale Stellenwert der Shoah positiv umgedeutet werden, da er mit einer Tradition des Erinnerns verbunden ist, die es so vorher nicht gegeben hat und die als Leitbild für andere Kontexte dienen kann.

Rothbergs Thesen hatten weitreichenden Einfluss auf den Diskurs der *memory studies*, der in den letzten zehn Jahren eine thematische, theoretische und methodische Erweiterung erfahren hat – eine Erweiterung, die grenzenlos erscheint und immer noch andauert. Analog dazu lässt sich auch im Bereich der Kunst und Literatur eine Hinwendung zu anderen historischen Großereignissen mit Identitätsrelevanz feststellen, seien es Genozide, Kolonialismus oder Massenfluchtbewegungen. Diesen Phänomenen anhand unterschiedlicher Beispiele nachzuspüren und dabei insbesondere Figuren des Vergleichs, des Austausches, der Synergie zwischen Erinnerungsinhalten und -formen in den Fokus zu rücken, war erklärtes Ziel unserer internationalen Tagung „Ko-Erinnerung: Grenzen, Herausforderungen und Perspektiven des neueren Shoahgedenkens / Co-memoration: Limits, Challenges and Possibilities in Contemporary Shoah Remembrance", die im April 2018 in Freiburg stattgefunden hat. Mit dem Terminus ‚Ko-Erinnerung' beziehungsweise ‚Co-memoration' haben wir einen Oberbegriff für die kulturgeschichtliche und kulturwissenschaftliche Tendenz der Gegenwart gefunden, die sich innerhalb der *memory studies* in Rothbergs Thesen niedergeschlagen hat. Dabei integriert der Begriff auch andere theoretische Konzepte, Ansätze anderer Disziplinen und außerwissenschaftlicher Bereiche und benennt somit eine Denkstruktur.

Der vorliegende Band basiert zum Großteil auf den Beiträgen der genannten Tagung und kann so als vorläufiges Ergebnis einer sehr jungen und sehr gegenwartsrelevanten Debatte angesehen werden, die wir mit unserer Tagung und den auf dieser geführten Diskussionen vorangebracht zu haben hoffen. Die folgenden Beiträge repräsentieren verschiedene Disziplinen und untersuchen unterschiedliche Medien. Die erste Sektion – *Ko-Erinnerung denken* – enthält zwei theoretisch ausgerichtete Aufsätze. Der Reigen beginnt mit dem in die Debatte einführenden Aufsatz von **Daniela Henke**, „Von der Singularitätsthese zur Ko-Erinnerung: Prolegomena zu einem Paradigmenwechsel". Die Autorin zeichnet die debattengeschichtliche Entwicklung nach, die von der Vormachtstellung der Shoah bis zu der auf den Begriff der Ko-Erinnerung gebrachten Diskursformation geht. Dabei werden die Bereiche aus Wissenschaften, Theoriebildung und den Künsten eingeführt, in denen diese Tendenz zu erkennen ist, und für ihre aus zeitgeschichtlichen Voraussetzungen erwachsene Aktualität und Wichtigkeit argumentiert. **Susanne Knittel** analysiert in ihrem Aufsatz „Figures of Comparison in Memory Studies: Singularity, Multidirectionality, Diffraction" drei Figuren der Ko-Erinnerung. Für Knittel steht außer Frage, dass die Shoah-Erinnerung heutzutage nicht ohne Vergleiche auskommt. Anhand der Figuren erläutert sie, wie Vergleiche ethisch und epistemologisch produktiv stattfinden können und wie man vermeidet, dass – um mit Ruth Klüger zu sprechen – aus Vergleichen Gleichsetzungen entstehen (1992, 110).

Die zweite Sektion umfasst zwei Beiträge, die frühe Formen der *Ko-Erinnerungen in der deutschsprachigen Literatur bis 1990* in den Blick nehmen. **Sven Kramers** Aufsatz „Zur Ko-Erinnerung in Peter Weiss' Roman *Die Ästhetik des Widerstands*" bietet eine Relektüre des Textes auf der Folie von Rothbergs Thesen. Anhand von Shoah und sozialistischem Widerstand lotet der Text die Dynamik multidirektionaler Erinnerungsnarrative und ihrer unterschiedlichen Bewertungen am Beispiel einer einzelnen Familiengeschichte komprimiert aus. Dabei ist Ko-Erinnerung im Sinne eines ‚Aufeinander-Verwiesenseins' und ‚Einander-Resonanz-Seins' sowohl strukturell in der Anordnung der Figuren als auch auf inhaltlicher Ebene in der Kommunikation zwischen diesen Figuren vorzufinden. **Tom Vanassches** Beitrag „Probing the Limits of Co-memoration: Edgar Hilsenrath's Rhetoric of Commemoration" zeichnet eine Entwicklung im Schaffen des Autors nach, die darin besteht, dass Formen der Ko-Erinnerung immer präsenter und für seine Ästhetik der Provokation stets bedeutender werden. Während sich der provokative Impetus in Hilsenraths Frühwerk gegen den philosemitischen Zeitgeist der 1960er und 1970er Jahre richtet, betrifft er in späteren Texten die Singularität der Shoah. Vanassche versteht Hilsenraths Provokation als ethisch motivierte Mahnung gegen eine Ritualisierung der Erinnerung.

Die dritte Sektion umfasst vier Aufsätze über *Literarische Ko-Erinnerung in der Gegenwart*. Unter dem Titel „Multidirectional Memory and the Postcolonial Indian Novel: Vikram Seth's *Two Lives*" liest **Miriam Nandi** besagten Roman, der (auto-)biografische Züge aufweist, als Manifestation der postkolonialen Ko-Erinnerung: So verknüpft er die Erinnerung des britischen Kolonialismus in Indien mit der Erinnerung an die Shoah. Nandi weist auf die ideologischen Implikationen der Übersetzung hin, die Rothbergs Modell der multidirektionalen Erinnerung ergänzen sollten, damit euro- oder amerikanozentrische Tendenzen in unserer Theoriebildung identifiziert und entgegenwirkend reflektiert werden können. **Johanna Öttl** widmet sich unter dem Titel „‚Flüchtlingskrise' und NS-Erinnerung: Zu einem aktuellen Diskurs bei Norbert Gstrein und Vladimir Vertlib" zwei Gegenwartsromanen, die sich mit Fluchtnarrativen auseinandersetzen: Norbert Gstreins *Die kommenden Jahre* und Vladimir Vertlibs *Viktor hilft*. Sie macht deutlich, dass die beiden Texte von der – zumindest bei Gstrein dezidiert repräsentationskritischen – Suche nach Sprechgattungen geprägt sind. Dabei greifen sie ko-erinnernd auf Narrative vergangener Fluchten zurück, um sie für das Erinnern von gegenwärtigen Fluchterfahrungen fruchtbar zu machen. In ihrem Beitrag „Shoah und NSU-Morde – „racism past and present": Ko-Erinnerung bei Esther Dischereit" geht **Anna Brod** auf mediale Konstellationen der NSU-Aufarbeitung ein. Sie zeigt, wie Dischereits zweisprachiges Buch *Blumen für Otello için* *çiçekler* Solidaritäten zwischen den Nachkommen der Shoahopfer und -überlebenden *und* zwischen den Opfern gegenwärtigen neonazistischen Terrors stiftet. Die Kontinuitäten nach den Umbrüchen 1945 und 1989 ermöglichen solche Solidaritäten jenen Tendenzen in der medialen Berichterstattung zum Trotz, die Opfergruppen ständig in konfliktären Oppositionen rahmen. Der Aufsatz von **Urania Milevski** und **Lena Wetenkamp** „Trauma im Text: Zur Methodologie von Narratologie und Memory Studies in Nino Haratischwilis *Das achte Leben. Für Brilka*" ergänzt die Beiträge thematisch durch einen Blick auf den Stalinismus. Er verknüpft kollektive und politische Aspekte der Ko-Erinnerung mit individuellen, die das Trauma betreffen. Dazu bedienen sich die Autorinnen eines *close reading*. Sie stellen das Konzept der *social minds* als Zugang zum dialogischen Erinnern heraus, der mitberücksichtigt, was ungesagt bleibt. Basal ist dabei die Bereitschaft, Empathie aufzubringen und sich über alte politische Grenzen hinweg anzunähern.

Die vierte Sektion nimmt in drei Aufsätzen *Performative und diskursive Ko-Erinnerung* in den Blick. **Verena Arndts** Beitrag „"Wir sind nicht mehr der Inbegriff des Bösen!": Ko-Erinnerung in Yael Ronens Theaterabend *Common Ground*" erweitert den Fundus durch die Analyse einer Bühneninszenierung. Diese führt einen Erinnerungsdialog zwischen Nachkommen von Tätern und Opfern des Jugoslawienkrieges vor, welche die Rollen selbst spielen. Im Zentrum stehen Fragen nach der historischen Rolle Deutschlands während der 1940er und 1990er Jahre, nach den ethischen Implikationen des Vergleichs mit der Shoah und nach der ‚Angemessenheit' von Humor als verbindendes Mittel. **Rüdiger Lautmann** zeichnet die Geschichte des Gedenkens der Homosexuellenverfolgung im Nationalsozialismus unter dem Titel „Engführungen des Erinnerns an die NS-Homosexuellenrepression und an die Shoah" nach. Er kontextualisiert dieses Gedenken im Rahmen der allgemeinen Erinnerung an die Opfergruppen des Nationalsozialismus, insbesondere an die der Shoah. Dabei treten sowohl die Möglichkeiten als auch die Grenzen der Analogiebildung hervor. Zudem werden unter den Kategorien ‚Personalunionen', ‚Gedenkstätten' und ‚Diskurse' Phänomene der Ko-Erinnerung sichtbar gemacht. **Anna G. Piotrowska** widmet sich in ihrem Aufsatz „Happy in their own way, unhappy together: Commemorating the Romani and Jewish Holocaust" der gemeinsamen NS-Leidensgeschichte der Juden und der Sinti und Roma, indem sie den Fokus auf deren musikalische Erinnerungserzeugnisse richtet und diese innerhalb der jeweiligen Musiktraditionen verortet. Dabei wird der oft konkurrierende Anerkennungskampf der beiden Kollektive deutlich. Gleichzeitig leitet die Autorin aus den Gemeinsamkeiten der beiden Opfergruppen eine Perspektive der Ko-Erinnerung ab, die diese kompetitive Kultur ersetzen könnte.

Mit den vorliegenden Aufsätzen können wir selbstverständlich nur eine bescheidene Anzahl an Beispielen und Möglichkeiten der Ko-Erinnerung präsentieren. Wir hoffen also, dass dieser Band einen Anstoß gibt, sowohl ältere Texte einer Relektüre zu unterziehen als auch Dynamiken der gegenwärtigen Literatur und Erinnerung nachzugehen. Dabei denken wir beispielsweise an die Autobiografien einer Ruth Klüger, die Prosa eines W. G. Sebalds, die Essays eines Jean Améry, den Roman *100 Tage* eines Lukas Bärfuss, und die Erzählbände eines Alexander Kluge. Wir laden unsere Leserinnen und Leser ein, diese Liste zu erweitern.

Es war Ruth Klügers erste Autobiografie *weiter leben* die uns bei der Gestaltung des Buchcovers inspiriert hat. Nicht nur ist der Stacheldraht als Instanz eines traumatischen Realismus' zu lesen, wie es Michael Rothberg (2000, 131–140) schon vor zwanzig Jahren tat; er hat auch erinnerungspolitische Bedeutung. Klüger beschreibt einen „Vorhang aus Stacheldraht [...], den die Nachkriegswelt vor die Lager gehängt hat. Da ist eine Trennung von Einst und Jetzt, von uns und denen, die nicht der Wahrheit, sondern der Faulheit dient" (1992, 81–82). Ziel eines erneuerten Gedenkens sollte es sein, diesen Stacheldraht zu überwinden, zumal das Symbol komplexere Auslegungen zulässt. Stacheldrähte trennen, sind aber auch durchlässig. Stacheldrähte sind verflochten. Und sie stehen nicht nur metonymisch für die nationalsozialistischen Konzentrationslager, sondern symbolisieren auch das GULag, die kolonialen Konzentrationslager und letztendlich sogar die gegenwärtig neu gezogenen Grenzen, die eine äußerst fragwürdige Bio- und Geopolitik kreieren und repräsentieren. Der Stacheldraht scheint uns eine angemessene Figur zu sein, um die Möglichkeiten und Grenzen einer vergleichenden Erinnerung zu repräsentieren.

Wir danken allen Beitragenden für die gute Zusammenarbeit und die hochwertigen Aufsätze. Des Weiteren gilt unser Dank dem DFG Graduiertenkolleg 1767 „Faktuales und fiktionales Erzählen" für die Bereitstellung der Mittel und der Infrastruktur, die uns die Organisation der Tagung sowie die Publikation unserer Ergebnisse im vorliegenden Band ermöglicht haben. Namentlich genannt seien an dieser Stelle die Mitglieder des Vorstands; allen voran die Sprecherin Prof. Dr. Monika Fludernik und mit ihr die stellvertretenden Sprecher Prof. Dr. Frank Schäfer und Prof. Dr. Stefan Tilg, sowie die Koordinatorin Dr. Hanna-Myriam Häger, die uns unterstützend zur Seite stand. Die Fragestellungen des Graduiertenkollegs ähneln denen im breiten Feld der *memory studies*. Schnittmengen sind beispielsweise ontologische Fragen nach der Beschaffenheit der persönlichen und der kulturellen Erinnerung sowie literatur- und mediensoziologische Fragen nach der Funktion von Fiktionalität und fiktionalen Darstellungen. Allerdings tritt zu diesen im Falle der Erinnerungsforschung durch die Affektivität der Thematik eine spezifisch ethische Dimension und mithin die Notwendigkeit einer besonderen Sensibilität und Verantwortung. Wir hoffen, mit diesem Band einen Beitrag zu den Diskussionen des Kollegs geleistet zu haben.

Des Weiteren richten wir unseren herzlichen Dank an die Herausgeber_innen der Reihe „Media and Cultural Memory / Medien und kulturelle Erinnerung", Prof. Dr. Astrid Erll und Prof. Dr. Ansgar Nünning, für die Aufnahme unseres Bandes und die persönlichen Gespräche. Stella Diedrich und Laura Burlon, unsere Lektorinnen im De Gruyter Verlag, danken wir für die kompetente Betreuung, Josephine Bewerunge für die Formatierungshilfe sowie Jordan Butler und Hannah Pfaff für die Lektoratshilfe. Ein herzliches Dankeswort geht auch an die anonymen *peer reviewers*.

Postscriptum: Es waren die Ereignisse – mediale und andere – der letzten zehn Jahre, die uns dazu bewegten, den Kontinuitäten und neuen Tendenzen des kulturellen Erinnerns nachzugehen und sie zu hinterfragen. Die polemisch geführten Debatten der letzten Wochen um den ‚Fall Mbembe' zeigen, wie brisant die in unserem Band aufgeworfenen Fragen sind. Offenkundig sind sowohl die Grenzen als auch die Perspektiven einer vergleichenden Erinnerungskultur Gegenstand aktueller Aushandlungsprozesse und werden es aller Voraussicht nach noch einige Zeit bleiben.

Freiburg und Gent, im Mai 2020
Daniela Henke und Tom Vanassche

Literatur

Klüger, Ruth. *weiter leben. Eine Jugend.* Göttingen: Wallstein, 1992.
Rothberg, Michael. *Traumatic Realism. The Demands of Holocaust Representation.* Minneapolis: University of Minnesota Press, 2000.
Schneider, Richard Chaim. *Fetisch Holocaust. Die Judenvernichtung – verdrängt und vermarktet.* München: Kindler, 1997.

Ko-Erinnerung denken

Daniela Henke
Von der Singularitätsthese zur Ko-Erinnerung: Prolegomena zu einem Paradigmenwechsel

1 Die Geburt des Singularitätstopos aus dem Geiste des Historikerstreits

Über 30 Jahre sind zwischen der als ‚Historikerstreit' in die Geschichte eingegangenen Debatte und heute vergangen. Sie brach aus in einer Zeit, in der die Frage im Raum stand, ob und wie der Holocaust zu historisieren sei. Die Geschichte den Historiker_innen zu überlassen, lautete eine Forderung, die nicht nur die von Jürgen Habermas kritisierten Historiker Ernst Nolte, Michael Stürmer und Andreas Hillgruber erhoben (Habermas 1987 [1986]). So diagnostizierte beispielsweise der Historiker Martin Broszat bereits 1981 in seinem im Rahmen einer Ringvorlesung an der Universität München gehaltenen Vortrag *Grenzen der Wertneutralität in der Zeitgeschichtsforschung* eine starke Mythisierung der zu dem Zeitpunkt ja noch jüngeren Vergangenheit, die auf die emotionale Involviertheit der Zeitzeugen zurückzuführen sei. Er postulierte die Befreiung der Zeitgeschichtsforschung von jeglichen moralischen Bindungen zugunsten einer wissenschaftlich differenzierten Auseinandersetzung und eines geschichtlichen Verstehens. 1985 wiederholte Broszat in dem im *Merkur* erschienenen Artikel *Plädoyer für eine Historisierung des Nationalsozialismus* seine Kritik an der moralischen Abriegelung des Nationalsozialismus (1986[1985]). Und 1988 – zwei Jahre nach dem skandalösen Artikel Noltes (1987 [1986]) – erschien in den *Vierteljahrsheften für Zeitgeschichte* ein kontroverser Briefwechsel mit Saul Friedländer. Friedländer hält dem Plädoyer für Entmoralisierung in seinen Antworten das *faktische* Beteiligtsein der „tätigen Historike[r]" entgegen, das sie daran hindere, „sich ihrer Vorannahmen und A-priori-Positionen bewußt zu werden" (Friedländer 2007, 73; cf. Friedländer und Broszat 2007 [1988], 89). Historisierung ist aus dieser Perspektive zu einem Zeitpunkt, in dem die Protagonist_innen der Geschichtswissenschaft selbst Zeitzeug_innen sind, schlicht nicht möglich. Außerdem gemahnt er an die Gefahr der Relativierung, die mit einer wissenschaftlichen Egalisierung der NS-Zeit einhergehe (Friedländer 2007, 74–76). Demnach sei eine Historisierung auch nicht wünschenswert. An dieser Stelle kann und muss nicht auf die Thesen einzelner Positionen und auf ihre Zutreffendheit eingegangen werden. Dokumentiert finden sie sich in Form der gesammelten Beiträge zur Debatte bei Rudolf Augstein et al. (1987), reflektiert bei Dan Diner (1988).

Gleichwohl hat die Vehemenz, mit der die Debatte geführt wurde, sowie ihre durchschlagende Resonanz eines gezeigt: Versuchen, die Shoah zu kontextualisieren und zu vergleichen, wurde damals Skepsis bis Ablehnung entgegengebracht. Es war nicht an der Zeit, die nationalsozialistischen Verbrechen als Gegenstand ganz genauso wie andere historische Ereignisse mit geschichtswissenschaftlichen Methoden und Hypothesenbildungen zu thematisieren – dieses Kapitel der Geschichte den Historiker_innen zu überlassen.

Die Skepsis gegenüber der Kontextualisierung und des Vergleiches in Bezug auf den Nationalsozialismus verhalf einer These zum Konsens, die zur gleichen Zeit erstarkte und die in der Debatte von Habermas vertreten wurde: die Singularitätsthese. Singularität meint die absolut gedachte Einzigartigkeit des Völkermordes an den Jüdinnen und Juden in der Geschichte und damit seine Unvergleichbarkeit. So viele Fragen diese These aufwirft, so durchsetzungsfähig und wirkmächtig war sie. Plakativ gesagt glaubten die ‚Guten' – vor allem in Deutschland lang anhaltend – an die Singularität und diejenigen, die sie relativierten oder bezweifelten, machten sich des Sakrilegs verdächtig (Zimmerer 2011, 143). Dabei ist das „Bemühen [...], den Holocaust als ein einzigartiges Phänomen zu definieren und zu sakralisieren" (Chaumont 2001, 126) von Seiten der Täter_innengemeinschaft und ihrer Nachgeborenen begreifbar als Versuch der ‚Wiedergutmachung'. In seinem Beitrag in dem einschlägigen, von Alan Rosenbaum (1996) herausgegebenen Sammelband *Is the Holocaust Unique?*, der sich kontrovers mit dieser Frage auseinandersetzt, führt Richard Rubenstein die Aufrechterhaltung der Singularitätsthese von jüdischer Seite auf religiöse Interessen zurück, die ihre Basis bereits in dem biblischen Narrativ vom auserwählten Volk Gottes hätten (1996, 11–12). Ungeachtet der Frage, ob tatsächlich von einer zeitlich derart enormen Kontinuität auszugehen ist, entsprang die Singularitätsthese nicht erst dem Historikerstreit. Vielmehr führen ihre Ursprünge auf die Zeit vor 1945, also auf das unmittelbare Erleben der Zeitzeugen zurück, wie Andrea Löw (2012) auf breiter Quellenbasis nachweisen konnte. Neben Quellen jüdischer Zeitzeugen, die die Einzigartigkeit der Shoah innerhalb der jüdischen Geschichte betonen, führt sie auch ein Flugblatt der *Weißen Rose* aus dem Jahr 1942 an, das mit Blick auf die fortschreitende Judenermordung konstatiert: „Hier sehen wir das fürchterlichste Verbrechen an der Würde des Menschen, ein Verbrechen, dem sich kein ähnliches in der ganzen Menschheitsgeschichte an die Seite stellen kann" (zitiert nach Löw 2012, 138). Interessant ist diese Tatsache dahingehend, dass die beiden zitierten Gruppen – Opfer und Widerstandskämpfer_innen – diejenigen sind, auf die sich das Selbstverständnis der Nachgeborenen bezieht – auf erstere das der ‚jüdischen', auf zweitere das der ‚deutschen' (Welzer et al. 2005, 98–104). Die Singularitätsthese scheint also für die Menschen auf beiden Seiten der Geschichte identitätsrelevant zu sein. Sie ist ein Politikum und in ihrer Beharrlichkeit „selbst ein einzigartiges Phänomen" (Chaumont 2001, 127). Es handelt sich um eine These, die durch ständige Wiederholung zur diskursiven Wahrheit gemacht wird. Die berechtigte Frage ist jedoch, ob sie auch wissenschaftlichen Status beanspruchen kann. Jean-Michel Chaumont bringt die Brisanz dieser Frage polemisch auf den Punkt:

> Es gibt nur zwei Möglichkeiten. Entweder ist die These der historischen Einzigartigkeit eine wissenschaftliche These. Dann ist es offenbar nichts Schlimmes, sie ‚in Frage zu stellen': es nicht zu tun, würde heißen, sie dogmatisch anzunehmen und damit das Wissenschaftsethos zu verletzen. Oder es ist gar keine historische These. Droht sie aber durch ein wissenschaftliches Vorgehen als Glaubensartikel demontiert zu werden, dann geht es uns wie Galilei vor dem Kirchentribunal ... (Chaumont 2001, 150)

Die Singularität der Shoah voraussetzend, herrscht Erklärungsnotstand, was mit Einzigartigkeit gemeint ist. Mit Roy Eckhardts formelhafter Erklärung, sie sei „‚auf einzigartige Weise einzigartig' *(uniquely unique)*" (Eckhardt 1974, 31; zitiert nach Chaumont 2001, 138), ist nicht viel gewonnen. Ereignisgeschichtlich betrachtet scheint die Feststellung trivial, insofern jedes historische Ereignis einzigartig im Sinne von ‚nicht wiederholbar' ist. Strukturgeschichtlich und auch erinnerungspolitisch hingegen ist sie höchst fragwürdig. Denn so verständlich und historisch nachvollziehbar die Vehemenz ist, mit der die Singularitätsthese vertreten wurde, so weitreichend sind die Probleme, die sie mit sich bringt. Noch problematischer nimmt sie sich eingedenk dessen aus, dass sich die verteidigte Einzigartigkeit nicht auf die Massenmorde der Nationalsozialist_innen bezieht, sondern auf den Genozid an den Juden und Jüdinnen als einzige Opfergruppe. Auf besonders starke Weise äußert sich das bei Steven Katz, der die Shoah nicht nur als einzigartige *Form* des Genozids, sondern als *einzigen* Genozid der gesamten Geschichte definiert. In seinem Essay „The ‚Unique' Intentionality of the Holocaust" stellt dieser zunächst zwei verschiedene Definitionen des Genozidbegriffs vor.

> The first form, (A), understands genocide as the intent to destroy the national, religious, or ethnic identity of a group. The second form, (B), understands genocide to be the intent to destroy physically all persons who identify with and are identified by a given national, religious, or ethnic identity. (Katz 1983, 287–288)

Daraufhin erklärt er Definition B für die gültige, um dann zu beweisen, dass allein die Verfolgung und Ausrottung des jüdischen Kollektivs durch die Nazis als eine vollständige und endgültige intendiert war. Zu diesem Zwecke vergleicht er die Shoah mit dem Genozid an den Armenier_innen durch das jungtürkische Regime während des Ersten Weltkriegs und mit dem nationalsozialistischen Massenmord an den Sinti und Roma. Aus seiner Interpretation, dass die Jungtürken rein nationalistische Motive hatten und die Nazis aus einem „perverse metaphysical schema" (Katz 1983, 304–305) handelten, leitet Katz ab, dass es sich nur bei der Shoah um einen Genozid handelt. Denn: „The intention of Hitler was to rule over a world that was *Judenrein*; the intention of the Turks was to rule over a Turkey, and only over a Turkey, that was *Armenianrein*, and in this difference of scale lies the difference of quality" (Katz 1983, 305–306). Sein Hauptargument gegen die Vergleichbarkeit von Shoah und Porrajmos – übersetzt ‚Verschlingen' –, wie Roma und Sinti die Verfolgung ihrer Ethnie durch das nationalsozialistische Regime nennen, ist die geringere Systematik und Konsequenz, mit der die Nazis seiner Ansicht nach vorgingen, was er mit wenigen einseitig ausgewählten Quellen belegt. Dementgegen kommt Wolfgang Wippermann nach Auswertung der Quellen zu dem Ergebnis, dass „[d]ie mit der Verfolgung der ‚Zigeuner' beauftragten Kriminalpolizisten [...] ihre Aufgaben genauso strikt und brutal aus[führten], wie es ihre Gestapo-Kollegen bei der Behandlung der ‚Judenfrage' vorgemacht hatten" (Wippermann 1997, 157) und wertet den Porrajmos als „Völkermord [...], der genau wie der Holocaust rassistisch motiviert war" (167; cf. Wippermann 2005, Kap. 1.3 und 3.2).

Es geht an dieser Stelle nicht darum, zu diskutieren, welche der von verschiedenen Historiker_innen ausgemachten Unterschiede zutreffend oder nicht zutreffend sind. Die beiden exemplarisch angeführten Äußerungen bilden selbstverständlich auch nur einen kleinen Ausschnitt der Debatte ab. Vielmehr ist die Motivation zu hinterfragen, mit der solche Beweise der vermeintlichen Singularität angeführt werden. Denn die Vergleiche beliebiger anderer Genozide und Massenmorde mit der Shoah – auch die, die das Ziel verfolgen, ihre Unvergleichbarkeit herauszustellen – zeigen performativ, dass diese vergleichbar ist. Gemeinsamkeiten und Unterschiede sind wesenhafte Ergebnisse eines Vergleichs und beweisen somit nicht eine Einzigartigkeit im Sinne Katz', dass die Shoah der einzige Genozid der Weltgeschichte ist, sondern vielmehr die triviale Einzigartigkeit, die jedes geschichtliche Ereignis charakterisiert. Die Beharrlichkeit, mit der die Singularitätsthese in der Vergangenheit verteidigt und argumentativ unterfüttert wurde, verhindert bedauerlicherweise nicht nur wertvolle wissenschaftliche Erkenntnisse, die Vergleichsstudien erzielen könnten. Allzu sehr drängt sich der Eindruck auf, dass die Debatte nicht ergebnisoffen geführt wird. Bei Katz zeigt sich das eindrücklich an der Anpassung der Definition. Und auch der Schlusssatz des vorgestellten Essays – insbesondere die im Folgenden hervorgehobene Formulierung – legt nahe, dass es hier in erster Linie darum zu tun ist, an der Singularitätsthese um jeden Preis festzuhalten: „I believe enough evidence has been marshalled to suggest that in and through the category of ‚intention' we can begin to perceive *at least one seminal individuating characteristic* of the Holocaust" (Katz 1983, 310). Die Einzigartigkeit der Shoah zu belegen, vorauszusetzen, zu wiederholen und „präventiv auf Distanz [zu] gehen" (Chaumont 2001, 149) zu jeglicher Skepsis, scheint eine akademische Verpflichtung zu sein, die bis heute wirkt. Beispielsweise schickt Steffen Klävers (2019) seiner jüngst erschienenen Metastudie über komparativ-postkoloniale Ansätze in der Holocaustforschung in einem „vorausgehende[n] Exkurs" (Kap. 2) ein Bekenntnis zur Singularitätsthese nach bekanntem Muster voraus:

> Selbstverständlich waren jüdische Menschen nicht die einzigen Opfer des Nationalsozialismus. Gleichzeitig muss an dieser Stelle auch betont werden, dass das Judentum sich eben im antisemitisch projizierten Status als nicht ‚mindere', sondern als ‚Gegenrasse' von den anderen Opfergruppen unterscheidet – und aus diesem Grund vollständig vernichtet werden sollte. (Klävers 2019, 35; cf. 160–163)

Eine solche vorangestellte Positionierung verhindert alle wissenschaftliche Unvoreingenommenheit – hier in einer sonst sachlich und sauber argumentierten Untersuchung – und wäre wohl auch in Metastudien mit anderer Thematik nicht zu finden. Jenseits wissenschaftlicher Debattenkultur leidet jedoch auch der gesellschaftliche erinnerungskulturelle Dialog und die gegenseitige Anerkennung von individuellen und kollektiven Geschichten unter dieser Pflicht. Eine Auffassung wie die von Katz ist zwar in besonderer Weise explizit und extremer als andere, differenziertere pro-singularistische Positionierungen wie beispielsweise die von Yehuda Bauer. Dieser unterscheidet als Konsequenz den Begriff ‚Genozid' von ‚Shoah'. Als genozidales Extremereignis machen ihre Totalität, ihre mörderische Ideologie und ihr globaler Charakter letztere präzedenzlos, prinzipiell sei eine Shoah aber wiederholbar (Bauer 2001, 74–75). Nichtsdestotrotz dokumentieren all diese Positionen ein weitreichendes diskursives Missverhältnis. Denn das Einzigartigkeitspostulat exponiert nicht nur das Leiden der Jüdinnen und Juden, sondern drängt gleichzeitig die Geschichten anderer Opfergruppen der NS-Geschichte an den stummen Rand. Genannt wurden schon die Roma und Sinti, darüber hinaus sind die ‚Euthanasie'-Opfer der Aktion T4, die Zeugen Jehovas, die politischen Gefangenen und die Homosexuellen zu benennen. Überdies verdrängt die hegemoniale Bedeutung, die der Shoah als *das eine* Ereignis von Massengewalt *ohne Vergleich* im kollektiven Gedächtnis zukommt, auch die Auseinandersetzung mit und Erinnerung an Massenmorde außerhalb des Zeitraums zwischen der Verabschiedung der Nürnberger Rassegesetze im September 1935 und dem Kriegsende im Mai 1945. Neben dem Völkermord an den Armenier_innen, der bereits genannt wurde, können als Beispiele unter vielen die Vernichtung der Herero und Nama durch die deutsche Kolonialmacht 1904–1908 angeführt werden sowie die genozidalen Morde an den Tutsi durch die Hutu-Mehrheit in Ruanda 1994.

Die Exklusion von Erinnerung zeitigt realpolitische Auswirkungen, wie das Beispiel des Porrajmos zeigt. Mit der Verfolgung der Roma und Sinti liegt ein Ereignis vor, das der Singularitätsthese unmittelbar widerspricht. Denn es handelt sich zunächst einmal und alle vorliegenden Unterschiede ausgeklammert um den zweiten Genozid, der aus der Rassenideologie der Nazis resultierte. „In Europa sind regelmäßig nur Juden und Zigeuner artfremden Blutes" (zitiert nach Wippermann 2005, 26) – so lautet die Gleichsetzung der beiden Bevölkerungsgruppen schon 1936 im *Kommentar zur deutschen Rassengesetzgebung* von Wilhelm Stuckart und Hans Globke.[1] Dennoch wurde von wissenschaftlicher Seite mit Hilfe der eigenwillig vergleichenden Argumentationsstruktur, die oben analysiert wurde, eine massive Bedeutungsminderung des Porrajmos gegenüber der Shoah realisiert (Wippermann 1997, 196–197). Analog dazu fiel auch die politische und kulturelle Aufarbeitung nicht einmal annäherungsweise gleichwertig aus. Beispielsweise wurden die überlebenden Sinti und Roma zunächst von der Durchführung des Bundesentschädigungsgesetzes von 1956 mit der Begründung ausgeschlossen, dass sie nicht aus rassistischen Gründen, sondern aufgrund ihrer asozialen Eigenschaften verfolgt wurden (Wippermann 2005, Kap. 2.2). Die Zuschreibung asozialer Eigenschaften an eine nichtsdestotrotz ethnisch definierte Bevölkerungsgruppe ist aber nichts anderes als Rassismus. Das war belegtermaßen auch die Auffassung Heinrich Himmlers, der „am 8. Dezember 1938 die ‚Regelung der Zigeunerfrage aus dem Wesen dieser Rasse heraus' angeordnet" hat (Wippermann 2005, 59). Durch die Rechtsprechung aufgrund des Bundesentschädigungsgesetzes wurde die nationalsozialistische Rassenideologie also nicht nur wiederholt, sondern auch legitimiert. Konsequenterweise wurde der Porrajmos erst 1982 auf Ebene der Bundesregierung öffentlich als Genozid anerkannt – Bundeskanzler Helmut Schmidt sprach es damals aus und sein Nachfolger Helmut Kohl bekräftigte es im November 1985 im Rahmen einer Bundestagsdebatte (Wippermann 2005, 76). Doch selbst danach konnte sich das Singularitätspostulat weiter durchsetzen und die Legitimation antiziganistischer Vorurteile blieb weiterhin konsensfähig. ‚Zigeunerstereotypen' *in* und ihre Tradierung *durch* Wissenschaft, Literatur, Kunst, Musik und in den Überzeugungen der Bevölkerung weist Wippermann (1997, 195–233) anhand vieler Beispiele und Studien bis in die 1990er Jahre nach. Das soll keineswegs bedeuten, dass es nicht auch eine Kontinuität antisemitischer Einstellungen gegeben hat und gibt – spätestens der Anschlag auf die Synagoge in Halle an der Saale am höchsten jüdischen Feiertag

---

[1] Hans Globke, der in der jungen Bundesrepublik unter Konrad Adenauer Karriere im Bundeskanzleramt machte, ist ein Paradebeispiel für die personale Kontinuität nach 1945. Biografien wie seine plausibilisieren auch ideologische Kontinuitäten.

Jom Kippur im Oktober 2019 hat zweifellos in Erinnerung gerufen, dass diese eine reale Bedrohung darstellen. Jedoch waren antiziganistische Klischees wie das des hypersexualisierten ‚Zigeuners' in weiten Teilen der Bevölkerung durchgehend salonfähig, wie beispielsweise das deutschsprachige Schlagerliedgut belegt (Wippermann 1997, 203–204). Auch eine jüngere Studie der Europäischen Kommission zeigte 2008 mit Hilfe der sogenannten *Nachbarschaftsfrage* – ‚Wie wohl oder unwohl auf einer Skala von 1 bis 10 fühlen Sie sich bei dem Gedanken, dass X [Angehöriger einer bestimmten Randgruppe] in ihre Nachbarschaft zieht?' – die weite Verbreitung antiziganistischer Vorurteile auf. Demnach gaben 25 % der befragten Deutschen an, sich mit einem Roma als Nachbarn unwohl zu fühlen, während nur 7 % dies in Bezug auf andere Ethnien taten. Die Durchschnittswerte der gesamten EU ergaben ein nur geringfügig abweichendes Bild – 24 % zu 6 %. (EU-Kommission 2008, 46; Anhang QA8.3)

Ungleichbehandlung und Opferkonkurrenz traten noch einmal prominent in den Diskussionen zur Planung des Holocaustdenkmals in Berlin – genauer dem ‚Denkmal für die ermordeten *Juden* Europas' – auf die gesellschaftspolitische Bühne. Vergeblich versuchten verschiedene Akteure wie etwa die Bürgerinitiative ‚Aktives Museum' und der Vorsitzende des Zentralrats Deutscher Sinti und Roma der Verengung des Gedenkens auf eine Opfergruppe entgegenzuwirken (skizziert bei Wippermann 2005, Kap. 3.1.5). Nicht die „Monumentalisierung der Schande", die Martin Walser in seiner unrühmlichen Friedenspreisrede beklagte (1999, 13), sollte Anstoß erregen. Vielmehr scheint die Betonierung der Singularitätsthese – im materiellen wie im metaphorischen Sinne – vor dem Hintergrund der Auswirkungen einer exklusiven Erinnerung als kritikwürdig.

2 Historisierung trotz Historikerstreit: Der *postcolonial turn* in den Geschichtswissenschaften

Die Brisanz, die die Forderung nach Historisierung zu Zeiten des Historikerstreits hatte, hat sie definitiv verloren. Eine neue Forscher_innenkohorte ist herangewachsen, sodass für einen Großteil Friedländers Argument nicht mehr greift, nach dem die Protagonist_innen der Historikerzunft selbst zu involviert in die Zeitgeschichte seien, als dass sie diese betrachten könnten wie jeden anderen Forschungsgegenstand. Ein Paradigmenwechsel scheint dadurch möglich und vielmehr noch *erforderlich* angesichts der Herausforderungen unserer Zeit der fortgeschrittenen Globalisierung und Migrationsbewegungen. Inspiriert von dem *postcolonial turn* in den Geisteswissenschaften hat sich mit den Begriffen „entanglement" (Randeria 2002), „histoire croisée" (Werner und Zimmermann 2002) beziehungsweise „Verflechtungsgeschichte" (Randeria 2001), und „Transfergeschichte" (Werner und Zimmermann 2002, 612–617) eine neue geschichtstheoretische Tendenz herausgebildet. Die Metapher der *entangled histories* steht für die Idee, strukturelle Überschneidungen zwischen Geschichten und gemeinsame Vergangenheiten nachzuweisen, die Abgrenzungen und Gemeinsamkeiten von Kollektiven evozierten (Conrad und Randeria 2002, 17). Michael Werner und Bénédicte Zimmermann grenzen die Ansätze der *Transfergeschichte* und der *histoire croisée* wie folgt voneinander ab: Während der erste Prozesse beschreibt, die zwischen Kulturen stattfinden, wie „Veränderungen, Vorgänge von Akkulturation, Sozialisation [und] Aneignung" (Werner und Zimmermann 2002, 613), geht der zweite Ansatz noch weiter. Es geht ihm nicht nur um das Aufspüren von Verflechtungen im Untersuchungsgegenstand ‚Geschichte', sondern um die methodische Verschränkung der Untersuchungs*perspektiven*. Das „Dispositiv der Erkenntnisproduktion" (Werner und Zimmermann 2002, 636) überkreuzt einander entgegengesetzte Ordnungsstrukturen wie Synchronie und Diachronie (Werner und Zimmermann 2002, 618) sowie langfristige Prozesse und kurzfristige Handlungen (Werner und Zimmermann 2002, 621). Gemeinsam ist all diesen Ansätzen, dass sie die größeren Zusammenhänge der Weltgeschichte in Betracht ziehen und Bezugsobjekte wählen, zwischen denen ein weiterer zeitlicher und räumlicher Abstand liegt. Dadurch wird „die spätestens seit dem 19. Jahrhundert unauflösbare Verflechtung der europäischen und außereuropäischen Welt zum Ausgangspunkt einer Geschichtsschreibung gemacht [...], die sich nicht mehr in nationalen Teleologien verdichtet" (Conrad und Randeria 2002, 10).

Der skizzierte disziplinäre Rahmen ermöglicht nicht nur die Historisierung des Makrophänomens ‚Nationalsozialismus' im Sinne einer sachlichen Überholung der Vorstellung einer – wie Harald Welzer es formuliert hat – „rückfälligen, gleichgeschalteten und wie eine Insel des Atavismus im Meer der Moderne schwimmenden Sonderwelt" (1997, 15). Vielmehr öffnet die Perspektive auch das zentrale Ereignis der Shoah einer historischen Kontextualisierung und der ergebnisoffenen Beleuchtung von Strukturanalogien. Konsequenterweise entstand zur Jahrtausendwende der Forschungszweig der vergleichenden Genozidstudien. Mihran Dabag, Gründer und Leiter des Bochumer *Instituts für Diaspora- und Genozidforschung* macht auf die „wiederholbare[n] Strukturelemente", die dem „höchst singulären Charakter [ihre[r] Planung und Auslösung]" (Dabag 2000, 175) gegenüberstehen, aufmerksam. Auch Eric Weitz konstatiert in seiner Studie *A Century of Genocide:* „Each of the cases [of genocide] has its particularities, but together they also display some notably common features, especially in relation to the historical origins and the practices of genocide" (2003, 8). Er weist die Singularitätsthese explizit zurück und entlässt sie aus dem Geltungsbereich des wissenschaftlichen Diskurses: „[T]he Holocaust was not ‚unique' if by that term we mean an event that is completely irreplaceable. ‚Uniqueness' is a metaphysical or theological term. For historians, it can only have a mundane meaning that every event is specific to a time and place" (Weitz 2003, 12).

Vergleichsstudien bringen ihm zufolge die Chance mit sich, „to bring some analytical clarity to a topic that is so emotionally and politically charged" (Weitz 2003, 12). Dieser emotionalen Aufladung zu begegnen, stellt für ihn denn auch die Hauptschwierigkeit und größte Herausforderung der vergleichenden Genozidforschung dar. Überdies scheint er die Notwendigkeit zu sehen, sich explizit von Nolte zu distanzieren und stellt sie damit als zweiten – diesmal von unlauteren Implikationen befreiten – Versuch der Historisierung in der Geschichte der Auseinandersetzung mit der Shoah dar: „I also think that we should not allow our historical perspective to be narrowed because comparisons have been done poorly or for notorious political purposes" (Weitz 2003, 11–12). Neben den Strukturvergleichen der komparatistischen Genozidforschung haben auch Fragen nach der Verflechtung von Kolonialgeschichte und Holocaust ihren Platz unter dem neuen Paradigma der Vergleichbarkeit (cf. Klävers 2019, Kap. 3). Weitz etwa weist nach, dass diverse NS-Schergen von alten Kolonialbeamten ausgebildet wurden, die am Genozid gegen die Herero und Nama beteiligt waren (2003, 240).

Vor dem Hintergrund dieser Entwicklungen innerhalb der Geschichtswissenschaft erscheint das Holocaustdenkmal in seiner Exklusion als Anachronismus. Es stellt sich die Frage, ob die Erinnerungskultur der Geschichtswissenschaft hinterherhinkt. Während die Singularitätsthese in einer rein wissenschaftlichen Argumentation relativ leicht auszuräumen ist, stehen Meinungen, die auf Gedächtnisformationen und ihren Ritualen beruhen, weniger auf kognitiver denn auf emotionaler Basis und haben identitätsstiftenden, mitunter sakralen Charakter. Andererseits haben Globalisierung und Migrationsbewegungen einen direkteren Einfluss auf gesellschaftliche Kollektive und ihre Identitäten als auf Geschichtstheorien. Wenn es also diese geopolitischen Veränderungen sind, die eine Anpassung der Auseinandersetzung erfordern, ist zu untersuchen, ob Äußerungen der Erinnerung – in Literatur, Kunst und faktualen Gedenkdiskursen – ebenfalls von einem Paradigmenwechsel zeugen.

3 Von Exklusion zu Inklusion, von Kompetition zu Dialog, von Konkurrenz zu Solidarität – neuere Konzepte der Erinnerungstheorie

Von erinnerungs*theoretischer* Seite hat Michael Rothbergs Konzept der *multidirectional memory* (2009) Aufsehen erregt. Seine Thesen wurden teilweise schon 2006 von Aleida Assmann in ihren Ausführungen zu den Herausforderungen mit der Shoah-Erinnerung innerhalb eines zusammenrückenden Europas formuliert. Rothberg kritisiert das Denken in Opfer-Konkurrenzen, das den Umgang mit verschiedenen Erinnerungskomplexen prägt und wofür die Diskussion um die Singularität der Shoah als Inbegriff stehen kann. Er prägt die Metapher des Nullsummenspiels der Erinnerung, das aus diesem Denken resultiert und in dem das Gedächtnis einer Gruppierung immer nur auf Kosten anderer Gedächtnisse zu Anerkennung, Wahrheitsansprüchen und Bedeutung gelangen kann: „[M]any proponents and critics of uniqueness share the model I'm calling competitive memory: that is, both groups tend to understand memory of the Holocaust as taking part in a zero-sum game of competition with the memory of other histories" (Rothberg 2009, 9).

Dass diese Mechanismen insbesondere in Schulddiskursen eine besondere Dynamik entfalten können, formuliert Assmann:

> Eine verbreitete und gänzlich unhaltbare Logik im Kampf der Erinnerungen ist die Aufrechnung. Man verwandelt dabei eine historische Situation in ein Nullsummenspiel, bei dem der Nachweis der Schuld des anderen die eigene Schuld automatisch mindert oder tilgt. In diesem argumentativen Wettstreit werden Erinnerungen zu Keulen, die man sich gegenseitig an den Kopf schlägt. (Assmann 2006, 267)

Rothbergs Idee entwirft dementgegen eine von Koexistenz und gegenseitiger Anerkennung geprägte Erinnerungskultur. Sein Modell des interkulturellen und interkollektiven Dialogs eröffnet die Möglichkeit, dass verschiedene Erinnerungen einander bereichern, indem sie sich gegenseitig Sprache verleihen. Vor diesem Hintergrund ist die Dominanz des Shoahgedenkens im globalen Gedächtnisdiskurs positiv zu werten, da die Beschäftigung mit dem nationalsozialistischen Judeozid Sprechformen, Begriffe und weitere diskursive Strukturen hervorgebracht hat, auf die Versprachlichungen und Darstellungen anderer Geschichten zurückgreifen können. Diese Konstellation untersucht Rebecca Jinks in ihrer Studie *Representing Genocide. The Holocaust as Paradigm?*, indem sie danach fragt, wie der Shoahdiskurs die künstlerische Auseinandersetzungen mit anderen Genoziden beeinflusst (2016). Sie stellt die zentrale Bedeutung als Referenzpunkt beispielsweise für Erinnerungsäußerungen heraus, die sich dem Völkermord an den Armenier_innen durch die Jungtürken widmen:

> The last three decades have seen a flowering in the numbers of testimonies and films, many of which orient themselves in relation to the Holocaust; official Turkish denial has also deeply affected memory and representation, and can be seen as an important spur for these Holocaust references. (Jinks 2016, 6)

Eine Form des *Sprache Verleihens* erkennt Rothberg in der Rede vom ‚Black Holocaust' für die Geschichte der Sklaverei. Statt diese Analogie als Konkurrenzsituation zu interpretieren und zu benutzen, um die Erinnerung an die eine gegen die an die andere Katastrophe auszuspielen, hält er eine Vision der Solidarität zwischen verschiedenen Erinnerungskollektiven und -individuen hoch: „When the productive, intercultural dynamic of multidirectional memory is explicitly claimed, [...] it has the potential to create new forms of solidarity and new visions of justice" (Rothberg 2009, 5). Auch Assmann wertet Analogiebildungen positiv: „Der Verweis auf den Holocaust durch andere Opfergruppen drückt [...] immer weniger Konkurrenz oder Relativierung aus und ist immer mehr zu einem global anerkannten Paradigma im Kampf um Anerkennung geworden" (Assmann 2006, 258).

4 Komplexe Identitäten und das Paradigma der Ko-Erinnerung

30 Jahre nach dem Historikerstreit ist es nicht nur möglich, zu fragen, wie Exklusion und Kompetition in der Erinnerungskultur vermieden werden können; es scheint vielmehr unbedingt erforderlich. Der Grund dafür liegt in den veränderten geopolitischen Voraussetzungen, die durch Globalisierung, (Rothberg 2009, 10; Levy und Sznaider 2001, 2. und 7. Kap.) Migrationsbewegungen (Assmann 2013, 5. Kap.) und – in Bezug auf die Länder Europas – die europäische Einigung (Assmann 2006, 11. Kap.) entstanden sind. Diese führen nicht nur zur Konfrontation mit dem ‚Anderen' und seinen kommensurablen und inkommensurablen Erinnerungen, sondern haben signifikant verändernden Einfluss auf Identitätsstrukturen. Denn Globalisierung und Massenmedialisierung bringen die Formation territorial definierter Kulturen mit ihren jeweiligen Geschichten, ihrem Liedgut, ihrer Kunst und ihren Ritualen ins Wanken. Territoriale Identitätsbilder sind es auch, die an Migrationsgesellschaften scheitern. Denn, wenn nationale Zugehörigkeit *per definitionem* an die Identifikation mit einer gemeinsamen Vergangenheit gebunden ist, sind Personen mit anderen Familiengeschichten automatisch

aus der Gemeinschaft ausgeschlossen, in die sie sich ‚integrieren' sollen (Assmann 2013, 127–130). Bildung und Erhalt der heterogenen europäischen Staatengemeinschaft waren ihrerseits stets von der Frage begleitet, wie die Identität einer Europäerin oder eines Europäers aussehe. Analog zur Abwendung von nationalen Historiografien scheint im 21. Jahrhundert auch die Vorstellung einer nationalen Identität, wie sie in den Gedächtnistheorien seit Maurice Halbwachs vorherrscht, obsolet. Folglich sind pluralistische und beweglichere Erinnerungs- und Identitätskonzepte zu finden und zu diskutieren, welche Fragen wie die folgende unaporetisch zulassen: „Wie erinnern sich türkische Deutsche, israelische Palästinenser, schwarze Amerikaner?" (Levy und Sznaider 2001, 29) Erst die Enthierarchisierung von Erinnerungen macht den Weg für die Produktion komplexer Identitäten frei.

Die Zukunft der Erinnerung – wie sieht sie aus? Die skizzierten geschichtswissenschaftlichen und kulturwissenschaftlichen Entwicklungen und viele weitere Beispiele für die Beschäftigung mit dieser Frage (so Gutman et al. 2010) deuten eine Tendenz an, für die Tom Vanassche und ich den Terminus der Ko-Erinnerung, der auch im Englischen funktioniert – als *Co-Memoration* –, vorgeschlagen haben. Wir verstehen den Begriff als *umbrella term* und Bezeichnung für ein Paradigma, das Formen des gegenseitig konkurrenzlos anerkennenden, gemeinsamen, transnationalen und solidarischen Erinnerns umfasst. Die Vorsilbe ‚Ko-'/‚Co' drückt das Nebeneinander verschiedener Erinnerungen von Individuen und Kollektiven aus, ist aber auch in Bezug zu setzen zur Multidirektionalität der Bezugspunkte kosmopolitischer oder anderweitig komplexer Identitäten von Bewohner_innen einer globalen Welt. Nicht nur, was erinnert wird, auch wer gemeinsam erinnert, wer sich auf wen mit welchen Motiven bezieht, sind Fragen, die unter dieser Perspektive beleuchtet werden sollen. Das Konzept der Ko-Erinnerung soll den vielen Bezeichnungen und Metaphern nicht eine weitere hinzufügen, sondern eine Tendenz des neueren Gedenkens formulieren. Werden die entsprechenden Ansätze und Methoden nicht disparat wahrgenommen, sondern in einem gemeinsamen Diskurs zusammengeführt, können Ausdifferenzierungen vorgenommen werden und den Herausforderungen, die sie mit sich bringen, begegnet werden. Denn zweifelsohne gilt es, den Geltungsbereich des Ko-Erinnerns und seine Grenzen noch auszuhandeln. Gleiches gilt für seine adäquaten Methoden, seien es vergleichende, verflechtende, transferierende oder dialogische Ansätze. Der Vergleich als Form ist in Verruf geraten, nicht zuletzt durch seine Dienstbarmachung bei der Durchsetzung der Singularitätsthese.[2] Auch

---

2 Während dieser Band sich in der Drucklegung befindet, bringen einzelne Teilnehmer_innen von Demonstrationen gegen die Corona-Verordnung und möglicherweise drohende Konsequen-

wurde angemerkt, dass „der historische Vergleich [...] im Grunde tautologisch [sei]: er könne nur beweisen, was in seiner Konstruktion bereits implizit angelegt sei" (Werner und Zimmermann 2002, 610). Dennoch werden korrelative Ansätze nicht ohne Vergleiche auskommen, seien es Strukturvergleiche in der Forschung oder Erfahrungsvergleiche in Erinnerungsdebatten. Eine meines Erachtens sehr fruchtbare Form, die deskriptiv und theoretisch immer wieder zur Sprache kam, ist diejenige, die oben mit ‚Sprache Verleihen' benannt wurde. Topoi, Sprechformen und Darstellungsformen zu verwenden, die der Auseinandersetzung mit anderen Ereignissen entstammen, scheint ein häufiges Mittel zu sein, sich Gehör zu verschaffen. Dabei ist zu erwarten, dass die Shoah als Symbol, als Maßstab und als Paradigma noch lange Bezugspunkt der Debatte bleiben wird, da die jahrzehntelange Auseinandersetzung mit ihr einen sprachlichen Code generiert hat, der auf bereits geschehenen Aushandlungs- und Intersubjektivierungsprozessen basiert. „Dem Holocaust kommt eine moralische Bedeutung zu, die unabhängig von ihren historischen und territorialen Ursprüngen gilt. Der Holocaust als Erinnerungsemblem des 20. Jahrhunderts bestimmt so die Formen der Erinnerung für die Zukunft" (Levy und Sznaider 2001, 229).

Auch die hier angesprochenen ethischen Implikationen gilt es zu diskutieren. Hatten Historisierungsbefürworter der 1980er Jahre eine Entmoralisierung der Themen ‚Nationalsozialismus' und ‚Shoah' gefordert, scheint sich diese in Bezug auf die gegenwärtige Erinnerungsdebatte weder durchzusetzen noch lässt die neuere Erstarkung des Rechtspopulismus in vielen Ländern dies zu. Ein moralisches Regulativ andererseits widerspricht Werten wie der künstlerischen und der wissenschaftlichen Freiheit. Es bleibt zu hoffen, dass nach der Geschichtswissenschaft auch der Erinnerungsdiskurs, der durch die herausgestellten globalen Veränderungen nicht nur vielschichtiger geworden ist, sondern auch einer multiplen Anzahl an Individuen und Gruppen gerecht werden muss, der emotionalen Aufladung der Thematik konstruktiv begegnen kann.

Wie wirkmächtig das Paradigma der Ko-Erinnerung bereits ist, ist durch die Analyse von Literatur, Filmen, Theaterstücken, anderen Kunstproduktionen und faktualen Debatten zu untersuchen. Studien wie die von Rothberg (2009) und Jinks (2016) haben damit begonnen; dieser Band liefert einen weiteren Beitrag. Die Fokussierung auf ko-erinnernde Konstellationen in Erinnerungsäußerungen soll diesem Paradigma *vice versa* zu weiterer Wirkmächtigkeit verhelfen. Darauf,

---

zen aus der Krise den ‚Vergleich' ihrerseits in Verruf, indem sie, um ihren Unmut zu bekunden, T-Shirts mit dem Gelben Stern tragen, dessen ursprünglicher Schriftzug ‚Jude' durch die Aufschrift ‚ungeimpft' ersetzt ist. Dies ist nur ein aktuelles Beispiel für inadäquate Vereinnahmungen der Shoah. Dass nicht jeder Vergleich, der aufgestellt wird, Gegenstand einer sachlichen Auseinandersetzung über das Paradigma der Ko-Erinnerung sein kann, sollte dadurch deutlich werden.

dass die Diagnose und die Bezeichnung ‚Ko-Erinnerung' einen Nerv der Zeit getroffen hat, weisen zwei aktuelle Ereignisse hin, die ich beispielhaft an den Schluss meiner Ausführungen stellen möchte. Dass der Terminus bereits Anwendung im Diskurs findet, zeigt der Nachruf auf den im Dezember 2018 verstorbenen Edgar Hilsenrath von Jan Süselbeck. Er formuliert:

> Hilsenraths „Märchen" wirft Licht auf das Problem der Darstellung verschiedener Genozide in einer Zeit wachsender Opferkonkurrenz und unvermeidlich gewordener Co-Erinnerung, und übt konstruktives Gedenken, das unterschiedliche Genozidtraumata vergleicht, ohne die Opfer gegeneinander aufzurechnen. Hilsenrath war damit seiner Zeit weit voraus. Sein Roman bietet Stoff für kommende Forschungskontroversen zum Shoah-Gedenken, wie sie etwa in den jüngeren Büchern der US-amerikanischen Literaturwissenschaftlerin Marianne Hirsch aufgeworfen oder auch in Michael Rothbergs Studie über das „Multidirectional Memory" (2009) verhandelt werden. (Süselbeck 2019)

Dass Ko-Erinnerung unvermeidlich geworden ist, ganz wie Süselbeck es konstatiert, belegt der Text, der den Publikumspreis bei der Klagenfurther Ingeborg Bachmann Preisverleihung 2019 gewonnen hat: Die Erzählung und ihre Autorin Ronya Othmann weisen viele der Merkmale auf, die hier zur Sprache gekommen sind und zeigen, dass es unter dem Paradigma der Ko-Erinnerung nicht nur um Forschungskontroversen geht, sondern um die aktuelle Realisierung von Erinnerungskonstruktionen. Die eindrucksvolle Erzählung *Vierundsiebzig* verarbeitet den Genozid an den Ezid_innen durch den Islamischen Staat im Nordirak im August 2014. Der Titel verweist auf die Zählung der historischen Verfolgungen, welche die Bevölkerungsgruppe selbst vornimmt und die bis auf die Zeit des Osmanischen Reiches zurückgeht. Demnach ist der Genozid durch die Terrormiliz der 74. *Farmān*. Der Text ist autobiografisch inspiriert und weist viele Elemente auf, die an Holocaustdarstellungen erinnern. Die Ich-Erzählerin, die den Namen der Autorin trägt und wie sie einen ezidischen Vater und eine deutsche Mutter sowie einen deutschen Pass hat, reist nach dem Sieg über das Kalifat in die Region und sammelt in Reporterinnenmanier Geschichten der noch lebenden Ezid_innen – sie spricht mit Menschen, schreibt mit und macht Tonbandaufnahmen. Das ‚Einzelschicksal' stellt ein charakteristisches Narrativ der Shoahliteratur dar, das herangezogen wird, um sich dem Grauen zu nähern und es ansatzweise ermessen zu können. Dazu gehört auch das Scheitern dieses Ansinnens. Nicht nur die schiere Summe der Geschichten, die zu erzählen kein Ende kennen würde (Othmann 2019, 3), bleibt unvorstellbar. Das narrative Versagen angesichts der genozidalen Katastrophe, das der Text an mehreren Stellen als „Sprachlosigkeit" benennt, referiert auf den Unsagbarkeitstopos, der spätestens seit Adornos Diktum und der sich an dieses anschließenden Debatte alle literarischen Shoah-Darstellungen explizit oder implizit begleitet.

> Die Sprachlosigkeit ist hier offensichtlich. Angesichts der Gräueltaten und ich streiche das Wort Gräueltaten angesichts der Verbrechen und ich streiche das Wort Verbrechen, weil sowohl das Wort Gräueltaten als auch das Wort Verbrechen nicht tragen. Angesichts dessen, was 2014 in Shingal geschah und was die Vereinten Nationen und das Europäische Parlament später Völkermord nannten, versagt die Sprache. (Othmann 2019, 1; cf. 3 und 5)

Weitere Topoi, die die Auseinandersetzung mit der Shoah kontinuierlich begleiten und die in *Vierundsiebzig* zu finden sind, sind Trauma und Zeugenschaft. Während letzteres nur an einer Stelle zur Sprache kommt und eher unverbunden wirkt, ist das Trauma der Überlebenden ein immer wiederkehrendes Motiv – sei es in Gestalt der Beschreibung einer alten Frau, die seit dem Überfall der Terrormiliz am 03.08.2014 nicht mehr ansprechbar ist (Othmann 2019, 3). Oder sei es in Gestalt der Geschichte einer jungen Frau, der in Gefangenschaft ihr eigenes Kind als Mahlzeit zubereitet vorgesetzt wurde und über die es heißt: „Sie verlor den Verstand" (Othmann 2019, 6). Weitere Referenzpunkte sind die Entmenschlichung der Täter (Othmann 2019, 8), die Einordnung des gegenwärtigen Geschehens in die von Verfolgung geprägte, jahrhundertealte Leidensgeschichte des Volkes (Othmann 2019, 11) und das Bewusstsein der Überlebenden, eigentlich zu den Toten zu gehören:

> Sie kamen nach Shingal, um alle Ezîden zu vernichten. Wir waren in Europa, als sie nach Shingal kamen. Wir sind die, die sie nicht getötet haben. Wir leben nicht. Wir sind nur nicht getötet worden, sage ich. Das ist der Unterschied, sage ich. Die anderen sind da, weil sie da sind, sie sind am Leben, aber nicht weil sie nicht getötet wurden. (Othmann 2019, 9)

Besonders deutlich wird der Shoah-Bezug durch eine Stelle, in der die Erzählerin die mediale Berichterstattung ins Shoah-Vokabular überträgt: „Ich lese ‚der berüchtigte IS-Henker Jihadi John', ich lese ‚Sexsklavinnen des IS', ‚IS-wives'. Ich lese nicht Täter und Täterinnen. Ich lese nicht Überlebende" (Othmann 2019, 6). Die Autorin Othmann und ihre Erzählung sind ein Paradebeispiel der Ko-Erinnerung. Als Grenzgängerin mit einer von ihrem ezidisch-deutschen Elternhaus geprägten interkulturellen Identität macht sie die väterliche Herkunft zur Betroffenen und die mütterliche zu einer Außenstehenden. Aus dieser Spannung zwischen Betroffensein und Reporterinnenhabitus erwächst die Kraft ihrer Erzählung. Gleichzeitig ermöglicht ihr ihre deutsche Sozialisation, zu der der Shoahdiskurs und damit das Vertrautsein mit Darstellungsformen des Unsagbaren gehört, eine Sprache für das zu finden, was ihrer ezidischen Familie zugestoßen ist. Dieses aktuelle Exempel weist auf die Zutreffendheit der Diagnose ‚Ko-Erinnerung' hin und spricht dafür, ihr auch als Forschungsparadigma Beachtung zukommen zu lassen.

Literatur

Assmann, Aleida. *Der lange Schatten der Vergangenheit. Erinnerungskultur und Geschichtspolitik*. München: C.H. Beck, 2006.
Assmann, Aleida. *Das neue Unbehagen an der Erinnerungskultur. Eine Intervention*. München: C.H. Beck, 2013.
Augstein, Rudolf et al. *Historikerstreit. Die Dokumentation um die Einzigartigkeit der nationalsozialistischen Judenvernichtung*. München: Piper, 1987. 39–47.
Bauer, Yehuda. *Die dunkle Seite der Geschichte. Die Shoah in historischer Sicht – Interpretationen und Re-Interpretationen*. Aus dem Englischen von Christian Wiese, Frankfurt am Main: Suhrkamp, 2001.
Broszat, Martin. „Grenzen der Wertneutralität in der Zeitgeschichtsforschung". In *Nach Hitler. Der schwierige Umgang mit unserer Geschichte – Beiträge von Martin Broszat*, Hg. Hermann Graml. München: Oldenbourg, 1986. 92–113.
Broszat, Martin. „Plädoyer für eine Historisierung des Nationalsozialismus". In *Nach Hitler. Der schwierige Umgang mit unserer Geschichte – Beiträge von Martin Broszat*. Hg. Hermann Graml. München: Oldenbourg, 1986 [1985]. 159–173.
Chaumont, Jean-Michel. *Die Konkurrenz der Opfer. Genozid, Identität und Anerkennung*. Aus dem Französischen und Amerikanischen von Thomas Laugstien. Lüneburg: Zu Klampen, 2001.
Conrad, Sebastian und Shalini Randeria. „Einleitung. Geteilte Geschichten – Europa in einer postkolonialen Welt". In *Jenseits des Eurozentrismus. Postkoloniale Perspektiven in den Geschichts- und Kulturwissenschaften*. Hg. Sebastian Conrad und Shalini Randeria. Frankfurt am Main: Campus, 2002. 9–49.
Dabag, Mihran. „Gewalt und Genozid. Annäherungen und Distanzierungen". In *Gewalt. Strukturen, Formen, Repräsentationen*. Hg. Mihran Dabag, Antje Kapust und Bernhard Waldenfels. München: Wilhelm Fink, 2000. 170–186.
Diner, Dan (Hg.). *Ist der Nationalsozialismus Geschichte? Zu Historisierung und Historikerstreit*. Frankfurt am Main: Fischer, 1988.
Eckhardt, Roy. „Is the Holocaust Unique?". *Worldview* 17 (1974). 31–35.
Friedländer, Saul. „Überlegungen zur Historisierung des Nationalsozialismus". In *Nachdenken über den Holocaust*. Hg. Saul Friedländer. München: Beck, 2007 [1988]. 56–77.
Friedländer, Saul und Martin Broszat. „Um die ‚Historisierung des Nationalsozialismus' – Ein Briefwechsel mit Martin Broszat". In *Nachdenken über den Holocaust*. Hg. Saul Friedländer. München: Beck, 2007 [1988]. 78–124.
Gutman, Yifat, Adam D. Brown und Amy Sodaro (Hg.). *Memory and the Future. Transnational Politics, Ethics and Society*. New York: Palgrave Macmillian, 2010.
Habermas, Jürgen. „Eine Art Schadensabwicklung. Die apologetischen Tendenzen in der deutschen Zeitgeschichtsschreibung". In *Historikerstreit. Die Dokumentation um die Einzigartigkeit der nationalsozialistischen Judenvernichtung*. München: Piper, 1987 [1986]. 62–76.
Jinks, Rebecca. *Representing Genocide. The Holocaust as Paradigm?* London und New York: Bloomsbury, 2016.
Katz, Steven. „The ‚Unique' Intentionality of the Holocaust". In *Post-Holocaust Dialogues*. Hg. Steven Katz. New York: New York University Press. 1983. 287–317.

Klävers, Steffen. *Decolonizing Auschwitz. Komparativ-postkoloniale Ansätze in der Holocaustforschung*. Berlin und Boston: De Gruyter, 2019.

Levy, Daniel und Natan Sznaider. *Erinnerung im globalen Zeitalter. Der Holocaust*. Frankfurt am Main: Suhrkamp, 2001.

Löw, Andrea. „‚Ein Verbrechen, dessen Grauen mit nichts zu vergleichen ist'. Die Ursprünge der Debatte über die Singularität des Holocaust". In *Holocaust und Völkermorde. Die Reichweite des Vergleichs*. Hg. Sybille Steinbacher. Frankfurt am Main und New York: Campus, 2012. 125–143.

Nolte, Ernst. „Vergangenheit, die nicht vergehen will – Eine Rede, die geschrieben aber nicht gehalten werden konnte". In *Historikerstreit. Die Dokumentation um die Einzigartigkeit der nationalsozialistischen Judenvernichtung*. Hg. Rudolf Augstein. München: Piper, 1987 [1986]. 39–47.

Othmann, Ronya. „Vierundsiebzig". In *ORF: Manuskripte vorgetragen im Rahmen des Ingeborg-Bachmann-Preises 2019*. https://files.orf.at/vietnam2/files/bachmannpreis/201918/vierundsiebzig_ronya_othmann_6710–90.pdf (28.06.2019)

Randeria, Shalini. „Zivilgesellschaft aus postkolonialer Sicht". In *Neues über Zivilgesellschaft*. Hg. Jürgen Kocka, Paul Nolte, Shalini Randeria et al. Berlin: WZB, 2001. 81–103.

Randeria, Shalini. „Entangled Histories of Uneven Modernities. Civil Society, Caste Solidarities and the Post-Colonial State in India". In *Unraveling Ties*. Hg. Yehuda Elkana. Frankfurt am Main: Campus, 2002. 284–311.

Rosenbaum, Alan (Hg.). *Is the Holocaust Unique?* Boulder, CO und Oxford: Westview Press, 1996.

Rothberg, Michael. *Multidirectional Memory. Remembering the Holocaust in the Age of Decolonization*. Stanford, CA: Stanford University Press, 2009.

Rubenstein, Richard. „Religion and the Uniqueness of the Holocaust". In *Is the Holocaust Unique?* Hg. Alan Rosenbaum. Boulder, CO und Oxford: Westview Press, 1996. 11–18.

Süselbeck, Jan. „Zumutbare Erinnerung. Ein Nachruf auf den verstorbenen Schriftsteller Edgar Hilsenrath". *Jungle.World* 2/2019. https://jungle.world/artikel/2019/02/zumutbare-erinnerung (18.06.2019)

Walser, Martin. „Erfahrungen beim Verfassen einer Sonntagsrede." In *Die Walser-Bubis-Debatte. Eine Dokumentation*. Hg. Frank Schirrmacher. Frankfurt am Main: Suhrkamp, 1999. 7–17.

Weitz, Eric. *A Century of Genocide. Utopias of Race and Nation*. Princeton, NJ: Princeton University Press, 2003.

Welzer, Harald. „Verweilen beim Grauen – Über den wissenschaftlichen Umgang mit dem Holocaust". In *Verweilen beim Grauen – Essays zum wissenschaftlichen Umgang mit dem Holocaust*. Hg. Harald Welzer. Tübingen: Edition Diskord, 1997. 7–26.

Welzer, Harald, Sabine Moller und Karoline Tschuggnall. *„Opa war kein Nazi". Nationalsozialismus und Holocaust im Familiengedächtnis*. Frankfurt am Main: Fischer, 2005 [2002].

Werner, Michael und Bénédicte Zimmermann. „Vergleich, Transfer, Verflechtung. Der Ansatz der Histoire croisée und die Herausforderung des Transnationalen". *Geschichte und Gesellschaft. Zeitschrift für historische Sozialwissenschaft* 28 (2002): 607–636.

Wippermann, Wolfgang. *Wie die Zigeuner. Antisemitismus und Antiziganismus im Vergleich*. Berlin: Elefanten Press, 1997.

Wippermann, Wolfgang. „*Auserwählte Opfer?" Shoah und Porrajmos im Vergleich – Eine Kontroverse*. Berlin: Frank & Timme, 2005.

Zimmerer, Jürgen. „Nationalsozialismus postkolonial. Plädoyer zur Globalisierung der deutschen Gewaltgeschichte". In *Von Windhuk nach Auschwitz? Beiträge zum Verhältnis von Kolonialismus und Holocaust*. Hg. Jürgen Zimmerer. Münster: Lit, 2011. 14–38.

Susanne Knittel
Figures of Comparison in Memory Studies: Singularity, Multidirectionality, Diffraction

> [C]omparisons are never neutral: they are inevitably tendentious, didactic, competitive, and prescriptive. Behind the seeming generosity of comparison, there always lurks the aggression of a thesis. (R. Radhakrishnan, "Why Compare?")

> For all the problems of comparison, in the end, it is worse not to compare than to compare. Cognitively speaking, the possibility of conceptual thought that comparison fosters moves knowledge beyond pure particularity and thereby enables theory. (Susan Stanford Friedman, "Why Not Compare?")

To compare or not to compare, that is the question. As my two epigraphs illustrate, the act of comparison is fraught with political, historical, epistemological, and ethical questions, and as such can never be purely objective or disinterested. One must always ask, therefore, who is performing the comparison, on what grounds, in whose name, to what end, and for whose benefit? And what are the objects of comparison, how are they defined and/or constructed, what sort of hierarchy does this comparison imply? Comparison can serve as a tool for suppressing the local and the particular in favour of the abstract and the universal. It is always implicated in dynamics of power/knowledge.

At the same time, one cannot do without comparison. Even a statement that a given phenomenon is singular, unique, and incomparable implies a comparison, albeit a negative one. Moreover, as Susan Stanford Friedman argues, comparison is a prerequisite for analytic and conceptual thinking and for a theoretical engagement with the world. Theory, she writes, is "the cognitive capacity to conceptualise, generalise, and see patterns of similarity as part of a broadly systematic form of thinking. Theory in this sense requires comparison" (2013, 37). In other words, to foreswear comparison entirely would leave us in a position analogous to that of Funes the Memorious. In Borges's story, Funes has perfect memory and is able to remember the minutest details of every day but is unable to organise his memories and sensory impressions into a system or conceptual schema. As a result, he quite literally cannot see the forest for the trees: "He remembered not only every leaf of every tree of every wood, but also every one of the times he had perceived or imagined it" (Borges 1962, 65). Funes's perfect memory is the symptom of a malfunction in his mnemonic faculty, which renders him unable to draw either comparisons or distinctions. For him, each time he sees a particular leaf is a new singular occurrence that cannot be grouped to form a stable object. Nor can he perceive the similarities between individual leaves to arrive at the concept of leaf. Furthermore, he cannot distinguish between the things in themselves and his imagination or representation of those things; they all exist on the same plane. The faculties of comparison and distinction would thus constitute a form of forgetting. To compare is to 'forget', momentarily, the particularities, in order to emphasise similarities and patterns. Yet, one might also say that the form of hypertrophied memory with which Funes is endowed, where everything counts in the same way and no particular memory can have a greater significance than any other, is itself a form of forgetting. He is awash in a sea of singularities without a conceptual or theoretical framework that would allow him to make sense of them.

This story is typically read as an allegory of the dangers of too much memory, and even as a representation of the paralysis brought on by the uncritical antiquarian approach to history described in Nietzsche's second *Untimely Meditation*, "On the Uses and Disadvantages of History for Life" (1997 [1874]). In light of the debate between Radhakrishnan and Friedman however, one might equally read it as a comment on the uses and disadvantages of comparison for memory studies (cf. Radhakrishnan, 2013, Friedman 2013). In this regard, the lesson of Funes is that too much attention to the local or the particular without a comparative framework leads to an impasse. Hence, comparison is necessary and even unavoidable. This does not mean, however, that it is straightforward or unproblematic. There is also a danger in viewing everything as comparable, which can lead to a reduction of complexity and a sacrifice of idiosyncrasy and particularity to the abstract ideal of the one. Evidently, not to compare is not an option, but comparison carries with it a range of difficulties and dangers that must be kept in mind. Perhaps, then, we should revise the question we asked at the outset. The question, rather, is how to compare and what.

This is a theoretical and a methodological question which goes to the heart of the field of memory studies. It is this question, moreover, that underlies the prefix 'co-' in the title of the present volume. What is co-memoration? What is the 'with' that determines this memory practice? And how does this 'co-' relate to the 'co-' in comparison, the placement of two things side by side, the establishment of a relation between them? There is in any act of memory an implied 'we', a community, a communication, a gesture of sharing, participation, exchange, and relating. One might even go so far as to say that all memory is co-memory. Certainly, this is true of collective and cultural memory, which is by definition characterised by interpersonal and intergenerational structures of transmission, but even individual memory, like individual identity, is always already entangled with and co-shaped by multiple others. In this regard, for memory studies, the object is always already comparative. As, indeed, is the study of that object. Memory studies is thus comparative twice over, and it is therefore doubly important for memory studies to keep the distinction between the object and the method of study in mind, and to reflect critically on the modes and parameters of comparison at work on both levels.

The question of comparison has been especially fraught in memory studies. This is in large part due to the special status of the Holocaust within the field as a singular and unprecedented event. Within this discourse it was considered disrespectful or even sacrilegious to approach the Holocaust comparatively. This is due to a conception of comparison based on similarity and even equation. Indeed, etymologically, comparison implies making equal and alike, producing a parity. Thus, its opponents have with some justification argued that comparison is invested in sameness and the erasure of difference and the equation of disparate entities. That it is, in other words, a form of forgetting. Although such injunctions against comparison arise out of legitimate concerns about trivialisation and homogenisation, they also ultimately feed into a zero-sum logic according to which saying that one thing is like another is to diminish or dilute its uniqueness and specificity. Furthermore, the prohibition against comparison has tended to disregard the distinction between the events themselves and their representation, and hence the distinction between history and memory. This same zero-sum logic also feeds the strategic manoeuvres whereby a comparison to the Holocaust can either serve to legitimise the suffering of a particular minority group where a persecutory event is described as the 'Holocaust' of this or that group, a move that allows them to borrow some of the weight of that term. Conversely, when it comes to questions of national guilt and responsibility, comparisons to the Holocaust can be effective in relativizing and hence minimizing the culpability of certain individuals or groups. This or that oppressive regime or criminal system is presented as the 'lesser evil' compared to the 'absolute evil' of National Socialism. Ultimately, both of these operations depend on an absolute singularity and incomparability of the Holocaust. In this way, both comparisons to the Holocaust and injunctions against such comparisons are two sides of the same coin.

In recent years there has been a shift away from such a competitive and hierarchical model of memory toward a more inter- and intra-active one – from a memory economy to a memory ecology, if you will. This conceptual shift coincides with a fundamental rethinking of the stakes and parameters of comparison in memory studies. Rather than emphasising sameness and equation, the new critical comparativism hinges on the principle of difference. In what follows I examine three figures of comparison that can help us come to a better theoretical understanding of the co-constitutive, co-shaping nature of co-memory and co-memoration: singularity, multidirectionality, and diffraction. The first of these may initially not seem like a figure of comparison at all, since it is the repeated assertion of the singular nature of the Holocaust, for example, that has tended to foreclose any comparison to other atrocities and memories. Nevertheless, taking inspiration from Derek Attridge's Derridean conception of the term as he develops it in his book *The Singularity of Literature* (2004), I will show how singularity, seen as a figure of alterity, may offer a way out of the eternal rhetoric of incomparability, uniqueness, and a-historicity. This model of singularity, moreover, necessitates an ethical response on the part of the reader or observer. In my discussion I relate Attridge's conception of singularity to what I have in my own work called the "historical uncanny" (Knittel 2015). The second figure, multidirectionality, is the term put forward by Michael Rothberg in order to describe the rhizomatic and plural dynamics of cultural memory and to move beyond the zero-sum logic that has pervaded public and scholarly discourse on memory and commemoration. Multidirectionality emphasises the interaction between different memory complexes, most notably that of the Holocaust and the trans-Atlantic slave trade. In my discussion of this figure of comparison I supplement this external multidirectionality with an *internal* multidirectionality that troubles the too-hasty assumption regarding the nature and contours of each memory complex. This I develop in connection to the expanded definition of site of memory that I have proposed in my work, namely as an assemblage encompassing both the physical location and the cultural and discursive formations that have accumulated around it over time. This definition takes its inspiration from new-materialist thinking and comes close to what Donna Haraway has called a "material-semiotic knot" (2008, 4). Finally, continuing my engagement with Haraway, I will discuss the figure of diffraction, which she has proposed as an alternative optical metaphor to that of reflection, and which I take as a methodological principle for the comparative study of memory. If reflection presupposes identity, sameness, and a hierarchy of original to copy or mirror-image, diffraction refers to the interference patterns that are produced at the moment of observation and which are in an important sense co-produced though the act of observation. Having discussed these three figures of comparison, I will conclude by elaborating on the term 'figure' itself and how it embodies the modalities of comparison expressed in each of the three critical terms that animate this chapter. Finally, I will suggest how these figures, taken together, define the task of a critical comparative memory studies.

1 Singularity

In his 2004 book *The Singularity of Literature*, Derek Attridge gives an account of literature and literariness that hinges on the interaction between the text and the reader. In this way he seeks to explain how works of literature, which come into being always within a particular cultural framework and are to a certain extent determined by them, nevertheless can change those frameworks. As he argues, works of art have to make use of and refer to existing forms and conventions in order to be comprehensible. If a work were to be completely original to the extent that it was unlike anything anyone had ever seen before, it would be incomprehensible, and the reader and the public would have little to no means of approaching it and responding to it. Conversely, if it were entirely conventional (unoriginal), then it would not have the power to effect change or to elicit a response from the reader beyond what has already taken place. The category of singularity as Attridge uses it, refers to the ability of works of art to introduce alterity into the familiar. Singularity, moreover, is not a fixed property of particular texts, i.e. it is not possible to say that one text is more singular in its essence than some other text, rather, singularity is *relational* and emerges in the event of reading or reception.

Attridge writes:

> [S]ingularity [...] is not a property but an event, the event of singularizing which takes place in reception: it does not occur outside the responses of those who encounter and thereby constitute it. It is produced, not given in advance; and its emergence is also the beginning of its erosion, as it brings about the cultural changes necessary to accommodate it. Singularity is not the same as autonomy, particularity, identity, contingency, or specificity; nor is it to be equated with 'uniqueness', a word which I shall employ to refer to an entity which is unlike all other entities *without* being inventive in its difference – which is to say, without introducing otherness into the sphere of the same. A work that is unique but not singular is one that may be wholly comprehended within the norms of the culture [...]. (Attridge 2004, 64)

One of the mysterious properties of literature, which Attridge is trying to account for, is the way in which texts from centuries or even millennia ago can still affect us or strike us as new, as urgent, as demanding a response. In fact, Attridge writes that singularity can be thought of in terms of the demand that the other (i.e. the text) makes upon us (67). But this demand is only ever made in the event of reception, and it may not emerge every time or for every reader, and there may be entire periods in history when a given work 'loses' its singularity, does not provoke a response. But if and when a text exhibits singularity, it is in such a way that the existing frameworks of reception and interpretation cannot adequately account for it. Thus, Attridge writes, the reader must cultivate a "creative responsiveness" to the text, even as one would to another person: "[t]o read creatively in an attempt to respond fully and responsibly to the alterity and singularity of the text is to work against the mind's tendency to assimilate the other to the same" (80). This means that it is not possible to legislate in advance "what is and is not relevant to a full response" (81). Rather, a responsible reading, i.e. one "that attempts to do justice to a work's singularity", must both "explain what can be explained" and "find a way of showing that even the fullest explanation does not exhaust the work's inventiveness". Hence, he concludes, "this type of reading necessarily fails" (82) – but it is a productive failure, in that it testifies to its own limitations and to the situatedness of the individual reader and his or her reading, as well as "to the vitality and persistence of literature" (138).

How can we adapt this concept from literary analysis to the study of cultural memory and what does it have to do with comparison? One might, for example, consider singularity as a property of sites of memory. And here I would like to align Attridge's concept of singularity with the notion of the historical uncanny that I develop in my book of the same name. In Freud's essay *Das Unheimliche* (1955 [1919]), the uncanny names a sudden sense that something familiar appears strange and foreign or, conversely, when something unfamiliar suddenly provokes a sense of recognition. *Heimlich* and *unheimlich* should be opposites, but *heimlich*, as Freud demonstrates, also already means *unheimlich*. In this way the word itself is uncanny in that it contains its own opposite and thus thwarts our attempts to establish an unequivocal meaning. The historical uncanny, by extension, describes the sudden feeling of a well-known history becoming strange and unfamiliar, and at the same time much closer to home than one had previously imagined. The historical uncanny refers to a disruption in one's sense of identity and one's relationship to the past. When history becomes uncanny, it is both familiar and strange, far away and very close. It is the realisation, to quote Faulkner, that "the past is never dead, it's not even past" (1994, 535). On a personal level, my first encounter with the feeling of the historical uncanny was when I began to look into the history of Nazi 'Euthanasia' and particularly the memorial at Castle Grafeneck, which is near my hometown. Grafeneck had always been part of my *Heimat*, and as a teenager I had often been there, but after having moved to the US and returning to visit the site many years later, its history suddenly seemed irreconcilable with its present-day reality. Grafeneck is both a memorial to the victims of Nazi 'Euthanasia' who were murdered there in 1940 and a home for people with mental illnesses and disabilities. Even though I had always known this, suddenly it seemed uncanny. Or, to use Attridge's term, I was suddenly confronted with its singularity, which demanded a response from me. That was the impetus for my book. The addition of the concept of singularity to my notion of the historical uncanny is productive, I believe, because it makes explicit something that was only implicit in my book, namely that the feeling of the uncanny is not only about discomfort or a sense of the eerie, but also that it *places a certain demand on you*, that it demands a response and in this way instils quite literally a sense of responsibility to and for this history.

This is precisely a sense that memorial sites seek to inspire in their visitors. But it is becoming increasingly difficult as we move further and further away from the historical events being commemorated. The 'singularity' of the Holocaust is beginning to fade as it becomes more fully accommodated by culture. On the one hand this is of course desirable, in that it has changed the way we talk about the past, the way we think about history and memory. But it is also undeniably becoming what Edward T. Linenthal has called a "comfortable horrible" memory, meaning that it allows people "to reassure themselves that they are engaging profound events" (qtd. in Rothberg 2009, 9) while failing to engage with other events in the past or in the present that are closer to home and less easy to face or to reconcile with their sense of self.

A crucial component of Attridge's theory – and this is true of the historical uncanny as well – is that the singularity of a text and its ability to elicit a response in the reader is neither generalizable nor demonstrable and cannot be legislated in advance. This also means that it is impossible to determine ahead of time what kind of reaction, if any, a given text is likely to provoke. For a site of memory this of course poses a pragmatic problem, namely, *how* to provoke a genuine response and a sense of responsibility in its visitors. Probably it is impossible (and maybe also undesirable) to design a site that will confront each and every visitor with a sense of singularity and the uncanny. At the beginning of my book I quote the director of the Auschwitz-Birkenau Memorial, Piotr Cywiński, who said in an interview that millions of people go to exhibitions like the one at Auschwitz around the world today, "they cry, they ask why people did not react more at the time, why there were so few righteous, then they go home, see genocide on television and don't move a finger" (qtd. in Knittel 2015, 2). It seems to be clear that remembering and learning about the Holocaust is important, but it seems less clear how to translate this knowledge into civic engagement. In short, memory does not lead to action. Instead, it leads to certain ritualised forms of behaviour, to platitudes. Thus, in January 2017, the British Home Secretary Amber Rudd tweeted, "We must never forget" along with a picture of herself signing a Holocaust remembrance book. Reporting on the incident in the *New Statesman*, Tanya Gold observed that this commitment to remembering the Holocaust had not prevented Rudd from discontinuing the "Dubs amendment" (a programme offering sanctuary to solitary child refugees named after Lord Dubs, who had come to the UK from Czechoslovakia on a *Kindertransport* in March 1939). "I do not expect Rudd to know", Gold writes, that, in response to the Évian Conference on Jewish refugees, held in France in 1938, Adolf Hitler offered German Jews to the world but the world did not want them. Britain took 10,000 children, sponsored privately, and left their parents to die. [...] Rudd couldn't see the connection between the British government of 1938 leaving children to die in far-off lands and the British government of 2016 doing the same. Her signing of a Holocaust remembrance book was so meaningless that it was, at best, hand exercise and, at worst, a cynical PR gesture. (Gold 2017)

There was a time when refusing to compare the Holocaust to other atrocities was considered the appropriate ethical response to its singularity, as any comparison would have been seen as a domesticating gesture. Gradually, however, this prohibition against comparison itself became a domesticating gesture, a sign that the culture had changed to accommodate this singular event, transforming it into, abstractly speaking (but in line with Linenthal, cf. supra), a "comfortable horrible". Now, the refusal or inability to draw comparisons and parallels between the Holocaust and other atrocities is in fact a failure to respond ethically to its singularity. Comparison, then, becomes the ethical and appropriate response. Comparison is the mode of perceiving the alterity that is the hallmark of singularity. Needless to say, not all comparisons are necessarily appropriate or ethical, and some may even be entirely frivolous or insensitive, but others may afford genuine insight and provoke a sense of responsibility.

2 Multidirectionality

The notion of the "comfortable horrible" also provides a link to the figure of multidirectionality. In the introduction to *Multidirectional Memory*, Michael Rothberg discusses Linenthal's phrase in terms of the Freudian concept of screen memory (*Deckerinnerung*), which is a mechanism whereby an uncomfortable or traumatic memory is covered up or displaced by another, benign memory (Rothberg 2009, 13–14). Crucially, the screen memory does not destroy the traumatic memory, and so the trauma will find ways to resurface and to express itself in other ways. Rothberg's prime example is the presence of the memory of the Holocaust, which seems to have displaced the more uncomfortable memory of slavery from the commemorative landscape in North America. The reasons for this are not hard to identify: in the post-war context, the memory of the Holocaust was a unifying force where America played the role of the hero and saviour. The history and memory of slavery, by contrast, divides America against itself, and the question of guilt and responsibility cannot be externalised in the same way. Multidirectional memory, then, on the one hand is a descriptive term which aims to capture the ways in which memories proliferate and return in other guises, via and in connection with other memories, and on the other hand it is a prescriptive term, aimed at shifting the parameters for how we think and write about cultural memory. In other words, cultural memory *is* multidirectional, and thus cultural memory studies must be as well. This has had far-reaching and productive consequences for memory studies. At the same time, however, multidirectional memory by Rothberg's definition functions primarily between disparate memories and histories. In other words, the paradigms of uniqueness with which he takes issue are those which would disallow comparisons between the Holocaust and other acts of genocide. But we should ask ourselves what precisely we mean when we say "Holocaust". Rothberg argues convincingly for the need to conceive of memory as "subject to ongoing negotiation, cross-referencing, and borrowing; as productive and not privative" and to examine "the interaction between different historical memories" (2009, 3). We must also, of course, consider how these historical memories are not stable or clearly defined entities, but rather subject to renegotiation in their own right. The established definition of the Holocaust as the genocide of the European Jews, both in public and in scholarly discourse – a delimitation that is reinforced by the preference for the term 'Shoah' – has tended to hinder a discussion of other victim groups and other aspects of its history and historical embeddedness. The two case studies I discuss in my book, namely the Nazi-'Euthanasia' program and the persecution of Slovenes, Croats and other ethnic minorities in and around Trieste in North-Eastern Italy, have, for the most part, not been considered part of the Holocaust. The 'Euthanasia' program has typically been seen as at most a trial run for the Holocaust 'proper' and at worst as a medical issue that has nothing to do with racial, religious or political persecution. Furthermore, the connections between the Holocaust and the international eugenics movement have been downplayed, as have the post-war continuities in eugenic thinking and discriminatory practices directed against people with disabilities and mental illnesses. The persecution in the region of Trieste has been largely ignored by scholarship or else been regarded as a peripheral event, almost an afterthought. Moreover, the connections and continuities between pre- and post-war anti-'Slav' campaigns in the region and the realignment of the Italian commemorative landscape during the Berlusconi era have only recently come under critical scrutiny. By shedding light on these marginalised victim groups and overlooked connections, my comparative study of these two cases can be seen as an exercise in *internal and external multidirectional memory studies*. It reveals how the Holocaust is in itself a heterogeneous and multifaceted conglomeration of persecutory practices and events, and also how it is connected to and embedded in broader historical events.

At the same time, expanding the scope in this way to include the 'Euthanasia' program and the Italian campaign, reveals something about the comparability of internally and externally multidirectional events such as the Holocaust. What do I mean by that? One of the criticisms I received throughout the writing of my book was that my two case studies were fundamentally incompatible and hence could not be compared. What, after all, did the people with supposedly hereditary illnesses and disabilities in Germany have to do with the Slovene and Croat minorities in Trieste? If you put it that way, obviously the comparison seems absurd. The comparison starts to make sense, however, if you factor in a different perspective, namely that of the perpetrators. As I discovered, it was the same group of men, led by Christian Wirth, who carried out the extermination at Grafeneck and who then were transferred to the *Aktion Reinhard* camps in Poland, before finally being stationed at the Risiera di San Sabba in Trieste (Knittel 2015, 137–171). In other words, as far as the Nazis were concerned, this was all part of the same campaign of racial purification. Looking at the post-war lives and careers of some perpetrators once can see how they continued their work almost seamlessly in other contexts. Most of the doctors involved in the 'Euthanasia' programme were never put on trial, and none lost their license. Rothberg also uses the figure of the perpetrator in order to highlight such multidirectional continuities, namely the case of Maurice Papon, who was involved in the persecution of the Jews in the 1940s and in the 1960s led the violent repression of the Algerian Liberation Front (Rothberg 2009, 285–290). The point here is to show how an exclusive focus on the victims of persecution, important as that focus is, nevertheless makes it difficult to perceive connections between apparently disparate atrocities and processes.

An important facet of multidirectional memory, then, is a multiperspectival approach. This can be illustrated by means of the complex memory landscape in and around Trieste. When I first began working on my Italian case study, the focus was meant to be the Risiera di San Sabba concentration camp memorial in Trieste, the only Nazi death camp on Italian soil. It soon became clear, however, that I also had to take into account the competing narrative anchored at the nearby Foiba di Basovizza memorial. The Foiba di Basovizza is the main memorial dedicated to the victims of the killings carried out at the end of WWII by Yugoslav partisans against the Italian population in what is now Croatia, Slovenia, and part of the region around Trieste. The *foibe* memory has been presented by its advocates as the 'Italian Holocaust', a genocidal campaign carried out against the Italians by Yugoslav Communists. The competition between the Risiera and the Foiba is a manifestation of a larger re-adjustment of Italian memory culture that has been going on in the past 20 years, especially under Berlusconi, and which involves a shift away from the post-war narrative of the heroic Anti-Fascist resistance, which had been promulgated by the centre-left, and toward a discourse of Italian victimhood coupled with a creeping rehabilitation of Fascism.

Through my analysis of these two sites and the attendant discourses it became clear that both of these narratives embodied in these two sites functioned as a screen memory for the repressed crimes of Italian Fascism (Knittel 2015, 175–216). If in the former narrative the Italians were all in the resistance and the Nazis were the perpetrators, in the latter the Italians were the victims and the Yugoslav Communists the perpetrators. In order to find any discussion of the Italian Fascist persecution of Slovenes and Croats and of Italian war crimes, one has turn to literature, art, and theatre. Hence, while I had initially planned to write only about one memorial site, it quickly became evident that in order to understand what was going on in the region I had to include all of these disparate elements, narratives, and perspectives, because no individual part could present the whole story.

The memory war between the Risiera and the Foiba is a perfect encapsulation of the zero-sum logic of competitive memory and a perfect example not just of the inadequacies of this approach but also the strategic and self-serving nature of such zero-sum games. In presenting the memory of Trieste as a simple binary, both memorials effectively gloss over the more uncomfortable issue, namely the legacy of Italian Fascism and its crimes. Only by adopting a multidirectional comparative perspective was I able to arrive at a theoretical understanding of the processes and dynamics at work.

This multidirectional approach requires an expanded definition of site of memory. Building on the methodology elaborated by Pierre Nora, I conceive of a site of memory as

> encompassing not only the specific geographical location of a historical event but also the assemblage of cultural artifacts and discourses that accumulate around a given event or memory over time. A 'site' by this definition therefore denotes a physical and a cultural space that is continuously re-defined and rewritten. Any given site of memory is thus composed of heterogeneous elements that mutually challenge and complement each other – in Deleuzian terms, each site is a rhizome comprising various nodes engaged in an ongoing process of deterritorialization and reterritorialization. (Knittel 2015, 7)

Such a site may thus comprise, on the one hand, a physical component, in the form of a memorial or museum, which, moreover, may present the official version of events, and, on the other, a discursive, cultural component, e.g. novels, films, plays, and art projects, which often give voice to an unofficial or counter-memory. For example, the site of memory that is 'Nazi-Euthanasia' consists of various physical memorials to those crimes including Grafeneck and other 'Euthanasia' killing centres, the memorial at Tiergartenstraße 4 in Berlin, the memorials at clinics and psychiatric institutions, grass-roots memorials such as the Stolpersteine and the Grey Bus Memorial, but also commemorative events and ceremonies, films, documentaries, memoirs, novels, plays, poems, visual and performance art, not to mention the work of professional and amateur historians, ethnographers, journalists, cultural critics, and public discourse more generally. This list may be long, but it is necessarily incomplete, as will be any study of such a 'site'. All a scholar can attempt, then, is to offer a response to a particular aspect of the site's singularity. What is more, that response will itself become part of the site. In my own work the cultural component is especially important because of the way it can foreground and comment on questions of representation and representability. A site of memory by this definition is often internally heterogeneous and contradictory – 'multidirectional', in other words – and may thus be said to contain its own opposite. This, in turn, is what allows a site of memory to make history 'other' and render it uncanny. The multidirectional conception of a site of memory also implicates the researcher in its production. That is to say, the site of memory is a relational construct that incorporates the positionality of the observer. In other words, the singularity of history and memory demands a response, and this response is in an important sense that which gives rise to the site. This is not to say, of course, that the researcher simply makes up or invents these sites and their components, but rather that the site is an event, as Attridge would say. A site in this sense is not a place, it is something that takes place. In order to account for this process, I turn now to my third figure of comparison, namely diffraction.

3 Diffraction

In physics, diffraction refers to a variety of phenomena that occur when a wave encounters an obstacle. This can be either simple or more complex, especially if several waves intersect and interfere with one another. The pattern that emerges when these different waves intersect is known as a diffraction pattern. In recent feminist new materialist scholarship, diffraction has come to be used metaphorically to refer to a mode of reading, a method. The term was first proposed by Donna Haraway in her 1997 book *Modest Witness*, where she presents it as an alternative to the ubiquitous vocabulary of reflexivity that has permeated our critical language. As scholars we are trained to *reflect* on matters, to *speculate*, we encourage *self-reflexivity* in our students and privilege texts that are self-reflexive. In German we consider a particular topic *in the mirror* of its history or scholarship or language ("im Spiegel der Forschung", "im Spiegel der Kritik", etc.). The motif of mirrors and mirroring is of course omnipresent in the discourse of psychoanalysis, and hence, by extension, also woven into the fabric of memory studies as a field. For Haraway, the problem with reflexivity is above all that it invites associations of original and copy, essence and appearance. Hence, within this model, difference is liable to be seen as a deviation from a norm or some origin. Haraway wants to find a way to conceptualise difference as non-hierarchical or rhizomatic, a decentred network of mutual influence and interference. As she explains,

> Reflexivity has been much recommended as a critical practice, but my suspicion is that reflexivity, like reflection, only displaces the same elsewhere, setting up the worries about copy and original and the search for the authentic and really real. [...] Diffraction is an optical metaphor for the effort to make a difference in the world. [...] Diffraction patterns record the history of interaction, interference, reinforcement, difference. (Haraway 1997, 16)

Later on, she adds:

> Diffraction is about heterogeneous history, not about originals. Unlike reflections, diffractions do not displace the same elsewhere, in more or less distorted form. [...] Rather, diffraction can be a metaphor for another kind of critical consciousness [...]. (Haraway 1997, 273)

This has implications for how we read and compare, and how we think critically about what we are doing when we read comparatively.

A basic principle of diffractive reading is that the act of observing diffraction patterns itself has an influence on the patterns being observed. In other words, when one speaks of diffraction it is always necessary to factor in the position and the agency of the observer and the apparatus that is being used to observe. Thus, a diffractive reading necessarily and unavoidably implicates the reader or the critic in the creation of the object of study itself. Strictly speaking it is misleading to refer to it as the *object* of study, as this implies a subject that is somehow separate from and antecedent to that which is studied. In order to counteract the subject-object dualism, which is so ingrained in our mode of thinking and in the language we use to describe the world, Donna Haraway and her fellow new materialist Karen Barad have proposed the term intra-action as an alternative to inter-action. Whereas the latter, again, implies that entities exist independently of one another and only then come into relation with each other, the former instead insists that the encounter is not *between* two entities, but rather takes place within a material field, out of which these entities co-appear. As Karen Barad puts it: "relata do not preexist relations" (Barad 2007, 140). This is the final consequence of taking the 'co-' in co-memoration and comparison seriously. The diffraction patterns do not exist independently of the observer, they are the *record of an event* that takes place in the moment of observation. More importantly, we, the observers, are intra-actively co-constituted by this event. This has implications for both the nature of the event that Attridge describes and the significance of the implicatedness of the reader in its production and reception. Obviously, this does not mean that the reader is the 'author' of the text, but rather that both reader and text are co-constituted in and by the act of reading. This is another way of saying that the singularity is not a pre-existing property of the text, and it also explains why it is not generalizable or transferable, because in an important and seemingly counterintuitive sense, the text does not pre-exist the reading.

In *The Historical Uncanny* I tried to adopt a mode of comparison that makes the principle of diffraction productive for memory studies. In reading the site of memory that is Nazi-'Euthanasia' together with the site of memory that is the so-called "*binomio* Risiera-Foibe", I sought to observe the patterns of interference that resulted. The aim was not to *equate* these apparently asymmetrical and heterogeneous memory complexes, but rather to read the two sites through one another in order to observe the interference patterns that emerge, and thus to gain insight into mechanisms of remembering, forgetting, and repression across national, cultural, linguistic, and disciplinary lines. A site of memory as I conceive it is itself also constituted by the patterns of diffraction generated by its various disparate elements. For example, the literary texts that deal with the specific memory complex are not ancillary to the official memory presented at the memorial, nor is their inclusion in the same 'site' dependent on there being a demonstrable line of influence, interrelation or correlation between them. Rather, the site *is* the pattern of diffraction created by the very act of reading the memorial and the literature together. It does not exist as a stable, pre-determined object in the world; rather, the site becomes visible as an object of study only through the process of observing it. This is also what makes it not only possible but quite literally productive to read two asymmetrical, heterogeneous sites together: it generates new patterns of diffraction and new figures of comparison that would not have been there otherwise.

What is at stake in referring to these concepts as figures of comparison? I began this essay with a discussion of the advantages and disadvantages of comparison for memory studies, and I'd like to end by thinking through the term 'figure' and asking what kind of theoretical work it does. Among the various meanings of 'figure' are form, shape, appearance, image or likeness, geometric shape, "any of the various 'forms' of expression, deviating from the normal arrangement or use of words" ("Figure"). As these various definitions indicate, there is a constitutive ambiguity surrounding 'figures', namely whether they belong to things in themselves or whether they are representations of something else. Furthermore, as in the case of 'figures of speech', the figurative seems to be a creative misuse or misrepresentation, a deviation from a norm or the 'proper' use of language. In classical rhetoric metaphors and other figures of speech were considered purely ornamental and it was assumed that any idea expressed metaphorically could be translated back into a literal paraphrase. Modern theories of metaphor from Max Black to Blumenberg, Derrida, and Ricoeur, however, insist that figures of speech are primary forms of expression and meaning-making that capture something that cannot be expressed 'literally'. What about figures of comparison, then? How does figuration relate to the practice of comparing? Here again I would like to refer to Donna Haraway, who writes that "figures are not representations or didactic illustrations, but rather material-semiotic nodes or knots in which diverse bodies and meanings co-shape one another" (2008, 4). She insists that figures are both imagined and real and that in each figure "the dimensions tangle and require response" (2008, 4). The same can be said of a 'site' of memory as I conceive of it. As material-semiotic knots, figures in Haraway's sense "gather up those who respond to them into unpredictable kinds of 'we'" (2008, 5). In the spirit of comparison, I would like to relate this 'we' to the as-yet undetermined "'we' to come" in whose name R. Radhakrishnan, in the text I referred to at the outset, suggests that the act of comparison must be carried out (2013, 22). This utopian gesture is made by the 'we' in the present that is still mired in binary logics of 'us vs. them', the very logics that drive the zero-sum game of competitive memory and attempt to foreclose the multidirectionality and the ethical openness to singularity that are necessary for a critical memory studies.

As I have argued, and as this volume posits, memory is a communal and comparative endeavour. There is no memory without co-memory, without co-memoration. In light of the three figures of comparison I have discussed it is clear that the study of memory is likewise a comparative and intra-active process. If we take this seriously, we must also acknowledge that cultural memory is not merely the object of study existing independently prior to our critical observation but rather that we are fundamentally implicated in the emergence of the 'sites' of memory that we study. This carries with it an ethical responsibility toward those sites. A responsibility, moreover, that arises out of the very singularity of memory.

Literature

Attridge, Derek. *The Singularity of Literature*. London: Routledge, 2004.
Barad, Karen. *Meeting the Universe Halfway: Quantum Physics and the Entanglement of Matter and Meaning*. Durham, NC: Duke University Press, 2007.

Borges, Jorge Luis. "Funes the Memorious." Translated by James E. Irby. In *Labyrinths. Selected Stories & Other Writings*. Ed. Donald A. Yates and James E. Irby. New York: New Directions, 1962. 59–66.

Faulkner, William. "Requiem for a Nun." In *Novels 1942–1954*. Ed. Noel Polk and Joseph Blotner. New York: Library of America, 1994. 471–664.

"Figure" (n.d.). In *Oxford English Dictionary*, https://www.oed.com/view/Entry/70079?rskey=Oh8pST&result=1#eid (1 April 2020).

Freud, Sigmund. "The 'Uncanny'." In *The Standard Edition of the Complete Psychological Works*, Vol. 17: "An Infantile Neurosis and Other Works." Ed. and trans. James Strachey. London: The Hogarth Press, 1955. 217–256.

Friedman, Susan Stanford. "Why Not Compare?" In *Comparison: Theories, Approaches, Uses*. Ed. Rita Felski and Susan Stanford Friedman. Baltimore: Johns Hopkins University Press, 2013. 34–45.

Gold, Tanya. "Smile for the Auschwitz Selfie: Why Holocaust Memorials Have Failed." *New Statesman*, 13 March 2017. https://www.newstatesman.com/culture/2017/03/smile-auschwitz-selfie-why-holocaust-memorials-have-failed (1 April 2020).

Haraway, Donna. *Modest_Witness@Second_Millennium.FemaleMan©_Meets_OncoMouse™: Feminism and Technoscience*. New York: Routledge, 1997.

Haraway, Donna. *When Species Meet*. Minneapolis: University of Minnesota Press, 2008.

Knittel, Susanne. *The Historical Uncanny. Disability, Ethnicity, and the Politics of Holocaust Memory*. New York: Fordham University Press, 2015.

Nietzsche, Friedrich. *Untimely Meditations*. Translated by R. J. Hollingdale. Ed. Daniel Breazeale. Cambridge: Cambridge University Press, 1997.

Radhakrishnan, Rajagopalan. "Why Compare?" In *Comparison: Theories, Approaches, Uses*. Ed. Rita Felski and Susan Stanford Friedman. Baltimore: Johns Hopkins University Press, 2013. 15–33.

Rothberg, Michael. *Multidirectional Memory. Remembering the Holocaust in the Age of Decolonization*. Stanford, CA: Stanford University Press, 2009.

Ko-Erinnerungen in der deutschsprachigen Literatur bis 1990

Sven Kramer
Zur Ko-Erinnerung in Peter Weiss' Roman *Die Ästhetik des Widerstands*

Der Roman *Die Ästhetik des Widerstands* von Peter Weiss erschien in drei Bänden 1975, 1978 und 1981 in der Bundesrepublik Deutschland bei Suhrkamp und in einem Band 1983 in der Deutschen Demokratischen Republik im Henschelverlag.[1] Weiss thematisiert darin den Widerstand der politischen Linken gegen den Nationalsozialismus. Er porträtiert drei junge Erwachsene – Coppi, Heilmann und einen namenlosen Ich-Erzähler – und vergegenwärtigt in der Handlung, wie zwischen 1937 und 1945 sowohl ihre persönlichen als auch die Bemühungen der gesamten Opposition gegen den Faschismus scheitern. Zwei der Protagonisten werden schließlich hingerichtet, nur der Ich-Erzähler überlebt. In einer erinnernden, vergegenwärtigenden Narration, die den überlebenden Erzähler als Medium einsetzt, schreitet der Roman die Geschichte der Niederlagen erneut ab: das Scheitern der Republik im Kampf gegen Franco im Spanischen Bürgerkrieg, das Scheitern der Bemühungen um eine Volksfront unter den Exilierten in Paris, das Scheitern der Schulze-Boysen/Harnack-Gruppe, der sogenannten Roten Kapelle, in Berlin sowie zahlreicher weiterer Bemühungen Einzelner und politischer Gruppierungen. Die erzählte Geschichte erscheint dabei immer schon als erinnerte Geschichte und die Darstellung der vergangenen Kämpfe ruft die vielen möglichen Positionierungen ihnen gegenüber mit auf – seien es die zeitgenössischen, die in den jeweiligen politischen Gemengelagen lokalisiert werden, oder die nachträglichen, die im Bewusstsein der Niederlagen aus dem Kalten Krieg heraus, also ex post, auf die vergangenen Kämpfe vorgenommen werden.

Das Konzept der Ko-Erinnerung bietet einen kongenialen Rahmen für die Relektüre einiger Aspekte der *Ästhetik des Widerstands*, weil der Begriff die intersubjektive und damit soziale Dimension der Verfertigung von Erinnerung akzentuiert. In Weiss' Roman wird Erinnerung, wo sie auf der Ebene der erzählten Handlung auftritt, durchweg im Modus eines Aufeinander-Verwiesenseins unterschiedlicher Akteure hervorgebracht, seien es Individuen, Gruppen oder größere soziale Verbände. So beginnen zum Beispiel die Gespräche der Freunde über den Pergamonfries bei der sinnlichen Erfahrung, greifen aber schon bald auf

---

[1] 2016 erstellte Jürgen Schutte für Suhrkamp eine Ausgabe, die auf den letzten Änderungen beruht, welche Peter Weiss vor seinem Tod 1982 noch vorgenommen haben wollte und die deshalb als Ausgabe letzter Hand gelten kann. Im Folgenden wird im Text unter der Sigle ÄW aus dieser Ausgabe zitiert.

unterschiedliche Inhalte des kulturellen Gedächtnisses zurück, etwa auf die griechische Mythologie, die Geschichte des alten Pergamon, die Kolonialgeschichte. Welche soziale Form die Interaktion jeweils annimmt, in der die Erinnerungen modelliert werden – ob abgrenzend-ausschließend, ob agonal-widerstreitend, ob kommunikativ-dialogisch – spezifiziert der Terminus Ko-Erinnerung nicht. Er setzt aber die Erkenntnis von Maurice Halbwachs voraus, dass sich das Verfertigen von Erinnerungen innerhalb sozialer Bezugsrahmen ereigne:

> Die kollektiven Rahmen des Gedächtnisses bestehen [...] nicht nur aus Jahreszahlen, Namen und Formeln, sondern stellen Denk- und Erfahrungsströmungen dar, in denen wir unsere Vergangenheit nur wiederfinden, weil sie von ihnen durchzogen worden ist. (Halbwachs 1967, 50)

Auch Harald Welzer hat den „soziale[n] Verfertigungsprozeß von Vergangenheit" (Welzer 2008, 233) mit seinem Begriff des kommunikativen Gedächtnisses hervorgehoben und darauf hingewiesen, dass letzteres auch ein „kommunikatives Unbewußtes" (Welzer 2008, 225) umfasse, das bis in psychomotorische Schichten hineinreiche. Für die *Ästhetik des Widerstands* sind alle diese Aspekte zentral: die kollektive Produktion der Erinnerung, die situativen Konstellationen, in denen sie hervorgebracht wird, die bewussten und unbewussten Anteile der Erinnerung. Hinzu kommt der mindestens seit Sigmund Freud in der Erinnerungs- und Gedächtnisforschung bekannte Gedanke der Umschrift des Erinnerten, das Überschreiben und Ergänzen der Erinnerung durch Hinzugefügtes unterschiedlichster Herkunft, das seit Halbwachs in seinen sozialen Dimensionen verstanden wird.

Das Ringen um die Erinnerung in interaktiven Zusammenhängen, das Aufeinander-Verwiesensein der Akteure sowie das Spiel der Kräfte, die dabei am Werk sind, durchzieht den gesamten Roman; Weiss entfaltet es an vielen unterschiedlichen Themen. Im Folgenden soll mit der Erinnerung an die Shoah einer dieser Gesichtspunkte näher betrachtet werden. Weiss geht gegenüber der Geschichtsschreibung seiner Zeit ungewohnte Wege, indem er die Erinnerung an die Shoah zusammen mit der Geschichte des Widerstands aufruft. Zwei von den Nationalsozialisten verfolgte Gruppen, die Mitglieder des sozialistischen Widerstands und die Juden, treten in ein Verhältnis zueinander; im Roman wird es neu justiert. Die Verfolgung und Ermordung der Juden tritt in dem Roman darüber hinaus an die Seite anderer gruppenspezifischer Verfolgungserfahrungen, von denen einige kurz genannt werden sollen, um die Breite und Omnipräsenz der Verflechtungen der Rede über Verfolgung und Widerstand in den Blick zu nehmen. So wirft der Roman erstens die Frage nach der Unterdrückung der Frauen und nach der Funktionsweise des Patriarchats auf. Alfons Söllner wies schon früh auf den besonderen Stellenwert des Feminismus im dritten Band hin (vgl. Söllner 1988,

212–216).² Zweitens bezieht sich Weiss auf den Kolonialismus, etwa wenn er die Geschichte Spaniens sowohl als die einer Kolonie als auch später als die einer Kolonialmacht vergegenwärtigt (vgl. ÄW 398–409). Drittens flicht Weiss diverse aus dem Geschichtsbild des Sozialismus verbannte Strömungen wieder ein, zum Beispiel die Bekämpfung der eigentlich verbündeten Anarchisten sowie eigener ‚Abweichler' durch stalinistisch orientierte Brigaden innerhalb der republikanischen Truppen während des Spanischen Bürgerkriegs: Dem „Machtmissbrauch innerhalb der Internationalen Brigaden" sowie den „innerparteilichen ‚Säuberungsaktionen' ist hier mehr Platz eingeräumt als in jedem anderen antifaschistischen Roman über den Spanischen Bürgerkrieg" (Bannasch 2005, 476). Viertens thematisiert er auch die Marginalisierung und Unterdrückung von Menschen mit einem von der jeweils unterstellten Norm abweichenden sexuellen Verhalten. So porträtiert er mit Karin Boye zum Beispiel eine homosexuelle Figur. Ferner lässt er in den Interventionen des Sexualpädagogen Max Hodann, etwa über die Onanie, ein verändertes Verständnis von Sexualität anklingen (vgl. ÄW 322–324).

Diese Beispiele zeigen, dass sich in der *Ästhetik des Widerstands* unterschiedliche Formen der Diskriminierung überschneiden, wodurch auch die Gründe für Verfolgungen akkumulieren. So greift der Roman durchgängig auf Muster zurück, die heute der Terminus Intersektionalität bezeichnet. Außerdem zeigt sich, dass die erzählerische Grundsituation der Nachträglichkeit eine Überblendung der Diskurse aus der erzählten Zeit, also derjenigen zwischen 1937 und 1945, mit jenen aus der Zeit der Niederschrift in den 1970er Jahren mit sich bringt. Durch die früheren Debatten schimmern in dem Roman die späteren schon durch die Wahl einiger in den 1970er Jahren aktueller Themen (Feminismus, Antikolonialismus, Dritter Weg im Sozialismus, sexuelle Befreiung) hindurch.

Die Shoah hatte Weiss bekanntlich schon vor der *Ästhetik des Widerstands* thematisiert, etwa in dem Text *Meine Ortschaft*, in dem Drama *Die Ermittlung* und in dem nie zur Publikationsreife gelangten Divina Commedia-Projekt, in dem er Dantes Gesang in einer modernen Version darstellen wollte.³ Als Autor sprach er nicht nur aus dem neutralen Staat Schweden in die beiden Teile des im Kalten Krieg gespaltenen Deutschlands hinein, als Angehöriger der ehemals verfolgten Gruppe der Juden⁴ konfrontierte er die Erinnerung an den Nationalsozialismus in

---

2 Einen neueren Blick auf die Geschlechterverhältnisse in dem Roman wirft Mary Cosgrove (2014, 110–144).
3 Vgl. dazu Kurt Oesterle (1991), die Beiträge von Michael Hofmann, Christine Ivanovic, Peter Kuon und Martin Rector im *Peter Weiss Jahrbuch* 6 (Rector und Vogt 1997, 42–115) sowie die bei Rector 2008, 45–46, genannten Beiträge.
4 Peter Weiss hatte einen jüdischen Vater und eine nichtjüdische Mutter. Die Nazis verfolgten auch die in ihrer rassistischen Terminologie so deklarierten ‚Halbjuden'.

beiden deutschen Staaten mit den dort jeweils unterschiedlichen Arten des Schweigens über die Shoah. Im Rahmen der Frage nach der Ko-Erinnerung soll nun jedoch weniger auf den Autor Weiss und dessen Positionierung eingegangen werden, als auf die Verflechtung unterschiedlicher Erinnerungen in dem Roman. Diese wird anhand der Familienerinnerung – als einem Segment des in dem Roman erzählten Erinnerungsgeschehens – in Bezug auf verschiedene, einander zum Teil überlagernde Aspekte herausgearbeitet: hinsichtlich ihrer sozialen, ihrer unbewussten sowie ihrer multidirektionalen Anteile.[5]

Die Geschichte des Widerstands gegen den Nationalsozialismus ist bei Weiss von Anfang an zugleich eine Geschichte der Verfolgung, genauer: des Verfolgtwerdens. Beide Charakterisierungen bezieht er zunächst auf Gruppen, erst danach auf Individuen. Das signalisieren bereits die ersten drei Wörter des Romans: „Rings um uns" (ÄW 9), heißt es dort, und das meint einerseits die auf dem Pergamonaltar abgebildeten Figuren, die die Betrachtenden umgeben, in einem weiteren Sinn aber auch die Umzingelung der Hitlergegner 1937 in Berlin. Durch alle drei Bände hindurch behaupten sich die Oppositionellen; sie setzen der Übermacht einen Widerstand entgegen, während die Machthaber ihnen auf der Spur sind. Dazu mobilisieren sie auch die Erinnerung, die überwiegend gemeinsam, wenn auch in unterschiedlichen Konstellationen, verfertigt wird. Der Freundeskreis, die im Widerstand Aktiven, die Partei sowie die Klasse der ‚Unteren' werden nicht nur als Kommunikations-, sondern auch als Erinnerungsgemeinschaften gezeichnet oder werden von einzelnen Figuren emphatisch als solche in Anspruch genommen. Zu ihnen gehört auch die Familie. Sie ist in dem Roman für die Erinnerung an die Shoah von zentraler Bedeutung.

Neben die sozialistische Widerstands- und Verfolgungsgeschichte tritt im dritten Band der *Ästhetik des Widerstands* zunehmend die Verfolgungsgeschichte der Juden. Weiss verbindet sie vor allem mit der Figur der Mutter des Erzählers. Ihre Konfrontation mit dem Judeozid sowie ihre Reaktion darauf wurde in der Forschung bereits mehrfach diskutiert und in den Zusammenhang mit der Reaktion ihres Mannes, des Vaters des Erzählers, gebracht.[6] Ihr Verhältnis kann als Beispiel für das spannungsvolle Miteinander-Aufrufen unterschiedlicher Verfolgungserfahrungen in Weiss' literarischem Projekt gelesen werden. Als Eltern des Erzählers gehören die Figuren zusammen, aber ihre je unterschiedlichen Modi des Erinnerns sowie ihre unterschiedlichen Sprechweisen über die Verfolgungen heben sie auch voneinander ab. Unter dem Aspekt der Ko-Erinnerung sollte au-

---

[5] Damit gehen neue Perspektiven auf die literarische Konstruktion der Erinnerung in dem Roman einher, die in der Folge wegen der vorgegebenen Umfangsbegrenzung nur kurz erwähnt werden können.
[6] Vgl. zuletzt die Wiederaufnahme der relevanten Passagen bei Steffen Croscurth (2014, 83–96).

ßerdem die Rolle des Erzählers beachtet werden, denn auch er greift in die Überlieferung der Verfolgungserfahrung ein: einerseits zeitgleich zu den historischen Ereignissen als Mitglied der Erinnerungsgemeinschaft der Familie, andererseits durch seine Autorschaft, in der er die frühere Situation erneut aufruft und damit überliefert.[7] Die Dichotomie der Erinnerung an die Shoah, die mit den Figuren der Mutter und des Vaters vorliegt, sollte also auch innerhalb der kommunikativen Situation begriffen werden, in der sie sich artikuliert.

Die Mutter identifiziert sich im Laufe des Romans immer stärker mit den verfolgten Juden, ohne selbst jüdischer Herkunft zu sein.[8] Im ersten Band heißt es, sie hätte sich, „nachdem man sie ihres dunklen Haars wegen einige Male als Jüdin bezeichnet hatte, […] nun selbst zur Jüdin erklärt" (ÄW 234). Im zweiten Band setzt der Erzähler diese Identifikation bereits voraus, wenn er im „Fieber" (ÄW 536) eine Szene halluziniert, in der er seine Mutter aus den Augen verliert: „die Menge trieb eine Frau vor sich her, man hatte ihr ein Schild um den Hals gehängt, mit der Aufschrift Jidd, in jüdischen Lettern, vielleicht war es meine Mutter" (ÄW 541).[9] Erzählt Weiss in den ersten beiden Bänden en passant von der Ausgrenzung und Entrechtung der Juden sowie vom allgegenwärtigen Antisemitismus, der im Einzelfall bis zum Mord eskaliert (vgl. ÄW 235),[10] so überschreitet der dritte Band, in dem die Handlung in den 1940er Jahren ankommt, die Schwelle zur systematischen Verfolgung der Juden von Staats wegen sowie zum Judeozid. Die Shoah wird, vor allem durch die Figur der Mutter, nun zu einem der Haupterzählstränge des Romans.

Auf ihrer Flucht von Prag nach Schweden teilt sie die Verfolgungserfahrung der Juden, indem sie sich ihnen freiwillig anschließt und dabei von ihrem Mann getrennt wird. In Polen, so der Erzähler, ist sie

---

[7] Ob die Erinnerung des Ich-Erzählers an diese und andere Tote im Sinne eines Totengesprächs eine Überschreitung des monologischen Erinnerns und damit eine Form der Ko-Erinnerung darstellt, müsste eigens diskutiert werden.
[8] Die Mutter stammt aus einer elsässischen Familie, die in Straßburg gelebt hatte und „zur besitzlosen Klasse" (ÄW 167) gehört. Eine weitere Herkunftsangabe, etwa im Sinne einer Religionszugehörigkeit, gibt Weiss nicht. Es handle sich, so der Erzähler mit einer unterschiedlich auslegbaren Wendung, um „eine Familiengeschichte […], in der das Eigne aus dem Bindungslosen entstand" (ÄW 167).
[9] Beide Passagen machen deutlich, dass eine Identifikation der Mutter mit dem Schicksal der Juden, anders als Susanne Knoche einwendet, durchaus vorliegt. Darüber hinaus wird die Mutter dann, wie Knoche betont, zur Zeugin von Verbrechen und teilt die Verfolgungserfahrungen (vgl. Knoche 2002, 315) bis zu ihrer Traumatisierung.
[10] Jenny Willner hat detailliert herausgearbeitet, in welcher Weise dieser Mord vorausdeutet auf die Shoah (vgl. Willner 2014, 314–316).

bei Sobibor [...] mit den andern gestürzt, in die Grube, sie hatte zwischen ihnen gelegen, die Wärme der Körper war um sie gewesen, sie war umgeben gewesen von den zuckenden Armen und Beinen, sanft war der Schnee über das Röcheln und Knirschen gefallen, dann war es still geworden, sie war hinausgekrochen. (ÄW 1110–1111)

Ohne es deutlich auszusprechen, legt diese Beschreibung nahe, dass sie eine Massenerschießung überlebt. Später sieht sie die Vergewaltigung einer Frau, vor deren Augen ihr Kind und ihr Mann ermordet werden, mit an. In dieser Zeit hat etwas „auf solche Art von ihr Besitz ergriffen [...], daß es keine Rückkehr mehr gab" (ÄW 1012). Sie „war Zeuge gewesen" (ÄW 1019), und zwar dessen, wovon der Ingenieur Gert Nyman im Roman kurz zuvor in der damals gängigen Terminologie berichtet hatte: von der bereits beschlossenen und in Gang gesetzten „Ausrottung [...] der jüdischen Rasse" (ÄW 1005). Den Bericht und die Einschätzungen Nymans wiedergebend, beschreibt der Erzähler – und somit der Autor Weiss – die Art der Ermordung durch „tödliches Gift" (ÄW 1005), die in dafür geplanten Anlagen im Generalgouvernement vorbereitet werde.[11] Was ‚Besitz von der Mutter ergreift' ist eine Gewissheit, die sich einstellt, als sie das Verhalten deutscher Offiziere beobachtet. Ihm habe sie – so die Einschätzung des Erzählers – „alles entnommen, was kommen würde, und was Nyman [...] bestätigt hatte" (ÄW 1019). In Zeitgenossenschaft zur Verfolgung der Juden erfasst sie das Ausmaß des Vernichtungswillens, noch bevor die Todesfabriken errichtet sind. Ihre Zeugenschaft betrifft das Monströse, das Unaussprechliche, das, was der Ortsname Auschwitz im Unterschied zu anderen Verbrechen des Nationalsozialismus bis heute bezeichnet.[12] In Schweden, als sie bereits selbst gerettet ist, stellt die Mutter das Sprechen und später auch die Nahrungsaufnahme ein (vgl. ÄW 1010); schließlich

---

[11] In den *Notizbüchern* schreibt Weiss: „Gert Nyman. Schwed. Schriftsteller, ehemals Ingenieur. Arbeitete 1940 in einer chem. Fabrik in Bln Grünau" (Weiss 1981, 175). Als Ingenieur tritt er auch in der *Ästhetik des Widerstands* auf, wo er „für einige Wochen von seiner Arbeit in der Chemischen Fabrik Grünau beurlaubt" (ÄW 999–1000) ist und der Erzähler ihn deshalb in Schweden treffen kann. – Die Vergasungen durch Zyklon B, das Nyman mit den Worten „Insektenpulver [...], so ein bröckliger Stoff" (ÄW 1005) erwähnt, begannen in Auschwitz am 3.9.1941. Weiss nimmt mit Nymans Worten, der „beschrieb, was er durch das Guckloch" (ÄW 1005) der Gaskammer gesehen hatte, einen Augenzeugenbericht über die Vergasungen in den Roman auf (vgl. ÄW 1005–1006). Dem Verstummen der Mutter wird zwar mehr Aufmerksamkeit eingeräumt, Weiss macht sich die damit verbundene ästhetische Position der Aussparung der Beschreibung aber in seinem Roman nicht zu eigen, denn mit Nymans Bericht beschreibt er die Vergasungen – und damit die Shoah.
[12] Weiss nennt den Ort, aber nicht den Namen. Allerdings verweist er (auch durch die Nennung des Ortsnamens Sobibor, vgl. ÄW 1012) präzise auf die Topografie der Todeslager und auf das, was kommen würde: „Ein paar Wochen lang wanderten sie, oft zusammen mit Gruppen tschechischer und slowakischer Juden, in Richtung Oswiecim, dem Bahnknotenpunkt, wo sie auf einen Zug nach Warschau warten wollten" (ÄW 869).

stirbt sie. Weiss beschreibt mit dieser Figur die erinnernde Vergegenwärtigung der Verfolgung als das traumatische Verstummen angesichts einer nicht mehr zu bewältigenden Wirklichkeit.[13]

Der Vater des Erzählers verarbeitet die historischen Ereignisse anders als die Mutter. Obwohl er mit ihr gemeinsam von Prag über Riga nach Schweden flüchtet und sie während des „Jahr[s] dunkelster Wanderung" (ÄW 862), zwischen 1939 und 1940, zusammenbleiben, ist er während jener entscheidenden Situation, in der etwas von der Mutter Besitz ergreift, nicht bei ihr: „Einmal sei meine Mutter tagelang verschwunden gewesen, sagte mein Vater, er habe sie wiedergefunden, im Schneetreiben, zwischen Juden, die ihre Angehörigen verloren hatten. Seitdem, sagte er, habe ihre Versunkenheit zugenommen" (ÄW 875–876). Er teilt ihre Traumatisierung nicht. Der Erzähler und der Vater sehen sich als diejenigen, die „die Vernunft bewahrt hatten" (ÄW 873), sind sich aber unsicher, ob die Mutter in ihrer Sprachlosigkeit „nicht mehr wisse als wir" (ÄW 873). Anders als die Mutter, verstummt der Vater nicht. Geradezu in Antithese zu ihrem Verhalten möchte er die historischen Ereignisse möglichst präzise benennen und analysieren. Dazu nennt er die Namen der Verantwortlichen, die, der politischen Faschismusanalyse aus sozialistischer Sicht folgend, zuletzt diejenigen von Großindustriellen sein müssen: „Haniel, Wolff, Borsig, Klöckner, Hoesch, Bosch, Blohm, Siemens, einige der Mächtigsten nur nenne er, sagte er" (ÄW 1014).

Weiss arbeitet mit dem Vater und der Mutter zwei unterschiedliche Reaktionen auf die Shoah heraus. Sie vollziehen sich jedoch im „‚Familienzentrum' des Romans" (Briegleb 1992, 216), in gemeinsam durchlebten Kommunikationssituationen, an denen auch der Erzähler beteiligt ist. Dieser wohnt in Stockholm, sein Vater und seine Mutter im westschwedischen Alingsås, wo er sie regelmäßig besucht. Die Aufenthalte bilden den Hintergrund für die Szenen, in denen die

---

[13] Zur Einordnung der Figur der Mutter sollte aus heutiger Perspektive bedacht werden, dass die psychoanalytische Theorie der Traumatisierung erst seit den 1960er Jahren historische Ereignisse als Auslöser für Traumata systematisch zu erforschen und zu berücksichtigen begann. Vorher war das Trauma überwiegend als Kindheitstrauma konzipiert worden. Werner Bohleber betrachtet William G. Niederlands Vortrag auf dem psychoanalytischen Kongress 1967 in Kopenhagen über die psychischen Probleme KZ-Überlebender als Wendepunkt (vgl. Bohleber 2000, 812). Niederlands Buch erschien 1980 auf Deutsch. Auch die Psychiatrie entwickelte erst seit dieser Zeit ein detaillierteres Wissen von den psychischen Folgeschäden von Genoziden und Lagerhaft, das in den entsprechenden Lehrbüchern mittlerweile unter der Bezeichnung PTSD kanonisiert wurde. – Gottfried Fischer und Peter Riedesser definieren das psychische Trauma als „vitales Diskrepanzerlebnis zwischen bedrohlichen Situationsfaktoren und den individuellen Bewältigungsmöglichkeiten, das mit Gefühlen von Hilflosigkeit und schutzloser Preisgabe einhergeht und so eine dauerhafte Erschütterung von Selbst- und Weltverständnis bewirkt" (Fischer und Riedesser 2009, 84, im Or. kursiv).

Familienerinnerung an das jüngst Durchlebte hergestellt wird. Einerseits geschieht dies sprachlich, andererseits durch nonverbale Interaktion. Weiss beschreibt diese nicht weniger detailliert und umfangreich als die sprachliche. Hervorzuheben ist insbesondere, dass die Mutter, trotz ihres „Fall[s] in die Sprachlosigkeit" (ÄW 892), weiterhin an der Kommunikation teilnimmt. In welchem Maße dies geschieht, bleibt mitunter im Ungewissen, da die Leser das Geschehen durch den Bericht des Erzählers übermittelt bekommen, der Erzähler das Verhalten der Mutter aber oft nur interpretiert und sich dabei nicht sicher sein kann, ob seine Deutungen zutreffen. Seine in den Roman eingegangenen Vermutungen tragen aber wesentlich zu dem Bild der Mutter bei, das der Roman entwirft.

Den Umgang mit der Mutter in der Familie charakterisieren Achtsamkeit und das Beharren auf Zusammengehörigkeit. Der Vater gibt sie nicht in ein von der Gewerkschaft betriebenes Erholungsheim, weil er sie nicht allein lassen möchte (vgl. ÄW 876). Der Erzähler lernt, seine „Worte, wie mein Vater es tat, auch an meine Mutter zu richten, als verstünde sie, was wir sagten" (ÄW 864). Obwohl sie mit ihr kein Gespräch führen können, setzen Vater und Sohn die Kommunikation mit der Mutter bewusst weiter fort. Das gilt auch für Gesten, wie Berührungen, etwa wenn der Vater, während die Mutter apathisch dasitzt, ihre Hand hält (vgl. ÄW 861). Vater und Sohn verändern in der Gegenwart der Mutter ihr Sprechen. Das betrifft einerseits die bewussten Anteile der Rede, etwa wenn der Vater die „Geborgenheit" (ÄW 876) hervorhebt, in der sie sich in Schweden befänden, um beruhigend auf die Mutter einzuwirken. Andererseits treten unbewusste Faktoren in die Kommunikation ein, zum Beispiel wenn in den ersten Zusammenkünften mit seiner Mutter in Schweden dem Erzähler ihr Schweigen „die Stimme lähmen" (ÄW 864) will und ihn sein Vater bittet dennoch weiterzusprechen. Die Nennung der Firmennamen durch den Vater konterkariert, unter dem Gesichtspunkt des Unbewussten betrachtet, den in Anspruch genommenen rationalen Charakter seiner Reaktion. Denn dieses Sprechhandeln fällt in jene emotionsgeladene Situation, als er „sah, daß es keine Hoffnung mehr gab" (ÄW 1014) – als er erkennt, dass seine Frau sterben würde. Er spricht die Namen nicht einfach aus, sondern er „rief" sie „hinaus" (ÄW 1014). Die Emphase der Anrufung verstärkt Weiss, indem er den zugehörigen Sprechakt als den einer „letzten Auflehnung" (ÄW 1014), eines „Angriff[s]" (ÄW 1014) und einer Beschwörung charakterisiert.[14] Der Erzähler teilt den Inhalt des Gesagten zwar nicht, würdigt aber explizit die Art des Sprechens,

---

14 Vgl. „Er beschwor die Gewalt herauf, die, wenn auch immer vor uns versteckt, unser Leben bestimmte" (ÄW 1013). Martin Rector charakterisiert den Sprechakt als einen „Klagemonolog" (Rector 2005, 94).

wenn er „die Anstrengung" betont, „die meinen Vater das Sprechen gekostet haben mußte" (ÄW 1012). Das Sprechen des Vaters ist, ebenso wie das des Sohnes, affektiv aufgeladen; der propositionale Gehalt tritt niemals ohne illokutionäre und perlokutionäre Anteile auf. Zum Teil darf jener sogar als Effekt der letzteren verstanden werden. Dieser Befund widerspricht dem Bild vom ausschließlich rational angeleiteten Sprechen des Vaters, das in der Forschung dominiert[15] und verweist auf die unbewussten Anteile beim gemeinsamen Verfertigen der Erinnerung. Die von den Figuren betriebene und durchlebte Kommunikation tritt an die Seite des politischen Gehalts, überformt ihn, überlagert ihn zum Teil sogar.

Dem entspricht, dass Vater und Sohn auf die körperlichen Regungen, „auf die Zeichen" (ÄW 878) der Mutter achten,[16] sie lesen und interpretieren sie. Zunächst registrieren sie eine Besserung, „eine langsame Verschiebung im Verhältnis von Dämmerzustand und Wachheit" (ÄW 876), bevor der Erzähler in dem Handeln der Mutter den „Entschluß" (ÄW 1012) erkennt, die Nahrungsaufnahme zu verweigern. Manchmal sind sie sich ihrer Auslegungen unsicher, etwa wenn der Sohn wahrnimmt, dass sich die Lippen seiner Mutter bewegen und sich ihre Finger rühren, während sein Vater von den Verfolgungen spricht (vgl. ÄW 867). Ungewiss bleibt an dieser Stelle, ob die Innervationen auf das Gehörte zurückzuführen sind. Bei anderer Gelegenheit haben sie keinen Zweifel, wie die Körperzeichen zu verstehen seien. Im Kontext von Nymans Bericht, den die Mutter mit anhört, stellt der Erzähler diese Verbindung direkt her; hier wird ihre mühsam zurückgewonnene „Aufmerksamkeit wieder zum Entsetzen" (ÄW 1001). In dem Vorwurf: „wie hatten wir solches bereden können in Gegenwart meiner Mutter" (ÄW 1007) spricht der Erzähler zugleich das eigene Wissen darum aus, dass bestimmte Sprechakte schädliche Konsequenzen haben.

Dergestalt überformt und rahmt die Interaktion unter den Familienmitgliedern noch deren grundverschiedene Zugänge zum Thema der Judenverfolgung. Dabei stellen die Figuren die Familienerinnerung zugleich in einem bestimmten Modus her: Sie tragen die Unterschiede nicht im Streit aus, sondern handeln mit Rücksicht aufeinander. Erst dadurch wird jene bedeutsame Wendung möglich, durch die das, was der Mutter widerfahren ist, nicht vollends im Schweigen verbleibt,[17] sondern innerhalb der Kommunikationssituation ausgesprochen werden

---

15 Vgl. zuletzt Groscurth 2014, 110–117.
16 Sie achten auch aufeinander. So liest der Erzähler vom Gesicht des Vaters „Zeichen von Erschütterung" (ÄW 862) über den Zustand der Mutter ab.
17 Vgl. anders Rector 2005, 93. Zutreffend ist dabei, dass Weiss die Rede der Mutter, während er sie aufruft, durch mehrere erzählerische Operationen zugleich ins Ungefähre verweist, indem er sie erstens als eine „Erzählung vierten Grades" (Butzer 1998, 205) einführt. Außerdem heißt es

kann: Kurz vor ihrem Tod, „als sie sich schon zum Sterben hingelegt hatte" (ÄW 1012), spricht die Mutter zu ihrem Mann von dem, „was ihr zugestoßen war, im Schneegestöber, südlich von Brest, bei Sobibor" (ÄW 1011–1012). Darauf folgt die Beschreibung der Szene in der Grube. Sie habe, so der Erzähler, „gesagt, was sie zu sagen im Stande war" (ÄW 1018). Wie auch immer ihr letzter Sprechakt gedeutet wird – als Ablegen einer Zeugenschaft vor der Welt, als letzte Geste an den Mann – sie findet in der Interaktion zwischen den Eheleuten statt und wird von dieser Situation wesentlich geprägt. Weiss führt das Verfertigen der Erinnerung im Sprechen, im Aufeinander-Verwiesensein, auch hier als einen sozialen Akt vor. Erst im Rahmen der empathischen Kommunikation in der Familie kehrt die Mutter noch einmal zum Sprechen zurück, begibt sich an den Rand des vom Trauma diktierten Bezirks und beschreibt die traumatisierende Situation, die sie durchlebt hat. Erst dadurch wird sie für die Figuren, aber auch für die Leser des Romans, zur Zeugin der Shoah. Da auch der Vater in diesem situativen Rahmen sein Sprechen im Sinne der Anrufung und Beschwörung verändert, trägt die Verfertigung der Erinnerung in der Familie wesentlich zu der Form bei, die die Erinnerung an die Shoah in der *Ästhetik des Widerstands* annimmt.

Die sozialen Aspekte der Erinnerung reichen bei Weiss tief in den Bereich des Unbewussten hinein, dessen Stellenwert für die Theorie des Gedächtnisses die Kognitionspsychologie und die Psychoanalyse herausgearbeitet und bestätigt haben.[18] Das Aufeinander-Verwiesensein im Erinnern übersteigt in der *Ästhetik des Widerstands* noch das Sprechen; es dringt in den Bezirk des Ungreifbaren, nicht eindeutig Festlegbaren vor. Die Verständigung zwischen ihm und der Mutter werde, so der Erzähler, „geregelt von einer neuen Aufnahmefähigkeit. Was Worte nicht zu erreichen vermochten nahm in einem Lauschen und Tasten Beziehungsformen an, wie sie vielleicht Blinden bekannt sind" (ÄW 878–879).[19] Diese Verständigung betrifft auch die über die Vergangenheit; die Ko-Erinnerung umfasst die Körper und das Unbewusste. Wenn die Gegenwart der verstummten Mutter dem Erzähler das Sprechen lähmt, wenn der Vater die Namen der Konzerne beschwörend aufruft, wenn die Mutter sich im Angesicht des Todes das Sprechen

---

zweitens: „mein Vater war sich nicht mehr gewiß, ob meine Mutter es ihm so erzählt hatte, er konnte nicht mehr unterscheiden, ob es ihre oder seine Gedanken waren" (ÄW 1019).

18 Vgl. die zusammenfassenden Abschnitte in Gudehus et al. 2010 (zum Beispiel ÄW 11–21 über die neuroanatomischen und neurofunktionellen Grundlagen des Gedächtnisses, ÄW 64–74 über die Psychoanalyse).

19 Weiss ersetzt den Terminus „(Kommunikations)form" (Weiss 2012, 9317), den er in den *Notizbüchern* verwendet hatte, im Roman durch ‚Beziehungsformen' und öffnet ihn damit für das Thema des Übersinnlichen, in dem die sinnliche Wahrnehmung mit Projektionsvorgängen amalgamiert wird.

abringt, dann wird die Familienerinnerung gemeinschaftlich, situativ und unter Einbeziehung aller möglichen Beziehungsformen hergestellt. Einerseits betrifft dies die subkutane Präsenz des Traumas, andererseits aber auch das grundierende Gefühl der Zusammengehörigkeit, Liebe und Solidarität: jene „geheimen Verknüpfungen, die zwischen uns bestanden und die über all die Jahre hin zur Vorstellung voneinander beigetragen hatten" (ÄW 877). In dieser Beziehung „kam die Empfindung von Nähe auf, die dem, was noch unausgesprochen war, die Schwere nahm" (ÄW 864). Sie stellt sich gegen die Folgen der von außen einwirkenden Gewalt und wirkt lindernd. Der Familienverbund kommt allerdings zuletzt gegen das Übermächtige nicht an: „Meine Mutter hatte an einer Last getragen, die zu groß gewesen war, als daß wir ihr hätten helfen können" (ÄW 1010).

Obwohl Weiss die sozialen Komponenten der Familienerinnerung ganz im Sinne der Gedächtnisforschung vergegenwärtigt, weicht er doch von einem ihrer Theoreme ab. In der vielbeachteten Studie *Opa war kein Nazi* schreiben die Verfasser: „Das Familiengedächtnis ist [...] eine synthetisierende Funktionseinheit, die gerade mittels der Fiktion eines gemeinsamen Erinnerungsinventars die Kohärenz und Identität der intimen Erinnerungsgemeinschaft ‚Familie' sicherstellt" (Welzer et al. 2002, 20).

Die kohäsiven Kräfte sind zwar, wie gezeigt, in der Familie des Erzählers in verschiedener Hinsicht wirksam, aber sie erzeugen keine Synthetisierung der Erinnerung im Sinne einer homogenisierten Identität.[20] Vielmehr arbeitet Weiss gerade im situativen kommunikativen Kontext die Brüche heraus, die zwischen den Erfahrungen der Beteiligten liegen. Dieser Befund korrespondiert mit Michael Rothbergs Reflexionen über die Ko-Erinnerung, die er unter dem Begriff der multidirektionalen Erinnerung fasst.[21]

Rothberg geht von der Beobachtung aus, dass in multikulturellen Gesellschaften die zugehörigen Gruppen häufig unterschiedliche Opfergeschichten in Anspruch nehmen. Er fragt danach, in welcher Verbindung diese zueinanderstehen. Während bislang nur die Erinnerungs- und Opferkonkurrenz hervorgehoben worden sei, betont er:

> Against the framework that understands collective memory as *competitive* memory [...] I suggest that we consider memory as *multidirectional:* as subject to ongoing negotiation, cross-referencing, and borrowing; as productive and not privative. (Rothberg 2009, 4)

---

20 Bei Welzer et al. geht es, anders als in der *Ästhetik des Widerstands*, um die Herstellung einer exkulpatorischen Familienerinnerung im Zusammenhang mit den Handlungen deutscher Soldaten im Zweiten Weltkrieg. Das gefundene Strukturprinzip der synthetisierenden Homogenisierung gilt aber auch für andere Familienerinnerungen.
21 Aleida Assmann übersetzt ihn als verknüpfte Erinnerung (vgl. Assmann 2013, 151).

Rothberg erkennt den Zusammenhang zwischen der kulturellen Identität einer Gruppe und den in ihr überlieferten Erinnerungen an, jedoch widerspricht er der Ansicht, die Identität einer Gruppe sei vorab gegeben und inhaltlich fixiert: „groups do not simply articulate established positions but actually come into being through their dialogical interactions with others" (Rothberg 2009, 5). Auch die Erinnerung sei nicht vorab festgelegt, sondern nehme erst in der Ko-Erinnerung bestimmte Bedeutungen an.[22] Mehr noch als ein Kampf um Anerkennung im ausschließenden Sinne müsse kollektive Erinnerung als Interaktion verschiedener historischer Erinnerungen begriffen werden, die auch große Chancen berge: „When the productive, intercultural dynamic of multidirectional memory is explicitly claimed, it has the potential to create new forms of solidarity" (Rothberg 2009, 5).

In der *Ästhetik des Widerstands* ruft Weiss die im Widerstreit miteinander liegenden politischen Orientierungen sowie die Erinnerungen an sie in ihrer Vielfalt auf und stellt ein spannungsvoll gegliedertes Ganzes her. Diese Schreibweise resoniert mit Rothbergs multidirektionaler Erinnerung, auch wenn es Unterschiede gibt. So geht es bei Weiss weniger um multikulturelle Gesellschaften im heutigen Sinne. Dennoch ist die kulturelle Differenz der Erinnerungsgemeinschaften durch die unterschiedlichen sozialen und politischen Bezüge ebenfalls gegeben, so dass ähnliche Mechanismen wirken. Weiss setzt außerdem einen anderen thematischen Schwerpunkt. Während Rothberg in seinem Buch vor allem nach dem narrativen Verhältnis von Kolonialismus und Shoah fragt, steht in den untersuchten Passagen bei Weiss das Verhältnis des sozialistischen Widerstands zur Shoah in Rede. In dem Roman sind es ferner die einzelnen Familienmitglieder – und damit eher Individuen als Gruppen – die zu Trägern unterschiedlicher Narrative werden. Multidirektional ist die Erinnerung an die Shoah in dieser Familie insofern, als die Mitglieder in dieser Verschiedenheit dauernd aufeinander bezogen sind, ihre Reaktionen einander beeinflussen und die Erinnerung durch die Familienkommunikation sukzessive transformiert wird.

Durch die Anteilnahme der anderen gelangt die Erfahrung der Mutter überhaupt erst zur Sprache, im anrufenden Sprechen des Vaters findet das Verhalten der Mutter ein Echo, eine Resonanz. Die Nennung der Namen derer, die als Mitverantwortliche für die Katastrophe angesehen werden, bezeichnet das Ergebnis einer politischen Analyse und zugleich das verzweifelte Festhalten an einer widerständigen politischen Orientierung. Der Erzähler bringt die Erfahrung der Mutter auf andere Art zur Sprache, indem er ihr Verhalten während ihres Ver-

---

22 Vgl. „The content of a memory has no intrinsic meaning but takes on meaning in relationship to other memories in a network of associations" (Rothberg 2009, 16).

stummens beobachtet und beschreibt. Indem er außerdem die Reaktionen und Einschätzungen derjenigen wiedergibt, die der Mutter nahestehen, also neben seinen eigenen auch die des Vaters und diejenigen Karin Boyes, versetzt er die unausgesprochene Erinnerung der Mutter in einen grundsätzlich plural angelegten Deutungsraum. Während die Traumaursache unzugänglich oder im Ungefähren bleibt, etabliert das nachträgliche Erzählen sie als Text. Die Erinnerungstextur der *Ästhetik des Widerstands* kennzeichnet die geschichtlichen Ereignisse damit als immer schon interpretierte,[23] und, da sie im Mit- und Gegeneinander der Stimmen hervorgebracht werden, als in kollektiven Interaktionen produzierte.

Das betrifft auch den Zusammenhang von Identität und Erinnerung, auf den Rothberg verweist. Dieser wendet sich gegen den Gedanken, „that identities and memories are pure and authentic" (Rothberg 2009, 4). Die Figur der Mutter gibt Anlass, diesen Zusammenhang zu überdenken. Weiss unterläuft die Identitätspolitik, indem er die Mutter mit einer angenommenen Identität ausstattet. Ihre Zuordnung zum Judentum ist, worauf Julia Hell verweist,[24] selbstgewählt und somit prekär, aber ihre durch Solidarisierung,[25] Empathie und Identifikation hervorgerufene Verfolgungserfahrung kann ihr nicht abgesprochen werden. Ist es also eine jüdische Verfolgungserfahrung? In welchem Sinne wird die Mutter zu einer jüdischen Figur?[26] Diese Fragen legen nahe, dass Weiss keine Identitätspolitik, die mit eindeutigen Festlegungen arbeitet, ins Werk setzt. Er tritt auch nicht in die Logik der Opferkonkurrenz ein, in der die jüdische in einen Verdrängungswettbewerb mit der sozialistischen Erinnerung an die Verfolgung träte. Mit der Figur der Mutter ruft er die Verfolgung der Juden auf, ohne sie identitär festzulegen.

Mit dem solidarischen Reflex der Mutter modelliert Weiss eine Verhaltensweise, die die nichtjüdischen Deutschen den verfolgten jüdischen Mitbürgern nur

---

23 Vgl. zur Konstruktion des Erzählens in dem Roman vor allem Butzer 1998 und Lindner 2008.
24 „In *Die Ästhetik des Widerstands* [...] the mother declares herself to be a Jew, she is identified as Jewish by the son, and, finally, dies in identification with the Jewish victims of the Holocaust" (Hell 2000, 31).
25 Diesen Terminus verwendet Söllner (vgl. Söllner 1988, 217).
26 Obwohl sie die angenommene Identität herausstreicht, spricht Hell von „the Jewish mother" (2000, 35). Irene Heidelberger-Leonard schreibt: „Mit dem selbstmörderischen Akt der Mutter exemplifiziert der Autor, daß sich bei ihm jüdisches Bewußtsein da am ungehemmtesten entfaltet, wo es gewählt und nicht von außen diktiert wird" (1992, 58). Vgl. zur Mutter auch Michael Hofmann (1994). Mit Bezug auf den Autor Weiss untersucht Ingo Breuer (1994) die wechselnden Positionierungen zum Judentum.

selten haben zuteilwerden lassen.[27] Diese Solidarität lassen selbst die Kader der KPD im schwedischen Untergrund – Kurt Funk (Pseudonym für Herbert Wehner), Jakob Rosner und Richard Stahlmann – vermissen. Während in dem Roman die Mutter im Verlaufe von Nymans Bericht über den bevorstehenden Genozid ins Entsetzen fällt, hören sie sich die Beschreibungen ungerührt und ohne Konsequenzen zu ziehen an. Stattdessen wenden sie sich – „vielleicht aus Müdigkeit" (ÄW 1008), wie es ironisch heißt – angenehmeren Themen wie der Oper und dem Rosenzüchten zu.

Weder die Kommunistische Partei noch die zerstrittene, zur Einheit unfähige Linke insgesamt reagiert in dem Roman angemessen auf die Shoah. Zum Teil, weil diese nicht bruchlos in ihr Erklärungsmuster zu integrieren ist. Die theoretischen Modelle, denen unter anderen der Vater verpflichtet ist, der die kapitalistische Herrschaftsform – in einer an Max Weber erinnernden Wendung – als das ‚vollkommen Rationale' eines ‚riesigen metallischen Systems' bezeichnet (vgl. ÄW 1013), rechnen mit der Binnenrationalität des Kapitalismus, die auch für den Nationalsozialismus postuliert wird. Ganz in diesem Sinne hebt Nyman „die wirtschaftspolitische[n] Ziele" der Planungen hervor:

> Krupp, die IG Farben, viele der größten Industrien, hätten neben den Lagern Fabriken eingerichtet, in denen die Gefangenen, die noch bei Kräften waren, bis zuletzt verwertet werden sollten. Indem diesen alles, was sie besaßen, bis zum Haar und den Goldplomben, abgenommen werden würde, und das letzte, was mit ihnen zu tun sei, unaufwendig verlaufe, gingen sie ein in eine nationalökonomische Planung, bei der sich die Aufgabe der Reinhaltung der Nation von Artfremden verbinden ließ mit Investitionen, die zu beträchtlichem Profit führen müßten. (ÄW 1007)

Dieses Erklärungsmuster kann mit dem gegenläufigen Gedanken, die Shoah widersetze sich der ökonomischen Rationalität, nichts anfangen. Mit Rothberg, der auf Nancy Fraser zurückgreift, müsste in diesem Zusammenhang von mehreren Möglichkeiten der Rahmung, des Framings, gesprochen werden. Insgesamt geht der Roman von der Prämisse der sozialistischen Linken aus, dass die Analyse der politischen Ökonomie von Karl Marx und seinen Nachfolgern sowie der Idee des Klassenkampfs zugrunde zu legen sei. Die Reaktion der Mutter auf die Shoah

---

[27] Nyman beschreibt die Abwesenheit von Solidarität in der formierten deutschen Bevölkerung, „als er einem der Ausgestoßenen begegnete, der schlafwandlerisch, das Merkmal über dem Herzen, den Blick geradeaus, unterhalb der Bordkante dahingig, den eignen Tod in einer Welle von Gleichgültigkeit mit sich schleifend, da sei ihm gewesen, als müsse sich der Boden auftun, doch alles habe seinen Gang genommen, auf dem Bürgersteig, auf dem Fahrdamm, hin und her, sie alle hielten zusammen, ließen nichts gegen sich aufkommen, dieser eine, der hier umherirrte, war nur ein Schatten, der sie nichts anging, der gleich verschwinden würde" (ÄW 1004).

markiert die Grenzen dieser Rahmung. Erst im Kontakt mit einem immanent nicht herleitbaren Phänomen gelangen die eigenen Beschränkungen in den Blick: Die Ko-Erinnerung treibt den toten Winkel der eigenen Rahmung hervor.

Dieser tote Winkel, das Andere der *Ästhetik des Widerstands*, ist die Abwesenheit von Widerstand, ist das, was sich der erzählerischen Prämisse, den Widerstand in der rekursiven Darstellung erinnernd zu retten, widersetzt, sind mithin Situationen, an denen Gegenwehr keinen Halt mehr findet. Mit Blick auf die Individuen beendet der Tod den Widerstand. Weiss führt das mit den Exekutionen in Plötzensee drastisch vor. In historischer Perspektive entschärft der Roman den einhergehenden Gedanken an das Ende des Widerstands mit Hilfe der aus Lotte Bischoffs Perspektive entwickelten Vorstellung von einer Kette des Widerstands über den Tod hinaus (vgl. ÄW 1135–1159). Noch im Geschichtsverständnis der DDR war diese Kette nie unterbrochen gewesen; der sozialistische Staat legitimierte sich unter Berufung auf diese Linie. Es ist die Shoah, die in der *Ästhetik des Widerstands* die Vorstellung von der Kontinuität des Widerstands in historischer Perspektive dementiert. Die Shoah wirft die Frage nach dem Scheitern und dem Ende des Widerstands auf.

Die Narration des Romans setzt die Konstruktion des Erzählers ins Werk, der zum Schriftsteller wurde. Er, der dem sozialistischen Projekt auch nach dem Krieg verbunden bleibt, weist der Shoah im Erzählen implizit eine Funktion zu, die der Autor Weiss, da er sie nicht konterkariert, stützt. Zu dieser Konstruktion der Shoah durch die Erzählinstanz gehört, dass die Juden in der *Ästhetik des Widerstands* keinen Widerstand leisten, sondern vollständig und in Passivität zum Objekt der nationalsozialistischen Machtpolitik werden.[28] Damit übergehen Weiss und der Erzähler Anknüpfungspunkte, die es in der sozialistischen Geschichtsdarstellung gegeben hätte, wie den Aufstand im Warschauer Ghetto, dessen Erinnerung schon in der Nachkriegszeit unlösbar mit dem Bild des jüdischen Kämpfers verbunden war. Auch organisierte Gruppen jüdischer Sozialisten, etwa des Allgemeinen Jüdischen Arbeiterbunds, treten nicht auf. Die zur Zeit der Niederschrift des Romans einsetzende Forschung über den bewaffneten Widerstand jüdischer Partisanen (vgl. Ainsztein 1974), den Primo Levi zeitgleich zum dritten Band der *Ästhetik des Widerstands* zum zentralen Thema seines Romans *Se non ora, quando?* (1982; dt.

---

[28] Nicht ganz in dieses Schema passt Marcauer, die seit ihrer Jugend Mitglied der Kommunistischen Partei ist (vgl. 387) und „aus einer großbürgerlichen jüdischen Familie stammte" (ÄW 388). Marcauer ist Kombattantin im Spanischen Bürgerkrieg, wird dann aber mehrfach zum Opfer: Männer aus den eigenen Reihen vergewaltigen sie und in einem Militärgerichtsverfahren wird sie von den Kadern der eigenen Seite zum Tode verurteilt.

Wann, wenn nicht jetzt?, 1986) macht, scheint Weiss trotz seiner Recherchen nicht wahrgenommen zu haben.[29]

Weiss gibt den verfolgten Juden in der *Ästhetik des Widerstands* auch keine eigene Stimme. Dies ist in einem Text, der die Heterogenität der Stimmen zu seinem Formprinzip macht, signifikant.[30] Die Zeugenschaft für die Shoah weist er mit Nyman und der Mutter zwei Nichtjuden zu, jüdische Überlebende kommen nicht zu Wort. Dadurch hält er die Shoah in der Position der ‚anwesenden Abwesenheit'[31], vergleichbar mit der Position, die die verstummte Mutter in der Familie einnimmt. Die Shoah wird mit aufgerufen, aber nach anderen Gesetzen als die übrigen Themen. In diesem Gestus, der bis ins Innerste des Erzählens, der Textur, der Schreibweise reicht, liegt aber auch ein Beharren auf der spezifischen Natur dieses Genozids, der als ‚Zivilisationsbruch' charakterisiert wurde (vgl. Diner 1988). Wenn es stimmt, dass Auschwitz „das Mißlingen der Kultur unwiderleglich bewiesen" (Adorno 1973, 359) hat, dementiert dies das sozialistische Fortschrittsprojekt und setzt Vorstellungen wie die von einer ‚Kette des Widerstands' außer Funktion. Innerhalb dieses Gedankengangs kommt auch der Passivität ein Wahrheitsmoment zu. Denn das Ausgeliefertsein – und damit die Abwesenheit von Widerstand – nimmt die Shoah ernst, indem die Unerbittlichkeit des Vernichtungswunsches in Rechnung gestellt wird, die die von den Nationalsozialisten für die als Juden gekennzeichnete Bevölkerung installierte Mordmaschine charakterisiert. Der systematische, der Intention nach vollständige, verwaltungsmäßig und industriell betriebene Völkermord definiert die Shoah; dafür steht synekdochisch der Ortsname Auschwitz. Gerade indem Weiss die jüdischen Verfolgten als weitgehend passiv und überwiegend stimmlos darstellt, hebt er ihr

---

29 Die Frage, welcher Stellenwert dem jüdischen Widerstand gegen die Shoah in der Darstellung der historischen Ereignisse zukomme, ist sowohl in politischen Debatten als auch in der Geschichtswissenschaft kontrovers diskutiert worden. Zu erinnern wäre an den Vorwurf, die Juden hätten sich wie Lämmer zur Schlachtbank führen lassen oder an die Kritik an Raul Hilbergs grundlegender Untersuchung über die Vernichtung der europäischen Juden, die besagt, er habe den Widerstand nicht hinreichend gewürdigt. Auch in diesen Debatten wäre die Darstellung bei Weiss zu verorten.

30 Auch das Wort Antisemitismus wird geradezu programmatisch vermieden. Strukturanalog zur Anrufung der Namen von Konzernen durch den Vater ruft er auch eine „Seuche" (ÄW 872) an, deren Namen – Antisemitismus – der Erzähler (und damit Weiss) aber in dem Roman nicht wiederholt.

31 Der Terminus ist dem Buch von Axel Dunker (2003) entnommen, in dem er „das Abwesende, das Verdeckte als einen konstitutiven Faktor einer Ästhetik nach Auschwitz zu bestimmen versucht" (Dunker 2003, 16). Vgl. dort auch die Passagen zur *Ästhetik des Widerstands*, u. a. zur Figur der Mutter (Dunker 2003, 97–108).

Schicksal von dem des sozialistischen Widerstands ab und streicht den besonderen Charakter der Shoah heraus.

Das Verhältnis zwischen linkem Widerstand und Judenverfolgung wird also aufgerufen, es wird aber nicht diskursiv ausgetragen. Dadurch nimmt es eine Sonderstellung ein. Die Shoah markiert das Andere des Widerstands. Sie bleibt ein blinder Fleck, der als solcher kenntlich wird. In seiner Erzählweise, etwa durch die Familienkonstellation, bezieht Weiss beide historischen Erfahrungen aufeinander, ohne sie nivellierend ineinander aufgehen zu lassen. Die verschwiegene, nur indirekt aufgerufene Erinnerung an die Shoah fordert vielmehr diejenige an den sozialistischen Widerstand heraus. Sie widersetzt sich allen künftigen Versuchen, den sozialistischen Fortschrittsoptimismus umstandslos wiederaufzurichten. Und während beide Ereignisse, der sozialistische Kampf gegen Hitler und die Verfolgung der Juden, mit dem Untergang enden und die Viktimisierung dieser Gruppen begründen, so bleibt deren Schicksal doch gegeneinander undurchlässig, weil die Shoah in dem Roman als reine Opfergeschichte erzählt wird, während die des Widerstands noch im Scheitern die Auflehnung als eine Form der Ermächtigung – im Sinne von *agency* – mitdenkt.

Literatur

Adorno, Theodor W. *Negative Dialektik*. Gesammelte Schriften, Bd. 6, Frankfurt am Main: Suhrkamp, 1973. 7–412.

Ainsztein, Reuben. *Jewish Resistance in Nazi-Occupied Eastern Europe. With a Historical Survey of the Jew as Fighter and Soldier in the Diaspora*. London: Elek, 1974 (dt. 1993).

Assmann, Aleida. *Das neue Unbehagen an der Erinnerungskultur. Eine Intervention*. München: Beck, 2013.

Bannasch, Bettina. „Peter Weiss: Die Ästhetik des Widerstands". In *Erinnern und Erzählen*. Hg. Bettina Bannasch und Christiane Holm. Tübingen: Narr, 2005. 471–483.

Bohleber. Werner. „Die Entwicklung der Traumatheorie in der Psychoanalyse". *Psyche 54* (2000): 797–839.

Breuer, Ingo. „Der Jude Marat. Identifikationsprobleme bei Peter Weiss". In *Peter Weiss. Neue Fragen an alten Texte*. Hg. Irene Heidelberger-Leonard Opladen: Westdeutscher Verlag, 1994. 64–76.

Briegleb, Klaus. „Widerstand als tätige Erinnerung: Uwe Johnson und Peter Weiss". *Das Argument 192*, Jg. 34 (1992), Heft 2: 205–218.

Butzer, Günter. *Fehlende Trauer. Verfahren epischen Erinnerns in der deutschsprachigen Gegenwartsliteratur*. München: Fink, 1998. 160–213.

Cosgrove, Mary. *Melancholy Traditions in Postwar German Literature*. Rochester and Woodbridge: Camden House, 2014.

Diner, Dan (Hg.). *Zivilisationsbruch. Denken nach Auschwitz*. Frankfurt am Main: S. Fischer, 1988.

Dunker, Axel. *Die anwesende Abwesenheit. Literatur im Schatten von Auschwitz.* München: Fink, 2003.
Fischer, Gottfried und Peter Riedesser. *Lehrbuch der Psychotraumatologie*, München und Basel: Reinhardt, 4. Auflage 2009.
Groscurth, Steffen. *Fluchtpunkte widerständiger Ästhetik. Zur Entstehung von Peter Weiss' ästhetischer Theorie.* Berlin und Boston: De Gruyter, 2014.
Gudehus, Christian, Ariane Eichenberg und Harald Welzer (Hg.). *Gedächtnis und Erinnerung. Ein interdisziplinäres Handbuch.* Stuttgart: Metzler, 2010.
Halbwachs, Maurice. *Das kollektive Gedächtnis.* Stuttgart: Enke, 1967.
Heidelberger-Leonard, Irene. „Jüdisches Bewußtsein im Werk von Peter Weiss". In *Literatur, Ästhetik, Geschichte. Neue Zugänge zu Peter Weiss.* Hg. Michael Hofmann. St. Ingbert: Röhrig, 1992. 49–64.
Hell, Julia. „From Laokoon to Ge: Resistance to Jewish Authorship in Peter Weiss' *Ästhetik des Widerstands*". In *Rethinking Peter Weiss.* Hg. Jost Hermand und Marc Silberman. New York u. a.: Lang, 2000. 21–41.
Hofmann, Michael. „Antifaschismus und poetische Erinnerung der Shoah. Überlegungen zu Peter Weiss' *Ästhetik des Widerstands*". In *Peter Weiss Jahrbuch 3.* Hg. Rainer Koch, Martin Rector und Jochen Vogt Opladen: Westdeutscher Verlag, 1994. 122–134.
Knoche, Susanne. „Generationsübergreifende Erinnerung an den Holocaust: *Jahrestage* von Uwe Johnson und *Die Ästhetik des Widerstands* von Peter Weiss". In *Johnson-Jahrbuch 9.* Hg. Ulrich Fries, Holger Helbig und Irmgard Müller. Göttingen: Vandenhoeck & Ruprecht, 2002. 297–316.
Lindner, Burkhardt. „Déjà-vu im Zeitriss. Die Erinnerungspolitik der Ästhetik des Widerstands". In *Diese bebende, zähe, kühne Hoffnung.* Hg. Arnd Beise, Jens Birkmeyer und Michael Hofmann. St. Ingbert: Röhrig, 2008. 77–103.
Niederland, William G. *Folgen der Verfolgung: Das Überlebenden-Syndrom Seelenmord*, Frankfurt am Main: Suhrkamp, 1980.
Oesterle, Kurt. „Dante und das Mega-Ich. Literarische Formen politischer und ästhetischer Subjektivität bei Peter Weiss". In *Widerstand der Ästhetik?* Hg. Martin Lüdke und Delf Schmidt. Reinbek: Rowohlt, 1991. 45–72.
Rector, Martin und Jochen Vogt (Hg.). *Peter Weiss Jahrbuch 6.* Opladen und Wiesbaden: Westdeutscher Verlag, 1997.
Rector, Martin. „Wahrnehmung und Erinnerung in Peter Weiss' *Ästhetik des Widerstands* und Uwe Johnsons *Jahrestagen*". In *Johnson-Jahrbuch 12.* Hg. Michael Hofmann. Göttingen: V&R unipress, 2005. 91–100.
Rector, Martin. „Fünfundzwanzig Jahre *Die Ästhetik des Widerstands*. Prolegomena zu einem Forschungsbericht". In *Diese bebende kühne zähe Hoffnung.* Hg. Arnd Beise, Jens Birkmeyer und Michael Hofmann St. Ingbert: Röhrig, 2008. 13–47.
Rothberg, Michael. *Multidirectional Memory. Remembering the Holocaust in the Age of Decolonization.* Stanford, CA: Stanford University Press, 2009.
Söllner, Alfons. *Peter Weiss und die Deutschen. Die Entstehung einer politischen Ästhetik wider die Verdrängung.* Opladen: Westdeutscher Verlag, 1988.
Weiss, Peter. *Notizbücher 1971–1980.* 2 Bde. Frankfurt am Main: Suhrkamp, 1981.
Weiss, Peter. *Die Notizbücher. Kritische Gesamtausgabe.* Hg. Jürgen Schutte. CD-ROM. St. Ingbert: Röhring, 2012.

Weiss, Peter. *Die Ästhetik des Widerstands* [1975, 1978, 1981]. Hg. Jürgen Schutte. Berlin: Suhrkamp, 2016.
Welzer, Harald. *Das kommunikative Gedächtnis* [2002]. München: Beck, 2. Auflage 2008.
Welzer, Harald, Sabine Moller und Karoline Tschuggnall. *„Opa war kein Nazi". Nationalsozialismus und Holocaust im Familiengedächtnis.* Frankfurt am Main: S. Fischer, 2002.
Willner, Jenny. *Wortgewalt. Peter Weiss und die deutsche Sprache.* Konstanz: Konstanz University Press, 2014.

Tom Vanassche
Probing the Limits of Co-Memoration: Edgar Hilsenrath's Rhetoric of Commemoration

1 Introduction: Two authors remembering their modest debuts

> [M]it vierzehn Jahren habe ich meinen ersten Roman geschrieben. Es war ein Roman über einen weißen Neger, inspiriert von Hugo Bettauer, dem österreichischen jüdischen Bestsellerautor, und hatte irgendwo mit dem Judenproblem zu tun. [...] Ich hatte ihn fast fertig, aber dann wurden wir deportiert.[1] (Hilsenrath 1996, 14)

With these words, written by an aging author reflecting on his modest first literary steps, Edgar Hilsenrath opens up a comparative framework between the European-Jewish experiences of persecution and genocide in the 1930s and 1940s and the legacy of slavery in the discrimination against African-American citizens in the twentieth century. The work that Hilsenrath alludes to is Hugo Bettauer's *Das blaue Mal* (1922), a novel in which a German-speaking visiting scholar questions the racist ideology engrained in the American Deep South.[2] Hilsenrath claims that the manuscript of this first novel got lost after the liberation of the ghetto on the way westward. This autobiographical self-disclosure, as it were, and its poetological premises are reminiscent of the Black Atlantic British author Caryl Phillips. Phillips, who would go on to write *Higher Ground* (1989) and *The Nature of Blood* (1997), reminisces in his "travel report" *The European Tribe* (1987) about his own modest first literary steps (Rothberg 2009, 153; cf. Craps 2012, 139–140). He recalls how, at the age of fifteen, a TV documentary on the Nazi occupation of the Netherlands prompted him to write his

> first piece of fiction. A short story about a fifteen-year-old Jewish boy in Amsterdam who argues with his parents because he does not want to wear the yellow Star of David. He

---

[1] "I wrote my first novel when I was fourteen. It was a novel about a white Negro, inspired by Hugo Bettauer, the best-selling Austrian Jewish author, and had to do something with the Jewish problem. I had almost finished it, but then we were deported" (transl. mine).
[2] The novel situates, albeit fleetingly, the practice of lynching black people in a longer tradition of violence: anti-Jewish pogroms, the Inquisition, and the prosecution of 'witches' (Bettauer 2017, 38).

is just like everyone else, he says, but his parents insist. Eventually there comes the knock on the door and his family are taken to the cattletrucks for "resettlement". En route the boy somehow manages to jump from the wagon [...]. The boy is taken to the farmhouse and saved. My English teacher took this essay from me "for publication", and that was the last I saw of it. (Phillips 1987, 67)

Although the circumstances in which these teenagers started writing differ significantly – the former writing in a Jewish ghetto under Romanian occupation in the 1940s, the latter in a "grey council estate" in post-war Britain (Phillips 1987, 66) – both Hilsenrath and Phillips mobilise the persecution of the 'other' for their own literary creativity. Since both manuscripts have disappeared, a proper comparison between these early texts and the authors' later literary creations is impossible, and we are left only with Hilsenrath's and Phillips's recollections. Yet while the evolution from Phillips's youthful "wish-fulfilment" to a more mature approach to comparison is founded in metonymy rather than metaphor, and thus avoids conflating the Shoah and the Transatlantic trauma (Craps 2012, 139–149), the answer to the question of how Hilsenrath addresses such entanglements in his later work has no clear-cut answer. While Phillips can easily be (and has been) read through the lens of multidirectionality, the complex memory constellations in Hilsenrath's oeuvre may render him less likely a candidate for a reading from this perspective. These constellations pertain to two different levels: that of *what* is commemorated together and that of *who* commemorates together. Indeed, the questions that Susanne Knittel asks in her contribution to this edited volume serve as the underlying questions for my argument: "[w]hat is the 'with' that determines [co-memoration]? And how does this 'co-' relate to the 'co-' in comparison, the placement of two things side by side, the establishment of a relation between them?" (22)

2 Hilsenrath's early work: No 'co-'

Surely, Hilsenrath's first two novels, *Nacht* (1964) and *Der Nazi und der Friseur* (1977) do not offer many 'co's: both novels are concerned with the Shoah, but they decidedly break away from the philosemitism which marked the mainstream commemoration discourse in the Federal Republic of Germany – a political attitude that Hilsenrath constantly voiced in his novels and in shorter texts.[3] Hilsenrath agrees with Hans Otto Horch, who describes philosemitism as "'Ticket-Denken' (Horkheimer-Adorno) [ebenso] wie der Antisemitismus, wenn

---

[3] When quoting from *Der Nazi und der Friseur*, I will use the abbreviaton NF.

auch mit umgekehrten Vorzeichen" (2006, 267).⁴ As Patricia Vahsen reminds us, this philosemitic attitude was at least in part a calculated, politically motivated discourse which does not seek a dialogue with Jews but rather perpetuates the practice of attributing qualities to them as Jews, and thus does not regard Jewish persons as complex human beings (Vahsen 2008, 12–14, 18, 105). *Nacht*, which is set in a Romanian ghetto and depicts the day-to-struggle for survival against disease, hunger, and dehumanisation (and which refutes a depiction of the victims as saints without sins) was published in a short print-run before being quickly forgotten. Discussions within the Kindler publishing house indicate that some members of staff were afraid that Hilsenrath's non-compliance with philosemitism might kindle or legitimise existing antisemitic resentments (ibid., 106). *Nacht* only resurfaced after the publication of *Der Nazi und der Friseur*, itself a novel with its own peculiar publication history: it was only published in Germany six years after the English translation and three years after the French version had been published. According to Vahsen, this is due to the unease that *Der Nazi und der Friseur* provokes: it is the first satire to take the perpetrator's perspective – a phenomenon which was, interestingly, not central to the reception in the United States, where the focus was on Hilsenrath's black humour (2008, 82).⁵ Neither novel contextualises the Shoah in a broader history of suffering or evokes comparisons to other genocides – but neither explicitly claims that the Shoah is *sui generis:* the question is simply not asked. But the two novels' publication histories also demonstrate that there is no genuine 'co' on the level of who remembers either: a German publisher renders a dialogue between the Jewish author and his reader extremely difficult, while said author likes to provoke his (imagined) reader with a simultaneously – at least in *Nacht* – hyperrealistic and grotesque discourse which does not spare the reader or allow them to discard the ghetto conditions as 'not that bad' (cf. Vahsen 2008, 77) and may provoke, through Hilsenrath's coarseness, their aesthetic and moral conventions. Leaving aside the fact that Hilsenrath's first novels were initially met with more

---

4 "'Ticket-thought' [similar to] antisemitism, albeit vice versa" (transl. mine). The reference to Horkheimer and Adorno pertains to *Dialektik der Aufklärung* (2010, 214–215).
5 In spite of the novel's grotesque constellation – the successful emigration of an SS murderer as his murdered Jewish neighbour to Israel – Hilsenrath drew his inspiration from the Erich Hohn case: Hohn, a Gestapo officer, managed to pose as Jewish survivor and was even elected as vice-president of the local *Vereinigung der Verfolgten des Naziregimes* office in Bamberg before being unmasked and sentenced to jail (Braun 2005, 41–42). *Haaretz* published a truly astonishing article, in which they claim that Otto Skorzeny, an erstwhile (in)famous SS officer in a special mission unit, had worked in the 1960s for the Mossad as spy and assassin (Raviv and Melman 2016).

approval abroad, no particularly interesting constellations of comparison emerge from these novels: there is no 'co' on either the what- or who-level of commemoration. Indeed, whereas *Nacht* refuses philosemitism, *Der Nazi und der Friseur* openly condemns it: "[d]er neue Zeitgeist ist philosemitisch. Ein Schreckensgespenst mit nassen Augen, die eines Tages trocknen werden. Wann?" (NF 232) The discursive limitations imposed by philosemitism thus cause Hilsenrath's perception as a provocative author. Hilsenrath is all too aware of this and openly attacks these limitations. Similar observations can be made in the context of *Das Märchen vom letzten Gedanken* (1989) – only this time, it is not (per se) philosemitism but the *Historikerstreit* which posits the discursive limitations. This time, the limitations pertain to comparisons.[6]

3 The turning point: Co-memoration as provocation in *Das Märchen vom letzten Gedanken*

My argument is that *Märchen* simultaneously invites the reader to co-memorate two genocides – or rather, renders any co-memoration inevitable – yet that this does more than suggest a sense of solidarity between Armenians and Jews. The novel's political level is one of antagonism, and the destabilisation of the co-memoration is reflected on the narrative level. Moreover, this destabilisation is reinforced when one takes Hilsenrath's final novel, *Berlin... Endstation* (2006) into account. Knittel's observation that "[t]here is in any act of memory an implied 'we', a community, a communication, a gesture of sharing, participation, exchange, and relating" (2020, 22) explains how the destabilisation of the political level comes about: the construction of various implied 'we's means that the framework of commemoration is incessantly fractured and renegotiated. *Das Märchen vom letzten Gedanken*, and Hilsenrath's oeuvre more generally, offers us a testcase for thinking how co-memoration can be shaped and assessed differently, and how one person's idea of co-memoration may clash fundamentally with another's.

---

[6] When quoting from this novel, I will use the abbreviaton MLG.

3.1 An inevitable co-memoration

Before establishing precisely *how* the co-memoration in *Märchen* is a means of provocation, and why, I will briefly outline how its literary tradition renders a co-memorative reading practice inevitable. The novel's context – its author's biography and the topic of his earlier works, its literary predecessor, and, put plainly, the genocidal history of the twentieth century – makes it clear that *Das Märchen vom letzten Gedanken* cannot be but read as a literary entanglement of two genocides.[7] In those reviews and analyses, *Märchen* is often compared to that first German novel addressing the Aghet, Franz Werfel's *Die vierzig Tage des Musa Dagh* (1933) – in fact, as Rachel Kirby notes, it is so obvious to compare both novels that it appears impossible for reviewers and academics not to (1999, 173).[8] But the comparisons reach beyond the shared theme. Werfel, being of partial Jewish descent, had his own trouble after the rise of the Nazis: in 1933, he was expelled from the Prussian Academy for the Arts, and in 1938, after the *Anschluss*, he did not return to his new home in Vienna. The invasion of France in 1940 caused Werfel to cross the Pyrenees on foot – not unlike other well-known German-Jewish emigrants – and eventually reached the USA, where he was granted citizenship in 1941. Moreover, as early as 1940, *Musa Dagh* was already read in the light of the unfolding events in Europe among exiled German-Jewish authors as well as among Jews incarcerated in ghettos across Eastern Europe (cf. Eke 1997, 705). Yair Auron even considers the novel to have inspired the revolt in the Białystok ghetto, quoting from various ego-documents that mention *Musa Dagh* as an argument for resisting alongside the elderly instead of attempting to flee (2000, 301–305).[9] Thus, whereas *Märchen* is written by a German-Jewish Shoah survivor who had gone through exile in Romania, Israel, France, and the United States on the topic of the Armenian genocide, *Musa Dagh* is written by a German-speaking Jewish author on the topic of the Armenian genocide who would very soon go through exile experiences in France and

---

[7] Indeed, aside of listing historical differences (e.g. Dadrian 1996, 103–110), comparative genocide studies often draw structural parallels between the Armenian genocide and the Shoah, pointing to their occurring during military crises, to the victims belonging to ethnoreligious minority groups which had "experienced rapid social progress and mobilization" in the decades before the genocide, to the previous occurrence of outbursts of non-systematic violence against these groups, to the imperial ambitions of the perpetrators, who had seized power during political crises (Melson 1996, 85–93; cf. Dadrian 1996, 111–126).
[8] For the comparisons to Werfel in the reception of *Märchen*, cf. Vahsen (2008, 167–168).
[9] The uprising took place in August 1943, in defiance of the Nazi orders to show up for deportations to the death camp of Treblinka (Friedländer 2008, 365, 529–530; Hilberg 1985, 515).

the United States. Both the authors and their (Jewish) readers thus establish links between the Armenian and Jewish fates; both authors describe the Armenian genocide through the Jewish experience of persecution and, in Hilsenrath's case, genocide (cf. Eke 1997, 705). It is worth pointing out that the Aghet has not only been evoked by the victims. In a perverted move, Adolf Hitler invoked it – and more precisely, the post-war silence surrounding it – in the context of his planned war of aggression against Poland, suggesting that in the case of a German victory, German war crimes and ethnic cleansing policies will not be mentioned in historiography (Berenbaum 1990, 34).

To be sure, *Märchen* differs considerably from *Musa Dagh* in other respects. The element of (armed) resistance is not present – on the contrary: when Wartan's father (and thus Thovma's grandfather) discusses the naming of his son with a fisherman, who refers to the mythological hero Vardan (German transliteration: Wartan), who allegedly fought the Persian army in 401, a heroic fate is explicitly described as undesirable. Heroes tend to die young, and Wartan's father wants his son to live a long life (MLG, 232–233; cf. Dittmann 1996, 165). Indeed, Hilsenrath's novel comes close to suggesting that the resistance offered by the Armenians in 1915 was rather limited – and that the Young Turks used it to legitimise a radicalisation of their genocidal measures: "[n]ichts aber paßte besser in die Ausrottungspläne [...] als die Tatsache, daß Armenier auf türkische Truppen schossen. [...] Nun brauchte man nur zu beweisen, daß der Aufstand über das Regionale hinausging" (MLG, 500). The Armenians are, in this logic, losing in either case: either they do not offer any resistance and are massacred, or their resistance leads to an intensification of the massacres. Hilsenrath, like Werfel, describes the Armenian genocide through the perspective of the Jewish experience – and here one may see a strong parallel to the destruction of the Warsaw Ghetto: after the mass deportations throughout the summer of 1942 to Treblinka, the few remaining Jews in the ghetto decided *not* to board the trains without resistance and they opened fire when German troops entered the ghetto on 19 April 1943 – after having already thwarted a deportation attempt in January. The resistance was used as an excuse to physically destroy not only its inhabitants, but the ghetto as well – in his report to Heinrich Himmler, Jürgen Stroop, the SS general overseeing this destruction, put the Jewish resistance fighters on the same level as 'Polish bandits,' thus legitimising the undertaking (1960, esp. 9–11).

Aside of Hilsenrath's evocation of the Shoah, which I will expand upon during the analysis, it is self-evident that comparisons between the Aghet and the Shoah lie not merely with the author's biographic experiences and the novel's rhetoric, but that they pre-empt the reading of the novel. Undeniably, the experience of the Shoah has had a more direct influence on German literature and philosophy than the Armenian genocide, thus rendering any discussion or treatment of genocide prone to comparisons with the Shoah – be those comparisons explicit or implicit. In his analysis of the different degrees to which Werfel and Hilsenrath criticise modernity as the paradigm which enables genocidal ideology and its implementation, Norbert Otto Eke's summarises Theodor Adorno's philosophical and poetic reactions to the Shoah – the infamous dictum that writing poetry after Auschwitz is barbaric as well as Adorno's cautious retracting of that dictum in *Negative Dialektik* (Eke 1997, 701–704). This implies that these debates on the possibilities and ethical responsibilities of art do not lose any relevance when it comes to the question of the depiction of the Armenian genocide. Indeed, Eke, too, draws a direct line from the decision-taking in 1915 to the Wannsee conference, but his formulation implies an asymmetry between the Armenian genocide, which is thus represented as a foreplay to the Shoah, almost stripped of being an event in its own right: the decision to kill off the European Jews is described as the "furchtbarste Konsequenz" of the decision to kill off the Armenians (704). Eke reads this asymmetry in Hilsenrath's novel, especially when compared to Werfel's: while the latter simultaneously questions yet retains *some* hope in the redemptive potential of (Western) modernity, that hope is fundamentally absent from *Märchen* (Eke 1997, 714–716).

To summarise, the co-memoration of the Aghet and the Shoah happens a priori to the reading of *Märchen*. Indeed, it is so self-evident that literary critics – academic as well as journalistic – use this entanglement for their own writing, coming up with titles for reviews like *1001 Nacht der langen Messer* (Götze 1996, 83) – a clear combination between an oriental(ist) theme and the power struggle within the Nazi movement, which culminated in a massacre of SA leading figures in 1934 (cf. Longerich 2003, 206–224). But this comparison sits uneasily with some reviewers, even *ex negativo:* in his laudatory review of *Märchen*, Johannes von Bormann maintains that "[d]er Bezug auf die deutsche Geschichte ist überdeutlich, wenn auch nicht gesucht" (1996, 90). This is a peculiar statement: if anything, the relevance for German history is repeatedly thematised. Eke argues rather convincingly that while the Armenians and Jews are at the beginning of the novel *said* to be exchangeable, at the novel's end, they actually *are*: the Armenian Whartan shares the fate of the Polish Jews in 1943 (Eke 1997, 706; Annette Schaefgen comes to the same conclusion, 2006, 356). Von Bormann's claim seems caught between the poles of the *Historikerstreit:* through Hilsenrath's novel, it simultaneously contextualises the Shoah within a longer history of European violence, while emphasising the uniqueness of the Shoah. Von Bormann thus seems more concerned with 'political correctness' than with an accurate description of the functions of comparison in *Märchen*. But if Hilsenrath is not interested in one thing, it is precisely 'political correctness'. Indeed, Bettina Hey'l notes that Hilsenrath refuses to adhere to neither a historiographic objectivity nor a merely literary subjectivity, causing her to situate *Das Märchen vom letzten Gedanken* both within a German literary tradition – Alfred Döblin – as well as within a contemporary international context – genres and authors looking for what Hayden White labelled a "middle voice" (1992, 52) for depicting the traumatic legacy of genocide and civil war: for Hey'l, examples of this poetics are found within the post-war tradition of the American Jewish novel, in Latin American 'magic realism', and the oeuvre of Salman Rushdie (Hey'l 1996, 151–153; cf. White 1992, 51). This framing of Hilsenrath within trauma theory may already suggest the instability of the political level despite what seems at first sight the coherence of the narrative and the referentiality of the storyworlds.

3.2 Semantics: What is a holocaust? Tirades against and mocking of historiography

Yet I would argue that the relation between the Armenian genocide and the Shoah is not presented as straightforwardly as most critics seem to assume. The first problem that Hilsenrath's novel poses is the question of naming the event. While the first book sketches the Turkish build-up of the plot against the Armenians, and the second book recounts Wartan's life before returning home from the USA in 1914, the third book delves into the genocide.[10] The Meddah announces this to Thovma in these words: "'und bald fing auch das große Massaker an.' 'Von welchem Massaker sprichst du?' 'Von dem bevorstehenden... das ich Holocaust nenne.' 'Holocaust?' 'Holocaust.'" (MLG, 468). Hilsenrath surely does not equate both historical events: the ellipsis mark suggests a pause in the (spoken) discourse and as such increases the suspension, suggesting Hilsenrath's awareness of the provoking of the word 'Holocaust': whereas Thovma's second question may, on the *story* level (1915), be concerned with the word's lexical meaning, on the *discourse* level (1988, MLG, 23), which lies only briefly before the publication of the novel and in the immediate aftermath of the *Historikerstreit*, it must be read as a question of appropriateness. The repetition, this time not as question, has no explanative value on the story level, but functions on the discourse level as affirmation. But elsewhere, the text seems to forbid such comparisons. In a polemical tirade against the historians, the fairy tale storyteller accuses them of assuming an objective discourse focussed on statistics and on pedantic accuracy. Indeed, the novel's insistence on the victims'

---

10 *Märchen*'s structure consists of a prologue, three books, an epilogue and a glossary.

humanity, and thus their subjectivity (cf. Lorenz 1990) serves to counter the historians' presumed lack of fantasy, which essentially disrespects the victims' fate by prioritising their own discursive rules:

> Sie wissen nicht, daß jeder Mensch einmalig ist und daß auch der Dorftrottel im Heimatdorf deines Vaters das Recht auf einen Namen hat. Sie werden das große Massaker Völkermord nennen oder Massenmord, und die Gelehrten unter ihnen werden sagen, es heiße Genozid. Irgendein Klugscheißer wird sagen, es heiße Armenozid, und der allerletzte Fachidiot wird in Wörterbüchern nachschlagen und schließlich behaupten, es heiße Holocaust. (MLG, 220)

The tirade comes at a rhetorically interesting moment: it is situated at the very end of the first book, which had so far depicted the Young Turkish preparations of the genocide in their finding of a scapegoat, Wartan Khatisian.[11] Yet here, too, 'Holocaust' begets a double meaning: on the one hand, the mentioning of dictionaries suggests that certain historians may use the term because of the meaning the word had carried prior to the Shoah: a complete destruction by fire. As such, it could be transferable to *any* genocide – if one buys into the religious undertones and its problematic implications.[12] Indeed, this has historically been the case: the American news coverage concerning the Hamidian massacres in 1894–1895 were (at least occasionally) referred to as 'Armenian holocaust' (Oren 2007, 293; cf. Young 1988, 85).[13] But by the time of *Märchen*'s publication, 'Holocaust' had, of course, begot its narrower meaning, which was superimposed on its etymology and the historical references it carried. This second meaning is

---

11 Later on, Hilsenrath-through-the-storyteller mocks the historians again, claiming ad absurdum that the planning of a new world war was to satisfy their needs: "[d]enn die Historiker wollten den Großen Krieg, den sie nun Weltkrieg nannten, eine Nummer geben, damit er in der Schublade aller Kriege nicht verlorenginge" (627). He continues to mock their discourse: "[m]öglich wäre auch die Nummer 1 und die Nummer 2 [to number the world wars, TV], selbstverständlich mit einem Punkt. Denn alles mußte seine Ordnung haben, und auch die Rechtschreibung mußte stimmen" (627–628). The antagonism is directed against *German* historians, as the issue of using a full stop with ordinal numbers makes clear.
12 This debate has been around for at least 40 years, but has, in the end, not prevented the establishment of 'Holocaust' as the standard term for the Nazi genocide against the European Jews. For the arguments pro and contra, cf. DeKoven Ezrahi 1980, 2; Marrus 1988, 2–3; Young 1988, 83–89; Stone 2003, xvi; Eaglestone 2004, 2.
13 Although generally not considered part of the actual Armenian genocide, these massacres are mentioned in Hilsenrath's novel, both explicitly referring to the perpetrators' contradictory denial and relativization (MLG, 185). and implicitly as prelude to the genocide to come: the Hasidian massacres happen 'elsewhere', while the genocide envelops Wartan's hometown and the surrounding villages (MLG, 442–444). Adam Hochschild notes how these incidents would have served as humanitarian/sentimentalist excuse for a military intervention by Belgian King Leopold II – in a broader and utterly dehumanising colonial empire (1998, 167–168).

hinted at through the hierarchy of stupidity: only the greatest idiot, so the storyteller implies, would use the term 'Holocaust' after the Shoah as it had been before. Or is it the word 'holocaust,' with a lower case 'h' (of course not in German), with its connotations of religious sacrifice that the storyteller takes issue with? That interpretation would be legitimised by the referring to dictionaries, not history books.

3.3 The rhetoric of co-memoration

Whatever the reason for the refuting of the word 'holocaust', there is no denying that *Märchen*'s rhetoric explicitly frames the Aghet in a discourse that constantly reinvokes the memory of the Shoah. This rhetoric is partially situated on the diegetic level: the perpetrators use terms like "armenische Weltverschwörung" (MLG 122) "endgültige Lösung des Armenierproblems" (500), "armenische Frage" (505), "Evakuierung" and "Umsiedlung" (511), "armenierrein" (548),[14] "internationales Armeniertum" (524);[15] and the storyteller mentions "Einsatzkommandos" (530), but many other elements point to (or create) structural similarities between the respective victims. The Armenians are not only described as a Chosen People – albeit in a Christian, not a Jewish tradition (318) and are described as just as 'assimilated' as much as a large part of the Jewish population in Germany had been: the perpetrators admit among themselves that the Armenians speak better Turkish than they do themselves (MLG, 137). By staging an Armenian coup, and by blaming the murder of Franz Ferdinand on the Armenian Wartan Khatisian, the authorities conjure a conspiracy to justify the harsh 'actions' against the conspiring fifth column (MLG, 113–122). Such actions are reminiscent of at least two episodes in the 1930s: the Reichstag fire, which may or

---

14 Although the parallel to 'judenrein' is obvious, "armenierrein" is not a Hilsenrath-ian, provocative analogy – contemporary Germans used the word in correspondence (cf. Gall et al. 1995, 153). It belongs to the realm of history, not (merely) of literary and fictional creativity. Knittel's concept of the historical uncanny (2018) seems suited to describe the eeriness that such discoveries bring with them.

15 The persiflage of Hitler's speech and the perpetrators' metaphor of Armenians-as-rats belong to this rhetoric as well – as does the legitimisation of the murdering of children: if these were not murdered, so the argument, they would grow up to avenge their parents (MLG 511). This 'reasoning' was used by the Nazis as well, but goes back to the genocide against the Native Americans: as Lilian Friedman recollects, "[t]he notorious California Indian-killer H. L. Hall justified the murder of Native infants based on the argument that 'a nit would make a louse.' John Chivington, commanding colonel in the infamous Sand Creek Massacre, reformulated the sentiment to justify similar actions with the statement 'Nits make lice.'" (Friedberg 2000, 363).

may not have been a black flag operation set up by the Nazis themselves, but was certainly used as a pretext to crack down on German communists and social democrats;[16] and the 1938 assassination of a German diplomat named Ernst vom Rath by Herschel Grynszpan, whose parents had shortly before been coercively deported to Poland, which in turn was instrumentalised by Joseph Goebbels to instigate a Germany-wide anti-Jewish pogrom (cf. Lorenz 1990).

But the black flag operation is also reminiscent of Adolf Hitler's threat to the Jews on 30 January 1939: "[w]enn es dem internationalen Finanzjudentum in und außerhalb Europas gelingen sollte, die Völker noch einmal in einen Weltkrieg zu stürzen, dann wird das Ergebnis [...] die Vernichtung der jüdischen Rasse in Europa [sein]" (as qtd. in Max Domarus 1965, 2.1: Untergang (1939–1940):1058). Indeed, a persiflage of this speech is found later on in the novel, just before the outbreak of the genocide: "[s]ollte es dem internationalen Armeniertum gelingen, eines Tages die ganze Welt gegen uns aufzuhetzen, dann wird das die Vernichtung dieser Rasse bedeuten" (MLG, 524). By evoking this comparison, Hilsenrath just stops short from shifting blame for the First World War on the Ottoman Empire. After all, although he frames the Jews as war mongers, Hitler's responsibility in starting the war, which eventually became a world war, cannot be sensibly denied – a particularly perverse case of victim blaming. But Hilsenrath does not *directly* blame the Ottomans. Instead, he lets the absurdity of the Young Turkish accusations speak for themselves: their rhetoric is rife with contradictions, accusations that can neither be proved nor refuted (45–48), and blatant justifications (48) – which may or may not point to a bad conscience. The perpetrators are depicted as incoherent and unreliable, and thus, no subscribing to the logic of their absurd blaming game is needed: the question in *Märchen* is not who started the war, but who started the genocide. Reversibly, the absurdity of the accusations reflects on the absurdity of a notion of a Jewish world conspiracy. But this does not explain, on the plot level, why Wartan's trial does not take place. The answer is rather pragmatic: the trial is no longer needed, as the Armenian uprisings can serve as pretext instead. Hence, the perpetrators are not, in Hilsenrath's cosmos, *just* grotesque or even clownish: their ideologic notion of a 'solution' of an Armenian 'problem' may be irrational to the core, but within that framework, they find pragmatic solutions for their pragmatic problems. Yet this, too, is an oversimplification: the narrative unreliability situated in the perpetrators' discourse means that one may question how broad that uprising would have been. Indeed, as Wiebke Si-

---

16 For different positions as to the responsibility for the Reichstag fire, cf. Kellerhoff 2008; Bahar 2006; Hett 2016.

evers (2005, 292) demonstrates, this victim-blaming strategy has largely been rejected by historians, and is ridiculed earlier in *Märchen:* while the factuality of the uprising is not challenged directly, the accusations against the three Armenians hanged are obviously so ludicrous that it permeates throughout the rest of the perpetrators' discourse.

3.4 Co-memoration as provocation

The interlocking of Shoah and Aghet, inevitable as it seems in any approach to the latter, is, thus, clearly sought by Hilsenrath – as is the link to Werfel, as many paratexts indicate. But does *Märchen*, as Rachel Kirby (1999, 180) posits, with its "folkloric fantasy, [...] bawdiness and dark humour, and [...] confrontational denunciation and pessimism" really (or merely) do justice to "Werfel, as its literary progenitor, and to the sensibilities of post-Holocaust readers"? Rubina Peroomian (2003, 284) affirmatively quotes Kirby, and there is no doubt that Hilsenrath has nothing but respect for Werfel, but is Hilsenrath really concerned with his readers' sensibilities? *Nacht* and *Der Nazi und der Friseur* give good reasons to challenge this idea, and although *Märchen* was initially received as the beginning of a new phase in its author's writing (Vahsen 2008, 173–179), it is questionable whether Hilsenrath is trying to please his audience – also in the light of his final novel, *Berlin... Endstation* (which will briefly be discussed below).

If *Nacht* and *Der Nazi und der Friseur* are said to have 'broken taboos' concerning the depiction of victims and perpetrators alike, *Märchen* likewise 'breaks taboos' – not necessarily in Hilsenrath's continued use of scatological and sexual imageries (to which the audience may have got used and which is thus no longer as provocative or edgy as it once had been), but rather in his very explicit coupling of the Shoah to the Aghet, thus challenging the common-sense thesis of singularity that emerged from the Historians' Debate. But Hilsenrath's novel cannot be suspected of relativizing through comparing. On the contrary: even when the (German) reader is confronted with another genocide, she is incessantly confronted with the Shoah. Another confrontation consists of the tirade against the (German) historians, which I have outlined above. But the final confrontation consists in the question of German guilt and complicity in the Aghet. German officers relate their anti-Semitism to an anti-Armenian attitude (48), although their attitude had been completely different just months before (76); there is ample mentioning of German machine guns (111) and artillery (142) provided to the Ottomans and used in the massacres. Hilsenrath points to these facts more than 25 years before German President Joachim Gauck publicly acknowledged the dire role played by German officials and the German weapons industry. To professionals, this role was already well-documented, although Vahakn Dadrian simultaneously credits "a host of [...] German civilian and military officials" for making sure that "the Armenian genocide [...] remains documented and exposed in German state archives" (1997, 3). In a similar vein, Hilsenrath points to 'two sides' of German culture and politics, having Johannes Lepsius, a German theologian who had been an activist for the Armenian cause since the 1890s, described as "die wahre Stimme der Deutschen" and the German Kaiser laconically as "die andere Stimme der Deutschen" (MLG 582). But Hilsenrath is pessimistic (or realistic?) in the power balance between these two voices, and the American consul sighs:

> Diese Deutschen sind ein merkwürdiges Kulturvolk [...]. Manchmal hat es den Anschein, als hätte sich das Gewissen ihrer Dichter und Denker hinter die Monokel der Generäle geflüchtet, um irgendwann in den Stiefelschächten der Soldaten zu verschwinden. Dort wird es dann unbekümmert zertreten. (MLG 583)

Even when the more *direct* participation of some German units in the genocide goes unmentioned in the novel, the intensity of the condemnation of the Germans is clear from a – typically Hilsenrath-ian – profane scene:

> Als [der Oberschreiber] genauer hinblickte, [...] sah er, daß der Türke den Schwanz des Deutschen in der Faust hielt, so als könnte er den Schwanz nicht mehr loslassen. [...] Und wir Türken halten uns daran fest, dachte er. So ist es. Weil der Kaiser uns Kanonen gibt. Denn ohne Kanonen wäre dieser Krieg nicht zu führen. Vor einiger Zeit hatte der Oberschreiber einen Derwisch gefragt, was das mit dem Teufel sei und der Versuchung. Und der Derwisch hatte gesagt: Wer den Teufel am Schwanz packt, den läßt der Schwanz nicht mehr los. (MLG, 142–143)

The metaphorical condemnation is clear: both on the diegetic level and through the intertextual reference to Faust, the German is the devil. The German officers, moreover, use a pseudoscientific notion of biological race to describe the Armenians (144) – a clear allusion to such theories concerning the Jews. Thus, the metaphor's consequence is slightly unsettling: it might be read as an exoneration of the 'seduced' Young Turks, all the more since blame is distributed:

> Und der Märchenerzähler sagte: "Die beiden deutschen Offiziere und der Österreicher haben es kapiert." "Was kapiert?" "Daß die Ausrottung der Armenier in der Türkei – die Hinrichtung eines ganzen Volkes – letzten Endes nicht nur von den Ausrottern abhängt, sondern auch vom Schweigen ihrer Verbündeten." (MLG 219)

Of course, the accusation of the Turks' allies does not exonerate the Ottomans; their obvious guilt is addressed incessantly: Hilsenrath points to their fabrications, their torture and sadism and their stubbornness. But the excerpt reveals an additional layer of criticism of the Germans: the German artillery allows the Ottoman Empire to fight the Russian Empire, but it was also used in the siege of Musa Dagh. As such, the distinction between war and genocide is a flimsy one – as it would be a quarter of a century later.

3.5 What remains untold

"Denn es handelte sich damals um den ersten organisierten und geplanten Völkermord des 20. Jahrhunderts. – Ich dachte, den hätten die Deutschen erfunden. – Sie haben ihn nicht erfunden. – Dann waren wir Türken ihr Lehrmeister? – So ist es." (MLG, 21) These words are spoken by a fictional Turkish minister-president as imagined by the dying Thovma Khatisian. This Turkish official says he knows of no massacre, insisting on his individual innocence and the gap between the 1915 events and the moment of the dialogue, 1988. Again, parallels to the Shoah and more particularly the "aggressive silence" (Stone 2003, 5–6, 84) surrounding it in the subsequent decades impose themselves on the reader. Slightly later, this Turkish functionary, elected as archival gatekeeper to the conscience of the united people, shows himself quite capable of countering any demand for a historical investigation, which could (indeed, would) lead to having to acknowledge the genocide, with absurd arguments, evoking a Kafkaesque sense:

> Er sagte: Unser Aktenschrank hat keine Schranktür. Es sind offene Regale, für jedermann zugänglich, denn wir haben keine Geheimnisse. – Dann zeigen Sie mir, wo ich die armenische Akte finden kann. – Das geht leider nicht, sagte er, denn eine so alte Akte wie die armenische ist längst verstaubt, so sehr verstaubt, daß sie unauffindbar geworden ist. – Dann rufen Sie ihre Putzfrau und veranlassen Sie, daß die Akte entstaubt wird. – Das habe ich längst getan, sagt der Archivar, aber das ist nicht so einfach. – Warum? – Weil die Putzfrauen des Vereinten Völkergewissens alle asthmatisch sind und keine alten Akten entstauben wollen, besonders so alte wie die über den vergessenen Völkermord. Das würde eine Menge Staub aufwirbeln und reizt zum Husten. (MLG 23–24)

The explicit thematization of post-genocidal silence is, of course, the best way of breaking it – for which Hilsenrath was bestowed with the Armenian Presidential Award for literature and an honorary degree from Yerewan University in 2006. If co-memoration may be a way of signalling awareness of the problem of prosthetic and screen memories (Landsberg 2004; Rothberg 2009, 12–14), in which certain historical events are memorised to prevent the painful commemoration of other, more confronting ones, co-memoration does not automatically mean that *all* silences are broken. Nor could they be, as Knittel makes perfectly clear in her essay in this volume. That does not mean that the 'relevant' silences (though subjective as this more than likely is) cannot – or ought not – be pointed out. Indeed, co-memoration, if our term is to be of academic use, must not be a term of fetishisation.

What remains untold in *Märchen?* One could take issue with the notion that the Armenian genocide was the first genocide in the twentieth century and with Thovma's conclusion that the Young Turks taught the Germans how to commit genocide instantaneously, since this entirely negates the genocide against the Herero and Nama in 1904–1905, an atrocity committed by colonial German troops in present-day Namibia. The Turks did not 'teach' the Germans how to commit genocide; as Eric Weitz points out, several of these colonial officials would later serve in the SS or in other organisations facilitating and perpetrating the Shoah and other Nazi crimes, and these would serve as 'mentors' for younger generations of Nazis (2003, 240). Moreover, the racial laws installed by the Nazis had their precursors in colonial racial laws, which would doubtlessly have been reinstated in the case of a Nazi conquest of African colonies (ibid.). *Märchen* thus retains a tinge of Eurocentrism, upholds a different aggressive silence. Not before 2004 did the German government acknowledge the historical facts; not before 2015 did it explicitly label them as 'genocide' – but it insisted that descendants would not be eligible for financial or material compensation.

4 A brief outlook: Continuing a provocative co-memoration and reconsidering "no-co"?

As Hilsenrath's final publications indicate, the positing of an evolution from 'no-co'- to 'provo-co'-memoration would be too simplistic. That Hilsenrath's co-memoration is not just a way of establishing solidarity but also a means of provocation seems corroborated by his final novel, *Berlin... Endstation* (2006).[17] But that Hilsenrath's earlier literary projects were marked by a perhaps too provocative co-memoration emerges from *Sie trommelten mit den Fäusten den Takt* (2008), a collection of previously published shorter texts *and* two literary pertaining to *Der Nazi und der Friseur*.[18] The following – and not fully developed – thoughts seem important to both offer a more nuanced view on Hilsenrath's oeuvre, and

---

17 When quoting from this novel, I will use the abbreviaton BE.
18 When quoting from this collection, I will use the abbreviaton T.

this in turn could serve as an exemplification of the multidimensionality and ambiguity of co-memoration.

Berlin... Endstation takes up old themes and politicised positions – philosemitism is explicitly labelled as topsy-turvy antisemitism (BE 28), the comparison of the Aghet and the Shoah (esp. 96, 100) is very outspoken[19] and the old Nazi is now the owner of a barbershop (BE 171) – but it also articulates anti-German resentments more vigorously. Aside from sneering remarks concerning the German publishing industry (cf. Finch 2018, 63, 66–67), Hilsenrath has Barak, an official of the Jewish Community, cynically utter to Hilsenrath's alter ego Joseph Leschinsky (also known as Lesche):

> Die Deutschen sind ein Volk von Heuchlern, wenigstens was die Kriegsgeneration anbetrifft und die, die damals schon erwachsen waren. Auch diejenigen, die am lautesten geschrien haben „Juda verrecke!", behaupten heute, nie was gegen Juden gehabt zu haben. (BE 35)

While Barak immediately relativises his opinion of *the* Germans as *a* people and thus softens the blow somewhat, the Jewish experience in a post-war Germany remains one of suspicion, as Lesche stipulates:

> Die Dogmatiker halte ich mir vom Leibe. Wer fromme Sprüche klopft und behauptet, die ganze Menschheit zu lieben, liebt in Wirklichkeit niemanden. Der Liebende ist immer wählerisch. Ich kann nicht jeden lieben, aber ich kann mich, im Rahmen meiner Möglichkeiten, dafür einsetzen, daß niemandem Unrecht geschieht. [...] Ein gesundes Mißtrauen muß ich mir erhalten, allen Versprechungen gegenüber, allen Lobrednern und Netzewerfern, jedem Staat und jeder Bürokratie. (BE 77)

The piousness that Lesche uncovers as empty rhetoric might well be a philosemitism which does not necessarily improve the living conditions of the survivors which are marked by poverty and want. To be sure, the hypocrisy decried is an admonishment for *all* commemoration: it should not lead to a sense of moral superiority which renders one blind for injustices in the present. Although the *reading* of *Berlin... Endstation* does thus not guarantee that moral superiority, it does articulate the complexities of relations between victims as individuals with opinions, which means that solidarity between the victims is not always

---

19 Indeed, Lesche tells us that his next novel, on the Aghet, is "ein Holocaust-Roman", "eine Parallele zum jüdischen Holocaust", "eine Holocaust-Geschichte" (BE 153). He thus contradicts the storyteller in *Märchen* when the latter says that only the biggest idiot would call the Aghet a Holocaust (cf. supra). And here, the question of German guilt is addressed again, this time not merely as complicity through tacit compliance, but explicitly as taking part in shootings (BE 153)!

a given, and their shared histories of victimisation, which *could* be the basis for solidarity. The victims of history – of persecution and genocide and of contemporary racism – are no saints. African Americans are depicted as being as capable of antisemitism as whites, and Hilsenrath, in turn, uses the term "Neger" to refer to African Americans (BE 124–125). But back in Germany, shortly after neo-Nazis send threats to Lesche, they beat an Angolan man to death and set fire to asylum homes – reminding the reader of real-world incidents in the 1990s. Ultimately, Lesche is beaten up so severely by neo-Nazis that he succumbs to his wounds days later.

Lesche's death confirms the roles of victims and perpetrators, although the novel had given some cause to assume that these roles might be inverted. Indeed, *Berlin… Endstation*, explores the question of revenge: Lesche contemplates murdering Fritz, with whom he went to school and who was bullying Lesche for being Jewish. That this revenge does not materialise is not a contradiction to Barak's earlier suspicion of 'the' Germans, since Fritz was a schoolboy during the Third Reich, thus more easily 'seduced' and not yet capable of offering any intellectual resistance to the ideological impregnation. Fritz seems to genuinely regret his childhood fanaticism, or at the very least manages to convince Lesche, thus suggesting the possibility of reconciliation between erstwhile 'perpetrators' and victims. Whether, then, philosemitism is held responsible for the re-emergence of antisemitic violence is not completely clear, but it is a plausible thesis. It has not only failed at combatting antisemitism and may have been instrumental to render society blind for other instances of racism and discrimination, leading to a shared victimhood between Turks, Angolans and Jews.

That the co-memoration as provocation starts with *Märchen* seems corroborated when looking at (or preparations for) *Der Nazi und der Friseur* – which, as indicated above, was provocative no less. A text called *Die Palästinenser*, published for the first time in *Sie trommelten mit den Fäusten den Takt*, features a dialogue between an anonymous first-person narrator, "der jüdische Dichter" (T 121), and the Israeli "Minister für traumatische Angelegenheiten" (T 121) in the Knesseth's symbolic barbershop. The barbershop takes on the symbolic function of an international assembly where every nation is represented – except the Palestinians, whose seat is not occupied. When the poet enquires about this non-representation, the Minister somewhat paradoxically explains that "[d]er Sessel der Palästinenser war leer, weil es keine Palästinenser gibt. […] [D]as mit den Palästinensern is eine Fiktion" (T 123). When, in a different metaphor, the poet suggests that the non-existent Palestinians could drive along perfectly in Taxi Israel (since they would not take any space), the Minister replies that what does not exist cannot be taken along. Indeed, the fear is that the Israeli seat in the barbershop would be destabilised in the case of Palestinian representation.

The clash of metaphors contains a subtle yet unmistakable political criticism: the Minister fears that the Israeli seat in the barbershop might be destabilised by the occupation (no pun intended – but perhaps Hilsenrath did) of the Palestinian seat. Such political statements seem to have been too much, even for Hilsenrath, in the context of German antisemitism among the left and the proclamation of solidarity with the Palestinians on behalf of violent organisations like the RAF. The co-memoration of Shoah and the political situation in Israel in the 1960s and 1970s might provoke too much antagonism, too much political confrontation.

Thus, the final publications of Hilsenrath's hand seem to corroborate my earlier thesis. In hindsight, the 'no-co' in Hilsenrath's early works could be understood as a strategy at avoiding certain polemics – while the polemics were concerned with different issues. *Märchen* is thus still the moment where this changes, where a form of co-memoration challenges the discursive limits imposed by the Historians' Debate. *Berlin... Endstation*, which refers indirectly to *Märchen*, both continues this tradition and the tradition of depicting the victims as human beings with all the faults and imperfections that this entails – it is a culmination of Hilsenrath's oeuvre and principles. And at the same time, it functions as a mirror, reminds us that commemoration can be hypocritical if it is used as an excuse to turn a blind eye to present injustices. That applies to co-memoration as an ethical principle as well.

A final word for future orientation. If the potential of co-memoration for the work of Hilsenrath (and for memory and literary studies in general) is to be explored, more attention would need to go to the narrative shaping of memory and commemoration – as Urania Milevski and Lena Wetenkamp (2020) do in this volume. For Hilsenrath's oeuvre, this is particularly poignant given the splits within the consciousnesses of Hilsenrath's protagonist and his (notoriously unreliable) narrators, and the predominance of dialogues which consists of verbal repetitions. Such narrative analyses would, no doubt, challenge the somewhat teleological thesis presented in this chapter and bring some nuance to its sharp, perhaps too sharp, contours.

Literature

Auron, Yair. *The Banality of Indifference. Zionism & the Armenian Genocide.* New Brunswick and London: Transaction Publishers, 2000.

Bahar, Alexander. "Die Nazis und der Reichstagsbrand." In *Der Reichstagsbrand und der Prozess vor dem Reichsgericht.* Ed. Dieter Deiseroth. Berlin: Verlagsgesellschaft Tischler, 2006. 145–195.

Berenbaum, Michael. "The Uniqueness and Universality of the Holocaust." In *A Mosaic of Victims. Non-Jews Persecuted and Murdered by the Nazis*. Ed. Michael Berenbaum. London and New York: I.B. Tauris & Co, 1990. 20–36.

Bettauer, Hugo. *Das blaue Mal, Die Stadt ohne Juden, Der Kampf um Wien & Die freudlose Gasse. Romane mit sozialem Engagement*. s.l.: Musaicum, 2017.

Bormann, Alexander von. "Dokumentarische Phantastik." In *Edgar Hilsenrath. Das Unerzählbare erzählen*. Ed. Thomas Kraft. Munich: Piper, 1996. 88–91.

Braun, Helmut. "Entstehungs- und Publikationsgeschichte des Romans 'Der Nazi und der Friseur.'" In *Verliebt in die deutsche Sprache. Die Odyssee des Edgar Hilsenrath*. Ed. Helmut Braun. Berlin: Dittrich Verlag, 2005. 41–50.

Craps, Stef. "Jewish/Postcolonial Diasporas in the Work of Caryl Phillips." In *Metaphor and Diaspora in Contemporary Writing*. Ed. Jonathan P. A. Sell. Basingstoke and New York: Palgrave MacMillan, 2012. 135–150.

Dadrian, Vahakn N. "The Comparative Aspects of the Armenian and Jewish Cases of Genocide: A Sociohistorical Perspective." In *Is the Holocaust Unique?* Ed. Alan S. Rosenbaum. Boulder, CO and Oxford: Westview Press, 1996. 101–135.

Dadrian, Vahakn N. *German Responsibility in the Armenian Genocide. A Review of the Historical Evidence of German Complicity*. 2nd ed. Watertown, MA: Blue Crane Books, 1997.

DeKoven Ezrahi, Sidra. *By Words Alone. The Holocaust in Literature*. Chicago and London: University of Chicago Press, 1980.

Dittmann, Ulrich. "Den Völkermord erzählen? Franz Werfels *Die vierzig Tage des Musa Dagh* und Edgar Hilsenraths *Das Märchen vom letzten Gedanken*." In *Edgar Hilsenrath. Das Unerzählbare erzählen*. Ed. Thomas Kraft. Munich: Piper, 1996. 163–177.

Eaglestone, Robert. *The Holocaust and the Postmodern*. Oxford: Oxford University Press, 2004.

Eke, Norbert Otto. "Planziel Vernichtung. Zwei Versuche über das Unfaßbare des Völkermords: Franz Werfels *Die vierzig Tage des Musa Dagh* (1933) und Edgar Hilsenraths *Das Märchen vom letzten Gedanken* (1989)." *Deutsche Vierteljahrsschrift für Literaturwissenschaft und Geistesgeschichte* 71.4 (1997): 701–723.

Finch, Helen. "Revenge, Restitution, *Ressentiment*: Edgar Hilsenrath's and Ruth Klüger's Late Writings as Holocaust Metatestimony." In *German Jewish Literature After 1990*. Ed. Katja Garloff and Agnes Mueller. Rochester, NY: Camden House, 2018. 60–79.

Friedberg, Lilian. "Dare to Compare: Americanizing the Holocaust." *The American Indian Quarterly* 24.3 (2000): 353–380.

Friedländer, Saul. *The Years of Extermination. Nazi Germany and the Jews 1939–1945*. London: Phoenix, 2008 [2007].

Gall, Lothar, Gerald D. Feldman, Harold James, Carl-Ludwig Holtfrerich, and Hans E. Büschgen. *Die Deutsche Bank 1870–1995*. Munich: C.H. Beck, 1995.

Götze, Karl-Heinz. "1001 Nacht der langen Messer." In *Edgar Hilsenrath. Das Unerzählbare erzählen*. Ed. Thomas Kraft. Munich: Piper, 1996. 83–88.

Hett, Benjamin Carter. *Der Reichstagsbrand. Wiederaufnahme eines Verfahrens*. Transl. Karin Hielscher. Reinbek bei Hamburg: Rowohlt, 2016.

Hey'l, Bettina. "Hilsenraths Zauberformeln. Narration und Geschichte in *Das Märchen vom letzten Gedanken*." In *Edgar Hilsenrath. Das Unerzählbare erzählen*. Ed. Thomas Kraft. Munich: Piper, 1996. 150–163.

Hilberg, Raul. *The Destruction of the European Jews. Revised and Definitive Version.* 3 vols. New York and London: Holmes & Meier, 1985.
Hilsenrath, Edgar. "Zuhause nur in der deutschen Sprache – eine biographische Selbstauskunft." In *Edgar Hilsenrath. Das Unerzählbare erzählen.* Ed. Thomas Kraft. Munich: Piper, 1996. 13–19.
Hilsenrath, Edgar. "'Lesen Sie mal "Arc de Triomphe"'. Erinnerung an Erich Maria Remarque." In *Erich Maria Remarque.* Ed. Heinz Ludwig Arnold. Munich: edition text + kritik, 2001. 3–7.
Hilsenrath, Edgar. *Berlin... Endstation.* 2nd ed. Gesammelte Werke 10. Berlin: Dittrich, 2006.
Hilsenrath, Edgar. *Sie trommelten mit den Fäusten den Takt.* Ed. Helmut Braun. Gesammelte Werke 9. Berlin: Dittrich, 2008.
Hilsenrath, Edgar. *Der Nazi und der Friseur.* Munich: Deutscher Taschenbuch Verlag, 2010 [1977].
Hilsenrath, Edgar. *Das Märchen vom letzten Gedanken.* Berlin: Eule der Minerva, 2014 [1989].
Hochschild, Adam. *King Leopold's Ghost. A Story of Greed, Terror, and Heroism in Colonial Africa.* Boston and New York: Houghton Mifflin Company, 1998.
Horch, Hans Otto. "Edgar Hilsenrath. Provokation der Erinnerungsrituale." In *Shoah in der deutschsprachigen Literatur.* Ed. Norbert Otto Eke and Hartmut Steinecke. Berlin: Erich Schmidt, 2006. 267–273.
Horkheimer, Max, and Theodor W. Adorno. *Dialektik der Aufklärung.* 19th ed. Frankfurt am Main: Fischer Taschenbuch Verlag, 2010 [1949].
Kellerhoff, Sven Felix. *Der Reichstagsbrand. Die Karriere eines Kriminalsfalls.* Berlin-Brandenburg: be.bra, 2008.
Kirby, Rachel. *The Culturally Complex Individual. Franz Werfel's Reflections on Minority Identity and Historical Depiction in* The Forty Days of Musa Dagh. Lewisburg and London: Bucknell University Press / Associated University Presses, 1999.
Knittel, Susanne. *Unheimliche Geschichte. Grafeneck, Triest und die Politik der Holocaust-Erinnerung.* Translated by Eva Engels, Elisabeth Heeke, and Susanne Knittel. Bielefeld: transcript, 2018.
Knittel, Susanne. "Figures of Comparison in Memory Studies: Singularity, Multidirectionality, Diffraction." In *Ko-Erinnerung: Grenzen, Herausforderungen und Perspektiven des neueren Shoahgedenkens.* Ed. Daniela Henke and Tom Vanassche. Berlin: De Gruyter, 2020. 21–36.
Landsberg, Alison. *Prosthetic Memory: The Transformation of American Remembrance in the Age of Mass Culture.* New York: Columbia University Press, 2004.
Longerich, Peter. *Geschichte der SA.* Munich: C.H. Beck, 2003.
Lorenz, Dagmar C.G. "Hilsenrath's Other Genocide." *Simon Wiesenthal Center Annual Volume* 7 (1990). http://motlc.wiesenthal.com/site/pp.asp?c=gvKVLcMVIuG&b=395201 (11 January 2019).
Marrus, Michael. *The Holocaust in History.* London: Weidenfeld & Nicolson, 1988.
Max Domarus, ed. *Hitler. Reden und Proklamationen 1932–1945 kommentiert von einem deutschen Zeitgenossen.* Vol. 2.1: Untergang (1939–1940). 2 vols. Munich: Süddeutscher Verlag, 1965.
Milevski, Urania and Lena Wetenkamp. "Trauma im Text. Zur Methodologie von Narratologie und Memory Studies in Nino Haratischwilis *Das achte Leben. Für Brilka.*" In *Ko-Erinnerung: Grenzen, Herausforderungen und Perspektiven des neueren*

Shoahgedenkens. Ed. Daniela Henke and Tom Vanassche. Berlin: De Gruyter, 2020. 135–153.

Melson, Robert F. "The Armenian Genocide as Precursor and Prototype of Twentieth-Century Genocide." In *Is the Holocaust Unique?* Ed. Alan S. Rosenbaum. Boulder, CO and Oxford: Westview Press, 1996. 87–99.

Oren, Michael B. *Power, Faith, and Fantasy. America in the Middle East 1776 to the Present*. New York and London: W.W. Norton, 2007.

Peroomian, Rubina. "The Truth of the Armenian Genocide in Edgar Hilsenrath's Fiction." *Journal of Genocide Research* 5.2 (2003): 281–292.

Phillips, Caryl. *The European Tribe*. London: faber and faber, 1987.

Raviv, Dan, and Yossi Melman. "The Strange Case of a Nazi Who Became an Israeli Hitman." *Haaretz*, 27 March 2016. https://www.haaretz.com/world-news/europe/the-strange-case-of-a-nazi-who-became-a-mossad-hitman-1.5423137 (11 January 2019).

Rothberg, Michael. *Multidirectional Memory. Remembering the Holocaust in the Age of Decolonization*. Stanford, CA: Stanford University Press, 2009.

Schaefgen, Annette. "Genozid und Gedächtnis – Zu Edgar Hilsenraths Roman 'Das Märchen vom letzten Gedanken.'" In *Jahrbuch für Antisemitismusforschung 15*. Ed. Wolfgang Benz. Berlin: Metropol, 2006. 345–358.

Sievers, Wiebke. "Orientalist Kitsch? Edgar Hilsenrath's Novel *Das Märchen Vom Letzten Gedanken*." *Seminar: A Journal of Germanic Studies* 41.3 (2005): 289–304.

Stone, Dan. *Constructing the Holocaust*. London and Portland: Vallentine & Mitchell, 2003.

Stroop, Jürgen. *Es gibt keinen jüdischen Wohnbezirk in Warschau mehr!* Ed. Andrzej Wirth. Neuwied, Berlin-Spandau and Darmstadt: Hermann Luchterhand, 1960.

Vahsen, Patricia. *Lesarten – Die Rezeption des Werks von Edgar Hilsenrath*. Tübingen: Max Niemeyer, 2008.

Weitz, Eric D. *A Century of Genocide. Utopias of Race and Nation*. Princeton, NJ: Princeton University Press, 2003.

White, Hayden. "Historical Emplotment and the Problem of Truth." In *Probing the Limits of Representation. Nazism and the "Final Solution."* Ed. Saul Friedländer, 37–53. Cambridge, MA and London: Harvard University Press, 1992.

Young, James E. *Writing and Rewriting the Holocaust. Narrative and the Consequences of Interpretation*. Bloomington and Indianapolis: Indiana University Press, 1988.

Literarische Ko-Erinnerung in der Gegenwart

Miriam Nandi
Multidirectional Memory and the Postcolonial Indian Novel: Vikram Seth's *Two Lives*

The study of cultural memory has been one of the key concerns in cultural studies for the last decades, and it remains a vibrant field. In canonical cultural theory (see, for instance, Assmann 1997, Assmann 2011, Halbwachs 1992), collective memory is tied to the identity of a specific national or ethnic group. As Dietrich Hardt notes, "every culture connects every one of its individual subjects on the basis of shared norms (rules) and stories (memories, *Erinnerungen*) to the experience of a commonly inhabited meaningful world" (2008, 86). In this vein, the *Iliad* is considered to be one of the foundational texts of a 'Western' tradition (Assmann 2011; on Homer and memory, see also Erll 2018); Shakespeare's *Histories* are often read as negotiations of the various meanings of Englishness (see Baldo 2012, on memory in Shakespeare, see also Assmann 2012), and, more recently, the *Black Lives Matter* movement has presented powerful ways of using digital culture to commemorate the troubling history of a racist present (Coates 2015).

Such equations of group identity and collective memory are, of course, still valid in many contexts. However, in an age of mass migration and global information flows, cultural identities also become increasingly fluid and dynamic. Tying identity and collective memory together might be an oversimplification in a globalised context, in which the linguistic and cultural boundaries of ethnic groups have become porous. Furthermore, the idea that various groups necessarily engage in a fight over the hegemony of 'their' memory has political implications that are utterly fraught. The following passage, taken from a German research volume on postcolonialism, illustrates the problem. I would like to emphasise that the quote does not mirror my own opinion. In fact, the quote is part of a narrative trick or manoeuvre and as such does not even mirror the author's own opinion:

> Die Befreiung vom Nationalsozialismus führte nicht nur zur Vertreibung von vielen Millionen Menschen aus den vermeintlich befreiten Gebieten, sondern auch zu Gräueltaten rachsüchtiger Mobs. [...] Die russischen Soldaten verwandelten sich in Horden, die gründlich vergessen hatten, dass sie Menschen waren. Nur ZynikerInnen, die kein Mitleid kennen, können das Ende des Nationalsozialismus daher als Befreiung bezeichnen. [...]

> Wer in Deutschland des Jahres 2016 einen solchen Text wie den letzten Absatz veröffentlichen würde, müsste mit großer Wahrscheinlichkeit mit einer Anzeige wegen Volksverhetzung rechnen. Tatsächlich sind diese, bzw. sehr ähnliche Sätze Ende letzten Jahres ohne größeres Medienecho in der Tageszeitung „die Welt" erschienen – mit einem [...] Unterschied: Statt von der Befreiung vom Nationalsozialismus schrieb der Autor [...] vom Ende des Kolonialismus – v. a. in Indien [...]. (Ziai 2016, 14)

In his *Postkoloniale Politikwissenschaft*, an introduction to postcolonial thought for the social and political sciences from which the quote has been taken, Aram Ziai uses the prevalent sensitivities with respect to the Shoah to give emphasis to his defence of postcolonialism. One could discuss whether his rhetorical manoeuvre is in poor taste or even unethical, although he does state very clearly that he subscribes to the forthright way with which Germany has owned up to the Holocaust.

While Ziai does not come back to the question of competitive memory, I found the question of how to conceptualise global memories of atrocity very interesting and worth exploring. Is it really the case that Holocaust memory blocks other memories (such as memories of colonial oppression) from view, as Ziai implies? Does that mean that memory is tied to group identity as Maurice Halbwachs suggests in his canonical study *On Collective Memory* (1992)? Would this entail that specific groups, such as the survivors of the Shoah and the former colonised, struggle over the hegemony of 'their' cultural memory?

In what follows, I will take my cue from Michael Rothberg's productive model of *Multidirectional Memory* (2009), in which he emphatically suggests that memory is not necessarily competitive, nor is it *per definitionem* tied to group or national identity. I will use Vikram Seth's dual biography *Two Lives*, which tells the story of the unlikely marriage between Vikram Seth's great-uncle Shanti Seth to Henny Caro, a German Jewish woman who managed to escape from her native Berlin in the late 1930s, as a test case for Rothberg's innovative concept. It is my contention that Rothberg's model is particularly fruitful in the context of transcultural life writing such as Seth's. Conversely, Seth's experimentation with intermediality and translation draws attention to some of the facets that are a bit underdeveloped in Rothberg's groundbreaking study. My overarching aim is to combine Rothberg's model with recent postcolonial debates on the cultural politics of translation (see Bassnett and Trivedi 1999, Kothari 2003, Niranjana 1992, Spivak 2000, Tymoczko 1999, Walkowitz 2006, Young 2003). Translation – both interlinguistic as well as intercultural and intersemiotic translation (the latter referring to translation from one medium to another) – is a central component in Seth's memoir. I hope to show that focussing on such processes of postcolonial translation adds nuance to the question of how to theorise memory along transcultural lines.

1 Multidirectional Memory

Michael Rothberg challenges some of the basic tenets of canonical memory studies by proposing that "memories are not owned by groups" (2009, 5). More specifically, he suggests that "fundamental to the conception of competitive memory is a notion of the public sphere as a pregiven, limited space in which already-established groups engage in a life and death struggle" (2009, 5). Instead, the public sphere could best be theorised as a "malleable discursive space" (2009, 5). According to Rothberg, memories – like persons, goods, and information – travel within a globalised context. Thus, memories are no longer (or maybe have never been) group-specific. Rather, they are mediated across national and linguistic boundaries, and change in the process:

> [T]ransnational flows constitute and institute memory's 'multidirectionality', a dynamic in which multiple pasts jostle against each other in a heterogeneous present, and where communities of remembrance disperse and reconvene in new, non-organic forms not recognizable in earlier theories of memory [...]. (Rothberg 2013, 373)

For Rothberg, the fluid or multidirectional nature of memory is actually a source of "powerful creativity" (2009, 5). While competitive concepts of memory entail that there are winners and losers, a multidirectional model of memory draws our attention to alliances between various national or ethnic groups (2009, 6). Thus, "far from blocking other historical memories from view, the emergence of Holocaust memory [...] has contributed to the articulation of other memories" such as colonial memory (2009, 6). Breaking away from earlier assessments of the Eichmann and Frankfurt trials as being the starting point for a broader commemoration of the Holocaust, Rothberg argues that Holocaust memory actually emerged in dialogue with anti-colonial struggles.[1] Re-reading the work of Aimé Césaire, Hannah Arendt, Karl Korsch, and W.E.B. DuBois, he points to overlaps between postcolonial and post-Holocaust thought. Viewed through the lens of Rothberg's study, the first generation of postcolonial thinkers (such as Fanon and Césaire) indeed picture the emergent postcolonial nation as "one that remembers – recalls and reconfigures – resources that predate the imposition of foreign domi-

---

[1] Shoshana Felman suggests that the Eichmann trial raised awareness for the Holocaust, both in Israel and beyond (2001, 233–238). On the impact of the Eichmann trial see also Novick (1999), Segev (1993). More recently, Devin Pendas (2006) in his eponymous work on the Frankfurt Auschwitz trial links restorative justice and Shoah remembrance. I would like to thank Tom Vanassche for his editorial guidance here.

nation" (2013, 327).[2] Holocaust memory and postcolonial literature indeed have repetitively broken the framework of the nation-state (20); and thus, they both draw attention to the multidirectionality of memory. In this vein, postcolonial fictions of memory can be read as portraying the various ways in which "multiple pasts jostle against each other in a heterogenous present" (Rothberg 2013, 373). Vikram Seth's dual biography *Two Lives* is particularly fascinating in this respect, not just because of its theme – the connected lives of a German Jewish exile and an Indian-born war-veteran – but also because of its narrative make-up, its use of intermediality, and the centrality of translation in the text.

2 *Two Lives*

Vikram Seth is one the most cosmopolitan figures in contemporary Anglophone Indian writing. Born in Kolkata in 1952, he has lived in the UK, the United States, and China. Aside from being a poet and a novelist, he gained considerable renown for his translations of Chinese poetry.

As a novelist, Seth espouses a realist style of writing reminiscent of Victorian rather than contemporary authors. His first novel, *A Suitable Boy*, frequently echoes George Eliot's *Middlemarch* and, like its Victorian intertext, is 1,400 pages long. The form and style he chooses for his novels bears little resemblance to the style of other Anglophone Indian writers of his generation, such as the more conspicuously postmodern, metafictional, and magical realist work of Salman Rushdie, Anita Desai's late-modernist portrayals of urban isolation in Delhi and Bombay, or Amitav Ghosh's experimentations with genre fiction.

Clearly, however, the smoothness of Seth's narrative style should not deflect attention away from the various technical experiments at play in *Two Lives*. The very genre of the text is difficult to pin down: at first glance, it appears to fall into the category of the "double biography" (Ganapathy-Doré 2006, 32). However, this

---

[2] While I find his reading of Césaire, Said, and Bhabha very conclusive, I am not entirely convinced by his treatment of Gayatri Spivak, whose investment in feminism and Marxism he underestimates, I think. Spivak's discussions of the "epistemic violence" do not just "critique [...] canonical cultural memory" (Rothberg 2013, 369), but crucially draw attention to "the vanishing present" (Spivak 1999). For Spivak, tracing the silence of the subaltern woman in the colonial archive is a necessary *first* step towards a transcultural, non-Eurocentric study of culture, but certainly not the last step. Focussing too extensively on the colonial past might even deflect our attention away from the neo-colonial present (see Spivak 2009). If one were to establish a "Spivakian" concept of cultural memory, one would have to focus on the "structural amnesia" (Assmann 2011, 52) with respect to the unequal distribution of wealth and power across the globe.

generic categorisation is difficult to maintain, as Vikram Seth's own encounters with the two protagonists and his research for the biography also fill a large proportion of the book. *Two Lives* is thus also a *coming-of-age* story of a writer and translator as well as a meta-reflection on the nature of writing biography. Seth constantly draws attention to the work of re-configuration and assembling at play in the construction of the text. By inserting himself into the narrative, Seth also plays with the tradition of the *Bildungsroman*, as his narrativised alter ego increasingly becomes aware of the traumatic history of the European Jews, which in turn shapes his identity as an *émigré*. Furthermore, *Two Lives* combines a variety of media, such as letters (both as copies and as transcripts of the original), family photographs, and historical documents gathered from Yad Vashem. Seth includes quotations from scholarly histories of the Shoah such as Raul Hilberg's *The Destruction of the European Jews* and from Holocaust memoirs. Another interesting formal aspect of *Two Lives* is its inclusion of poetry. The narrative opens with a poem, which combines the length and rhyme scheme of the English sonnet with the form of the acrostic. The first letters of each line form the words "Shanti and Henny", and thus introduce the two main characters of the text:

> **S**ome words of yours to me suggested
> **H**ow, through the fog of peace and war,
> **A** pulse beat on, that, strained and tested,
> **N**o loss could mute, nor sorrow mar.
> **T**o trace his pulse through its confusions,
> **I**llusions, allusions, elusions,
> **A**nd limn its complex graph of love,
> **N**o skein of words is fine enough,
> **D**oes this half-filial endeavor
> **H**old half a chance of half-success
> **E**ven to track your lives, much less
> **N**ot to let these recede for ever?
> **N**o, if I'd hoped to grasp the whole:
> **Y**es, if some shard may touch the soul. (s.p., emphases in the original)

While serving the purpose of introducing the protagonists of the narrative, the sonnet also draws attention to the difficulty of reconstructing memory after atrocity, as memory can only be traced "through the fog of peace and war". Moreover, the sonnet sets the atmosphere for the rest of the book: its tone is both hopeful ("a pulse beat on that, strained and tested,/ No loss could mute, nor sorrow mar") and melancholic ("recede for ever"). The speaker announces that his endeavour "[h]old[s] *half* a chance of *half*-success" (emphases mine), and thus suggests that the narrative he reconstructs might well fade into oblivion. Rather than positioning memory as a way of relating to the past, the sonnet points into several temporal directions at once. It is not just an attempt to "trace" and "grasp" a "receding" past, but it also speculates on the potential afterlife of the narrative: the speaker "hop[es]" that some "shard will touch the soul".

In terms of its formal structure, *Two Lives* falls into five parts. In part one, Vikram Seth positions himself as the author-narrator of the biography and relates how he came to live at his granduncle's place in Hendon, London. Albeit part of a biography, part one contains structures of the picaresque tradition: it espouses a light, often comical, and self-mocking tone and relates Seth's studies in Oxford, his German lessons with his aunt, his various travels and migrations, his botched attempts at finishing his PhD, and his gradual maturation from a fairly naïve and provincial Indian teenager to a cosmopolitan intellectual and author. Thus, the memoirs' very title is a bit of a misnomer: *Two Lives* is actually about three lives.

Part two deals with Shanti Seth's memories of studying in Germany and enlisting for the British Army later in the 1930s. The third part, which is much longer and more elaborate and detailed than the rest of the memoir, reconstructs Henny's story within the larger frame of the murder of the European Jews under National Socialism. Part four and five relate the process of writing the book, Seth's research and travels to Yad Vashem, and his interviews with his great-uncle in the last months of Shanti's life.

3 Colonial memory

Shanti Seth's story fills a comparatively short proportion of the book. Vikram Seth reconstructs his great-uncle's story weaving together pieces of information he gathered through conversations with other family members, letters, some of which are reproduced in the memoir, his own experiences living with his uncle in the 1970s, and most crucially, through conversations with Shanti, who outlived his wife by more than a decade. These conversations are re-created in the form of short narrative incipits in which Shanti functions as a first-person narrator and Vikram Seth's narrative voice withdraws entirely from the narrative. They are set in a smaller typescript, which evokes a sense of distance between the narrative as remediated by Vikram Seth and Shanti's story as told by 'himself'. Thus, Vikram Seth creates a sense of authenticity and immediacy deflecting the reader's attention away from the fact that what we are reading has been carefully edited and mediated by the author-narrator.

On the level of content, part two reconstructs how Shanti Seth, who was born "on the eighth day of the eighth month in the eighth year of the twentieth century" (57), grows up in a rural area of the North of what was then British India. Coming from a family of doctors, Shanti sets out to study dentistry in Berlin, then a mecca for innovative techniques in dentistry, in the early 1930s. This is where he meets Henny Caro, the daughter of his landlady, who initially has reservations about the new tenant because of his ethnicity: "her first reaction had been: 'Nimm den Schwarzen nicht!' [Don't take the black man]" (81) when her mother tells her that she considers Shanti as a tenant. It speaks to the nuance of Seth as a writer that he manages to capture that the victims of racial hatred might still occasionally be racist themselves, without in the least bit relativizing the horror of the Holocaust.

With the rise of Nazism, foreign citizens are no longer allowed to practice as dentists in Germany. Out of lack of alternatives and for purely financial reasons, Shanti enlists for the British army in 1940. The war will leave him handicapped for the rest of his life – he loses his arm. Yet, after the war, Shanti manages to set up a dental practice in Hendon, London, where he continues to live until his death in 1997.

In Shanti's nostalgic gaze, Berlin in the 1930s is pictured as a cosmopolitan space, in which Christians, Jews, and a Hindu celebrate Christmas together or enjoy leisured outings at Sacrower See. Seth highlights that Shanti does not anticipate the catastrophe to come, nor does the reader get any sense of the trauma that awaits Henny and her family. The only hint at the tidal change under National Socialism is the laconic remark "[Shanti] did not realize at the time how fortunate he was to have to leave the country" (99). Shanti is not allowed to practice dentistry as a non-German citizen. Leaving Berlin is represented as a source of unhappiness for Shanti, who only enlists for the British Army out of lack of alternatives.

Shanti's war memories are particularly interesting with respect to the way Seth reconstructs colonial history. Like thousands of South Asians, Shanti fought for the British Army in a war that had little or nothing to do with the political situation in India. What is more, the involvement of South Asian soldiers in the British Army did not lift their status in the eyes of the British coloniser. The following quote will illustrate that point, as it relates one of the confrontations between the young soldier Shanti and his British wing commander. It is set in Italy where the British Army fought Mussolini's forces and narrated by Shanti Seth (not Vikram Seth):

> The wing commander had arrived – an unpleasant and aggressive man. [...] he then got on to lecture me on the subject of politics and the British Empire and the benefits it had conferred on the natives. [...] So I said, 'Look here, why do you do this? What do we have in common? Are we related? Is our language the same? Is our religion? Nothing. So if you

> say we went into that country because they were stupid and we wanted to subdue them and rule over them, I'll believe you. If you claim goodness at heart, I don't accept it; it makes no sense. As for educating us, Indian culture is far older than British culture. In Roman times, people in the army were sent to Britain as a punishment – it was the most uncivilised country at the time. So why not leave us to ourselves – let us slaughter each other if we wish. None of this is the business of Britain. (121)

The passage marks *Two Lives* as a postcolonial text which "writes back" (Ashcroft et al. 1989) or rather "remembers back" (Rothberg 2013) to the former imperial centres. On a thematic level, the passage draws attention to the involvement of South Asian soldiers in the British Army, a fact that is vaguely known and not actually part of the cultural memory of World War II in the Euro-American world. The fact that Christopher Nolan's war movie *Dunkirk* was an international box office hit and received tremendous critical praise for its alleged historical accuracy might be a case in point: Nolan's British Army is almost exclusively white. Furthermore, Seth emphasises his uncle's wit and confidence when confronting the wing commander who is represented as an "unpleasant and aggressive man". Thus, he stresses his uncle's agency rather than his victimhood.

The tone of the passage is light. Shanti is represented as a witty and confident interlocutor, who confronts his superior with his own pompousness. Quite ingeniously, Shanti uses his knowledge in European history, which he most likely acquired at one of the colonial public schools, to outwit the commander in his own game. Thus, the passage lends itself to the postcolonial notion of "mimicry" (Bhabha 1994), i.e. the coloniser's attempt to 'educate' and 'reform' the natives, which results in the creation of a class of colonial subject, who can perform Englishness so perfectly that they unsettle and destabilise the hierarchies on which colonialism has been built. Seth's use of humour echoes the sense that "mimicry is [...] mockery" (Bhabha 2004, 123), and thus can work to subvert colonial power. Furthermore, it also creates a sense of comic distance towards the traumatic past; a distance that cannot be maintained when he relates Holocaust memory, as we will see.

Aside from positioning Shanti as a second narrator-figure in the text, Vikram Seth also incorporates letters Shanti wrote during the war into the narrative. The inclusion of letters, which are either transcribed or reproduced as photocopies, adds to the sense of veracity and authenticity evoked in *Two Lives*. Intriguingly, neither in the letters nor in his own narrative incipits does Shanti Seth invoke heroic masculinity. On the contrary, he constructs himself as being vulnerable and scared. The first letter Shanti writes after having been maimed is particularly resonant in this respect (156–157). As Shanti's handwriting is shaky directly after the injury, he uses capital letters in the text. Seth reproduces the capitals in his transcript, which underscores Shanti's vulnerability and helplessness:

MOST AWFUL THING HAS HAPPENED TO ME, MY RIGHT FOREARM WAS COMPLETELY SEVERED BY A SHELL. THIS HAPPENED ON THE AFTERNOON OF THE 16th INSTANT. [...] I HAVE BEEN HAVING VERY SEVERE PAIN IN MY STUMP. I AM SIMPLY GOING THROUGH HELL. WHY MY LIFE HAS BEEN SPARED I DO NOT KNOW. THEY ARE TALKING ABOUT PUTTING AN ARTIFICIAL LIMB LATER ON BUT AT PRESENT I AM SO FED UP THAT I WOULD RATHER DIE. AS YOU NOTICE I AM WRITING WITH LEFT HAND AND IT IS'NT [sic] VERY EASY EITHER. (156)

The letter conveys the sense that Shanti is desperate and in great pain; he even expresses the wish to die rather than living with a false limb. However, his language still expresses a relatively stable sense of self: Shanti can put the horror that happened to him into words, he can express his emotions and his thoughts very clearly. He leaves out some of the definite articles, but this might well be a practicality as writing causes him pain. Thus, his letter is not a trauma narrative in the narrow sense of the word: the experience of being maimed is devastating, but not self-annihilating (on trauma narratives see Caruth 2013, La Capra 1994). His language is not fragmented, his memory is not shattered, and he can narrate and convey his pain to his wife, and thus keep the relationship alive. The experience does not annihilate his sense of self, although it is obviously "hell[ish]" and hard to bear.

Even the fact that the Second World War leaves Shanti maimed and handicapped is represented on a rather light note later in the memoir, as it is portrayed as a bizarre, comical detail. Seth relates his uncles' various tricks to acquire patients for his practice: a befriended dentist pretends he has to leave for an emergency and the person sitting on the chair is too baffled to leave when the one-armed dentist enters to jump in for his colleague (175). Seth offers no such comic relief when he reconstructs Henny Caro's story.

4 Holocaust memory

Henny Caro is introduced already early in the narrative, but her background only takes centre stage in part three. The first two parts of the memoir construct her as a German exile hailing from an urban, secularised, German-Jewish middle-class family. Henny is depicted as being strangely unfamiliar, unfathomable for the narrator with her foreign accent and her brusque manners. As Gheeta Ganapathy-Doré points out, Henny is represented as "steely in her resolve not to accept Shanti's family as hers" (37), as she makes little attempt to hide her resentment towards the stream of Indian visitors in her Hendon house. Henny never actually talks about herself, about her origins and family history; and the young Vikram Seth is too far removed from her German origins to make the connection between her and the Holocaust. Only by reading her letters after her death, Vikram Seth (and with him, the reader) learns about her year-long attempts to trace her sister's and her mother's fate; unlike her mother and sister, Henny manages to escape from Berlin in 1936.

Vikram Seth reconstructs the missing bits in the family history of the Caros drawing on material gathered from Yad Vashem, on Holocaust memoirs and scholarly histories of the Shoah. Thus, part three is not just the longest, but also the most complex part of the narrative. Its most striking formal characteristic is its intermedial inclusion of historical documents, which are reproduced as photocopies, and hence kept in the German original, and its integration of a plethora of letters between Henny and her Berlin friends. The letters take up almost one half of the narrative in part three. They can be read as further markers of authenticity and veracity, but they also create a sense of historical remoteness.

What is more, the English versions of the German letters display Seth's extraordinary skill as a translator. Seth navigates between the poles of "domesticating" and "foreignizing" concepts of translation (see Venuti 1993, 210). The letters are rendered into highly idiomatic, elegant English; but they also include phrases which stand out in English, such as "innermost greetings" (332; likely to be "innigste Grüße" in the original) and draw attention to the fact that they are indeed translations. As Lawrence Venuti reminds us,

> foreignizing translation signifies the cultural difference of the foreign text, yet only by disrupting the cultural codes that prevail in the target language. In its efforts to do right abroad, this translation method must do wrong at home, deviating from native norms to stage an alien reading in response. (1993, 201)

In formulations such as "innermost greeting" Seth uses the strategy of the foreignizing translation to draw attention to the historical and cultural difference of the letters. At the same time, however, he also makes the letters legible, and hence, accessible for a global audience in the first place. The following passage taken from a letter from Henny's loyal friend Annerose highlights how Seth's translations both familiarise and defamiliarise the cultural and historical backdrop against which the letters were written:

> Did you, Lola or your mother have assets that were confiscated – savings account books, bank accounts, furniture and so on? I only wish to remind you to leave no stone unturned in an effort to rescue something at least... It can naturally not bring back to life one's beloved relatives, but you are certainly entitled by law to concern yourself with the estate and the inheritance. (334)

The content of Annerose's letter – the legal procedures of reclaiming some of the confiscated money – might be indicative of the way traumatised survivors and their helpers come to term with the past: focussing on the practicalities of the everyday and invoking the dryness of the bureaucratic procedures might be reassuring after having been deprived of the most basic human dignity. Furthermore, Seth's use of syntax "[i]t can naturally not bring back" is reminiscent of Annerose's native German. Thus, the translation both stresses the authenticity of the letter while also creating a sense of distance, as it deviates ever so slightly from the standard English idiom.

On yet another level, part three marks a change in narrative voice and tone. While part two is often plot-oriented, part three focusses on the specific quality of the experiences and traumata, which irrevocably shaped Henny Caro's life and that of her family. What is more, part one and two are narrated by two first person narrators – Vikram and Shanti – both of whom also figure as characters with a story and voice in their own right. In part three, however, the narrative voice withdraws to a position of a faceless witness, whose sole role is to reconstruct the story of the Caros. As a result, part three of *Two Lives* shifts back and forth between two narrative situations: a first-person narrative situation, in which the narrative-I functions as a witness, and an authorial narrative situation, in which the narrative voice is still present, but no longer part of the story he tells.

The following quote taken from a long chapter in which Seth tells the story of Henny's sister Lola will serve as an illustration of the intriguing verbal structure Seth uses to reconstruct the memory of the Shoah. A letter from Henny's loyal friend Alice Fröschke (called "Fröschlein") reveals that Lola had been rounded up by the Gestapo and was most likely sent to Auschwitz, a fact that is later confirmed through a transport list Seth finds in the archive of Yad Vashem:

> Lola was not old, nor was she accompanied by a child; either condition would have doomed her instantly. From Fröschlein's letter it appears that Lola was among those absorbed rather than immediately gassed. (220)

> After selection, Lola would have entered the electrified barbed-wire precincts of the woman's camp. Her head would have been shorn, she would have been made to strip, she would have been disinfected, and a number would have been tattooed on her forearm. [...] Miserable and filthy, hungry and weak, far from help or hope and deprived of any news of any love one, Lola might well have felt alone in a universe created by the most bestial humans and presided over by pitiless power. (223)

> After [...] internal selection, Lola would have been taken to Block 25, where she and many other women would have waited for death – for hours, possibly for days – without food and water. [...]

> Arriving in a Red Cross ambulance with large green tins in their hands, an SS officer [...] would have walked to the grassy mound above the chamber, unscrewed the covers to the pillars, and poured in the mauve-coloured, bean-sized crystals of Zyklon B. [...] Within between five and twenty minutes she and everyone else would have been dead. [...] Lola's naked body, grotesquely contorted, possibly broken-boned, her face blue and unrecognizable and bleeding from mouth and nose [...] would, after a hosing down, have been dragged out of the room, together with the many others up to the ground floor of the building. Here, in the furnace room, a trolley would have moved her body along to continue the procedure. (225)

Seth here reconstructs the fate of the European Jews in drastic detail. His use of adjectives such as "miserable and filthy" or "hungry and weak" draws attention to the devastating situation of the victims. Furthermore, he employs the past conditional as in "Lola *would have entered* the electrified barbed-wire precincts", "Her head *would have been* shorn, she *would have been made* to strip, she *would have been disinfected*" (emphases mine), which creates a hammering rhythm echoing the mechanical workings of the killing machinery of death camp. Moreover, the excessive repetition echoes the "pitiless power" of the Nazis and the horribly neat functioning of the death camp. Furthermore, his use of the past conditional underlines that the narrative is the product of a reconstruction, while the realist narrative style, his attention to details such as the colour of the cyclone B capsules "mauve" and their size and shape "bean sized", underlines the authenticity and the veracity of his account.

Seth constructs himself as the figure of a belated witness who transforms the traumatic memory that survivors like Henny could not express into narrative (see Levine 2013). While taking its cue from belated-witness-narratives such as Art Spiegelman's *Maus*, Seth also departs from these earlier models, as his ties to the survivor are not very close: Henny is the wife of his great-uncle, rather than, say his mother or grandmother. Thus, Seth does not evoke any sense of being himself stifled by "post-memory" (Hirsch 1992, 1998), i.e. the silent oppressive presence of the survivor's inexpressible trauma. However, he is still affected by the traumatic history he unearths. In a meta-narrative incipit, in which Seth refers to the letter accompanying Lola's transport list at Yad Vashem, he recounts that

> [...] something happened that has never happened to me before or since. My right knee began trembling rapidly and violently. There was nothing I could do to stop it. Suddenly I heard a voice behind me address me in English with a very strong German accent: 'If you like I can help you with the German.' The very accent embodied sickness and evil, and I turned around in a fury to face – just an alarmed young man, a German schoolboy [...]. I could barely master my anger: 'I don't need help.' (233)

In this episode, Seth relates that he was quite literally physically unable to contain his rage and disgust. His affection for the German language, inspired by Henny, who introduced him to the *Lieder*, has morphed into bitterness and disgust. After the visit to Yad Vashem he is no longer able to enjoy any of these pleasures of reading "the dark melancholy of Trakl, the eccentricity of Morgenstern" (235) or even his favourite Heine, although

> Heine was, partly in his own eyes and certainly by the Nazi definition of things, as much of a Jew as Christ was, and, like Christ would have been exterminated as vermin. The stench of the language in which I had read the phrases from the Gestapo letter clung to [Heine's] words as well. [...] The very verbs stank. (235–6)

Only by re-reading Henny's letters and those of her Berlin friends, which carry a sense of "humanity", "decency" and ordinary life, can Seth still his "blind distaste" (238).

5 Multidirectional Memory

I would like to conclude by returning to the question the transnationality or multidirectionality of memory. In many respects, *Two Lives* lends itself to Rothberg's model. By juxtaposing the life stories of a German Jewish survivor and an Indian war veteran, the memoir shows that colonial memory does not necessarily block Holocaust memory from view, or the other way around, but that cultural memory can well be constructed along transcultural, overlapping, multidirectional lines. With its inclusion and borrowings from various media and texts *Two Lives* epitomises that memory is "subject to ongoing negotiation, cross-referencing, and borrowing: as productive and not privative" (Rothberg 2009, 3).

What is more, *Two Lives* also suggests that group or national identities do not dissolve altogether in a transnational context. Shanti's colonial memory is constructed as being more 'familiar' (pun intended) than Henny's. It needs less explanation, less "cross-referencing", less attention to detail. Henny is the "other" of the narrative. Her language, her behaviour, and her story are depicted as intriguing but also as alien. In a postcolonial context, the traumatic memory of the European Jews is as yet to be carefully and meticulously translated and negotiated, just as the wartime memories of Indian soldiers such as Shanti Seth need to be translated as to become part of a more inclusive and transnational memory of World War II.

To amend Rothberg's model (rather than critique it), I suggest focussing more closely on the processes of cultural and linguistic translation at play in transcultural fictions of memory. Memory in *Two Lives* is multidirectional not just because it reconstructs colonial history in connection with the history of the Shoah; but also because it translates these memories both literally – from German to English – and metaphorically – from European to Global. Seth takes up what Walter Benjamin famously called "The Task of the Translator", which is itself an active process of creation, rather than the passive attempt to reproduce a faithful copy of the original. *Two Lives* translates the experience of one social group for another, while also carefully doing away with the ethnocentric hierarchies that might be at play in traditional models of translation. As Maria Tymoszko puts it in a different context:

> Dominant models of translation [...] presuppose two monolingual communities, connected by interpreters and translators. But postcolonial translation typically proceeds in a multilingual environment [...] [P]ostcolonial literary texts like translations *per se* signify simultaneously in two linguistic and cultural directions and may require bilingualism and biculturalism for their readers (Tymoczko 1999, 295).

Two Lives indeed "signif[ies]" in *several* linguistic and cultural directions – English, German, but also most likely Indian English and Hindi, the languages spoken in the home of the Seths. Seen from a postcolonial angle, one might cling to the hope that "translation is not merely a matter of matching sentences in the abstract, but of *learning to live another form of life*" (Asad 1986, 149). My last quote from the text, a passage, in which Seth recounts how he discovers Jewish prayer books among his aunts' possessions, encapsulates the losses and the gains in translating between cultures, suggesting recognising difference without freezing or essentialising it:

> I treat [the prayer books] as my talismans; I often dip into them. If only they could speak and tell me where they have been, what hands have held them, what insight or faith or peace they have brought and to whom, how they survived a bitter and desecrating time and by what circuitous means and ways they have come down to me, a quasi-agnostic Hindu (190).

The Jewish prayer books are alien objects for the postcolonial writer or "quasi-agnostic Hindu". They are both nostalgic objects of memory, but also signs of alterity; they yield information while also withholding it. In a certain way, they are an untranslatable rest that remains stubbornly silent, however much the narrator wishes that "[t]hey could speak to him".

And yet, they are reminders of a "bitter and desecrating time", and thus sites of memory. They can be treated as "talismans", thus, as auspicious objects that are supposed to keep the owner from harm. The connection between the diasporic, postcolonial writer, "the quasi-agnostic Hindu" and the Jewish diaspora, whose memories he reconstructs and translates, may not be one of identity or even similarity, but it exists and it is, indeed, productive and enabling.

Literature

Asad, Talal. "The Concept of Cultural Translation." In *Writing Culture*. Ed. Clifford Geertz and George Marcus. Berkeley, CA: University of California Press, 1985. 141–164.
Ashcroft, Bill, Gareth Griffith, and Helen Tiffin. *The Empire Writes Back*. London: Routledge, 1989.
Assmann, Aleida. *Der lange Schatten der Vergangenheit: Erinnerungskultur und Geschichtspolitik*. Munich: Beck, 2006.
Assmann, Aleida, and Sebastian Conrad, Ed. *Memory in a Global Age*. Basingstoke: Palgrave, 2010.
Assmann, Aleida. *Cultural Memory and Western Civilization. Functions, Media, Archives*. Cambridge: Cambridge University Press, 2011.
Assmann, Aleida. "Forms of Memory in Shakespeare's *Hamlet*." In *Introduction to Cultural Studies*. Berlin: Schmidt, 2012. 177–190.
Assmann, Aleida. *Das neue Unbehagen an der Erinnerungskultur: Eine Intervention*. Munich: Beck, 2016.
Assmann, Jan. *Das kulturelle Gedächtnis: Schrift, Erinnerung und politische Identität in früheren Hochkulturen*. Munich: Beck, 1997.
Baldo, Jonathan. *Memory in Shakespeare's Histories: Stages of Forgetting in Early Modern England*. New York: Routledge, 2012.
Bassnett, Susan and Harish Trivedi. *Postcolonial Translation: Theory and Practice*. New York: Routledge, 1999.
Bhabha, Homi. "Of Mimicry and Men." In *The Location of Culture*. New York: Routledge, 2004. 121–131.
Benjamin, Walter. "The Task of the Translator." *Selected Works*. Ed. Marcus Bullock and Michael W. Jennings. Cambridge, MA: Harvard University Press, 1996. 253–263.
Coates, Ta-Nehesi. "What This Cruel War Was Over. The Meaning of the Confederate Flag is Best Discerned in the Words of Those Who Bore It." *The Atlantic* June 22 (2005). https://www.theatlantic.com/politics/archive/2015/06/what-this-cruel-war-was-- over/396482/ (18 January 2019).
Erll, Astrid. *Kollektives Gedächtnis und Erinnerungskulturen*. Weimar: Metzler, 2005.
Erll, Astrid. "Homer: A Relational Mnemohistory". *Memory Studies* 11 (2018): 274–286.
Felman, Shoshana. "Theaters of Justice: Arendt in Jerusalem, the Eichmann Trial, and the Redefinition of Legal Meaning in the Wake of the Holocaust." *Critical Inquiry* 27.2 (2001): 201–238.
Ganapathy-Doré, Geetha. "Espousing the Strange and the Familiar: Vikram Seth's *Two Lives*." *Commonwealth Essays and Studies* 29.1 (2006): 31–40.
Guttman, Anna. "The Jew in the Archive: Textualizations of (Jewish?) History in Contemporary South Asian Literature." *Contemporary Literature* 51.3 (2010): 503–531.
Halbwachs, Maurice. *On Collective Memory*. Chicago: University of Chicago Press, 1992.
Hardt, Dietrich. "The Invention of Cultural Memory." In *Cultural Memory Studies*. Ed. Astrid Erll. Berlin: De Gruyter, 2008. 86–96.

Hirsch, Marianne. "Generation Postmemory." *Poetics Today* 29.1 (2008): 103–128.
Kothari, Rita. *Translating India.* Manchester: St. Jerome, 2003.
Levine, Michael G. *The Belated Witness: Literature, Testimony, and the Question of Holocaust Survival.* Stanford, CA: Stanford University Press, 2016.
Niranjana, Teraswini. *Siting Translation.* Berkeley: University of California Press, 1992.
Novick, Peter. *The Holocaust and Collective Memory: the American Experience.* London: Bloomsbury, 2000.
Pendas, Devin. *The Frankfurt Auschwitz Trial.* Cambridge: Cambridge University Press, 2006.
Rothberg, Michael. *Multidirectional Memory.* Stanford, CA: Stanford University Press, 2009.
Rothberg, Michael. "Remembering Back: Cultural Memory, Colonial Legacies, and Postcolonial Studies." In *The Oxford Handbook of Postcolonial Studies.* Ed. Graham Huggan. Oxford: Oxford University Press 2013. 359–378.
Segev, Tom. *The Seventh Million: The Israelis and the Holocaust.* Trans. Haim Wazman. London: Holt, 1993.
Seth, Vikram. *A Suitable Boy.* New York: HarperCollins, 1992.
Seth, Vikram. *Two Lives.* London: Abacus, 2005.
Spiegelman, Art. *The Complete Maus.* Hardmondsworth: Penguin, 2003.
Spivak, Gayatri. *A Critique of Postcolonial Reason.* Cambridge, MA: Harvard University Press, 1999.
Spivak, Gayatri. "Translation as Culture." *Parallax* 6.1 (2000): 13–24.
Spivak, Gayatri. "Marginality in the Teaching Machine." In *Outside in the Teaching Machine.* New York: Routledge, 2009. 58–85.
Tymoczko, Maria. *Translation in a Postcolonial Context.* Manchester: St. Jerome, 1999.
Walkowitz, Rebecca. *Born Translated.* New York: Columbia University Press, 2006.
Venuti, Lawrence. "Translation as Cultural Politics: Regimes of Domestication in English." *Textual Practice* 7.2 (1993): 208–223.
Young, Robert. *Postcolonialism.* Oxford: Oxford University Press, 2003.
Ziai, Aram. *Postkoloniale Politikwissenschaft.* Bielefeld: Transkript, 2016.

Johanna Öttl

‚Flüchtlingskrise' und NS-Erinnerung: Zu einem aktuellen Diskurs bei Norbert Gstrein und Vladimir Vertlib

1 Antisemitismus, Antiislamismus, Multidirektionalität

Die rechtspopulistische FPÖ[1] veranstaltete am 8. November 2016, also rund ein Jahr vor der Angelobung der VP-FPÖ-Koalitionsregierung (bis Mai 2019), anlässlich des Gedenktags an die Pogromnacht 1938 eine Veranstaltung mit dem Titel *Haben wir aus der Geschichte gelernt? Neuer Antisemitismus in Europa*.[2] Bereits in Hilmar Kabas' Begrüßung deutet sich die inhaltliche und ideologische Stoßrichtung der Veranstaltung an, als er eine „Jugendstudie der Stadt Wien" zitiert, die festgestellt habe, dass

> bei 47 % der Jungmuslime Judenhass eine sehr große Rolle spielt und 25 % der jugendlichen Befragten hier in Wien Sympathien für den Heiligen Krieg gegen Ungläubige haben. Soweit ein Szenario von den Menschen, die in den letzten 10, 20 Jahren großteils hereingeholt und hereingelassen wurden. (FPÖ TV ab 7:50)

In seinem Impulsreferat bezeichnet FPÖ-Parteichef HC Strache „linke Parteien" als das oftmals „größte Einfallstor für Antisemitismus in Europa", da sie „die schrankenlose Zuwanderung möglich [machen] und den Import des islamischen Antisemitismus nach Europa" (FPÖ TV ab 38:40). Dieses Beispiel führt exemplarisch vor, wie gegenwärtige politische Diskurse in Österreich oder Deutschland zuweilen eine diskursive Verknüpfung von rechtspopulistisch motiviertem Antiislamismus und Bezügen auf die europäische NS-Vergangenheit auszeichnet.

Untersuchungen zu tatsächlichen antisemitischen Tendenzen unter in Europa lebenden Muslimen sind an anderer Stelle nachzulesen (vgl. z. B. Jikeli 2017);

---

[1] Zu den spezifisch österreichischen Rahmenbedingungen der historisch-ideologischen Verortung der FPÖ vgl. Pelinka.
[2] Für eine Aufzeichnung der zweistündigen Veranstaltung des FPÖ Bildungsinstituts siehe „Komplettaufzeichnung: Haben wir aus der Geschichte gelernt? – Neuer Antisemitismus in Europa". Veröffentlicht von FPÖ TV am 10.11.2016. URL: https://www.youtube.com/watch?v=r5DhgcFGku4 (31.1.2019).

https://doi.org/10.1515/9783110622706-007

aus diskursanalytischer Perspektive zeigt die Veranstaltung jedenfalls, wie antiislamische Ressentiments unter dem Deckmantel der Abwehr von Antisemitismus mit einer behaupteten erinnerungspolitischen Verantwortung für die NS-Vergangenheit diskursiv verschränkt werden. Nicht nur im politischen Rechtspopulismus, sondern auch in der deutschsprachigen Gegenwartsliteratur werden zeitgenössische Fluchtbewegungen aus islamischen Ländern und NS-Vergangenheit bisweilen parallel thematisiert, jedoch mit gegensätzlichem Impetus. Ko-Repräsentation, also die gleichzeitige Darstellung und narrative Verknüpfung der beiden Ereignisse, bleibt so nicht der ideologischen Deutung des Rechtspopulismus überlassen. Welche erzählerischen Mittel der Literatur dabei zur Verfügung stehen, wird im Folgenden anhand der beiden im Jahr 2018 erschienenen Romane von Norbert Gstrein (*Die kommenden Jahre*) und Vladimir Vertlib (*Viktor hilft*) untersucht. Zu fragen ist, welche Aspekte der NS-Vergangenheit sie mittels welcher Erzählstrategien thematisieren und welche Bezüge zwischen den beiden (erinnerten) Ereignissen dadurch entstehen.

Analysiert man Ko-Repräsentation von NS-Vergangenheit und den jüngsten Migrationsbewegungen nach Europa, kann man lohnende Impulse aus Michael Rothbergs Theorie des multidirektionalen Gedächtnisses ziehen. Er entwirft ein Konzept transkultureller Erinnerung, das gegen rivalitäts- und konkurrenzbezogenes Erinnern einsteht: Wenn verschiedene Opfergruppen in diversen (künstlerischen) Diskursbeiträgen oder Medien des kulturellen Gedächtnisses ko-repräsentiert werden – beispielsweise in Denkmälern oder Museen in öffentlichen Räumen – können sich daraus produktive Wechselwirkungen zwischen Gedächtnisinhalten und Repräsentationsformen ergeben. In *Multidirectional Memory. Remembering the Holocaust in the Age of Decolonization* (2009) formuliert Rothberg anhand diverser Beispiele seit den 1950er-Jahren eine Theorie des multidirektionalen Gedächtnisses und zeigt, wie in kollektiven Gedächtnissen die Erinnerung an scheinbar disparate historische Phänomene – etwa an Sklaverei, Kolonialismus und Shoah – nebeneinanderstehen und in ein produktives Verhältnis der gegenseitigen Erhellung treten können.

Für eine Auseinandersetzung mit Rothbergs Konzept im Lichte deutschsprachiger Literatur muss ein kulturelles Spezifikum US-amerikanischer Erinnerungsforschung berücksichtigt werden, von dem auch Rothbergs Untersuchung gezeichnet ist. Rothberg postuliert, dass seine Forschungsarbeit „den für selbstverständlich erachteten Zusammenhang zwischen kollektivem Gedächtnis und Gruppenidentität" hinterfrage – also die Konvention, „jüdische Erinnerung an eine jüdische Identität zu binden und diese eindeutig von zum Beispiel afroamerikanischer Erinnerung und afroamerikanischer Identität abzugrenzen"

(Rothberg 2015, 38).³ ‚Jüdische Erinnerung', also Erinnerung an Ereignisse jüdische Menschen betreffend, ist in den deutschsprachigen Ländern keinesfalls an jüdische Identität gebunden, schließlich besteht ‚negative Erinnerung' in der „Auseinandersetzung mit *begangenen* beziehungsweise zu *verantwortenden*, nicht mit *erlittenen* Verbrechen" (Knigge und Frei 2002, XI), die also auch „[d]ie Täterschaft und ihre Taten [...] in die Erinnerung" einbeziehen (Koselleck 2002, 27). In den USA ist eine öffentliche Auseinandersetzung mit der Geschichte der Sklaverei weit weniger im Sinne ‚negativer Erinnerung' in solche Erinnerungspraxen übergegangen, die nicht lediglich innerhalb von afroamerikanischen Gruppen praktiziert werden, als die Shoah in deutschsprachigen Ländern. Folglich mag die von Rothberg beschriebene identitätspolitische Bedeutung von Erinnerung dort zutreffen – für Shoah-Erinnerung sind in den USA kleinere, wohl vorwiegend jüdische Gruppen zuständig. Für die deutschsprachigen Länder und damit auch für die deutschsprachige Literatur kann ein als ‚selbstverständlich erachteter Zusammenhang' zwischen Gedächtnisinhalt und Gruppenidentität jedoch nicht behauptet werden, denn hier findet Shoah-Erinnerung auch außerhalb jüdischer Gruppen statt.

Aus Rothbergs Argumentation lässt sich die These ableiten, dass ‚Erinnerungskonkurrenz' bevorzugt dann entsteht, wenn Gedächtniskultur und Erinnerungspolitik mit identitätspolitischen Anliegen verbunden werden. Für die Auseinandersetzung mit der Shoah im deutschsprachigen Raum muss diese Einschätzung zumindest teilweise revidiert werden: nicht deren identitätspolitische Deutung, sondern die topoisierte Rede von der ‚Einzigartigkeit der Shoah' gilt es, bei der Frage nach ‚Erinnerungskonkurrenz' zu berücksichtigen. Ein Bewusstsein für konkurrierende Narrative lässt sich für eine komparatistisch perspektivierte Genozidforschung bereits seit längerer Zeit beobachten: In *Ruanda. Über einen anderen Genozid schreiben* problematisiert Robert Stockhammer die Konkurrenz unter Opfergruppen sowie damit zusammenhängend die Vorstellung einer Rangliste von Verbrechen bzw. einer ‚Katastrophenkomparatistik' (vgl. Stockhammer 2005, 58–62). Das von Stockhammer unter dem Blickwinkel des Schreibens über *andere* Genozide als die Shoah facettenreich problematisierte Diktum von deren Einzigartigkeit und Unvergleichbarkeit spiegelt sich in der deutschsprachigen historiografischen Shoah-Forschung (und dies gilt auf ver-

---

3 So zeigt sich für die USA eine hohe Präsenz von Shoah-Erinnerung (z. B. U.S. Holocaust Memorial Museum Washington, Los Angeles Museum of the Holocaust, Simon Wiesenthal Centers in L.A., New York) bei gleichzeitiger Unterrepräsentiertheit von Mahnmalen, die an Opfer der Sklaverei erinnern.

gleichbare Weise für die literarische Auseinandersetzung mit der Shoah[4]) in der Tatsache, dass andere Völkermorde und überhaupt andere Beispiele für Gewalt, Vertreibung etc. weitestgehend aus den Untersuchungen ausgeklammert werden (vgl. Stockhammer 2005, 63).

Aus ihren unterschiedlich argumentierten Beobachtungen ziehen Stockhammer und Rothberg interessanterweise insofern ähnliche Schlüsse, als beide einstehen für die „ethische Logik" einer „andere[n] Bestimmung von Einzigartigkeit" (Stockhammer 2005, 66) bzw. für eine „Ethik des Vergleichs", die „politisch produktive Ausprägungen von Erinnerung von solchen zu unterscheiden weiß, die zu Wettbewerb, Aneignung oder Trivialisierung führen" (Rothberg 2015, 39). Für die deutschsprachige Literatur gilt es allerdings, eine anders gelagerte Fragestellung zu benennen als die Formulierung einer spezifischen Ethik des Vergleichs oder der Ko-Repräsentation: In Erinnerungskulturen, in denen zumindest unterschwellig die Einzigartigkeit und Unvergleichbarkeit der Shoah hochgehalten wird, muss gefragt werden, wie multidirektionale Erinnerung – also Ko-Erinnerung – an die Shoah und ein anderes Ereignis in literarische oder erinnerungspolitische Diskurse integriert werden kann. Die Romane von Gstrein und Vertlib stellen dementsprechend selbst die Frage nach multidirektionaler Erinnerung: Sie untersuchen, welche NS-Erinnerungsbestände herangezogen werden können, um die jüngsten Fluchterfahrungen in ein kommunikatives Gedächtnis zu integrieren. Dabei sind nicht nur die jüngsten Migrationsbewegungen nach Europa selbst Thema der Literatur, sondern auch deren diskursive Verknüpfung mit NS-Vergangenheit, wie sie in der politischen Rhetorik mancher rechtspopulistischer oder rechtextremer Parteien und Geisteshaltungen darlegt – wie eingangs am FPÖ-Beispiel gezeigt.

2 Zur Suche nach Sprechgattungen – Norbert Gstreins *Die kommenden Jahre*

Die kommenden Jahre schreibt Gstreins erzählskeptische Befragung der Vermittlung von Biografien und Geschichte fort, die schon seine früheren Arbeiten auszeichnet: Der Roman kann nicht nur als differenzierter Kommentar auf gesellschaftspolitische Auswirkungen der ‚Flüchtlingskrise' gelesen werden, sondern unter Berücksichtigung von Gstreins Werkbiografie auch als fortgeführte Aus-

---

[4] Für Erzählungen von Flucht in englischen ‚partition novels' oder kanadischen ‚Migrationsromanen' müsste die Frage nach multidirektionaler Erinnerung entsprechend unter anderen literatur-, diskurs- und kulturgeschichtlichen Voraussetzungen gestellt werden.

einandersetzung mit (medialen) Abbildungen von ‚Wirklichkeit'. Er erzählt von einem in Hamburg lebenden Ehepaar – Natascha ist erfolgreiche Schriftstellerin, Richard Glaziologe –, das auf Nataschas Bestreben sein Wochenendhaus für einen symbolischen Beitrag an eine aus Damaskus geflohene Familie vermietet. In dem kleinen Dorf, vermutlich in Mecklenburg-Vorpommern gelegen (dort zog die AfD im September 2016 mit 20,8 Prozent als zweitstärkste Partei in den Landtag ein), sieht sich Familie Farhi bald mit Drohgebärden von Jugendlichen konfrontiert. Diese schlagen in konkrete Gewalt um, als die beiden syrischen Kinder mitsamt einem deutschen Freund entführt und anschließend gefesselt und geknebelt in einem Baumhaus zurückgelassen werden. Wohin diese Drohungen und die Gewalt führen können, legt Gstrein nicht final fest, denn der Roman hat drei mögliche Enden: ein „Ende für Literaturliebhaber", ein „anderes Ende" und „Was wirklich geschehen ist".

Historische Fluchtnarrative perspektivieren die Handlung des Romans von Beginn, als während Richards Kongressaufenthalt in New York seine Kolleg_innen großteils mittels familiärer Fluchtbiografien eingeführt werden: Die jüdischen Großeltern der einen flüchteten aus Deutschland nach Mexiko; der Vater eines anderen aus Titos Jugoslawien nach Kanada; ein Vortragender floh nach der Machtergreifung der italienischen Faschisten nach Kanada; ein Forscher aus Ankara will nach der Konferenz Asyl in den USA beantragen. An diese vielfältigen Fluchtbiografien anknüpfend, wird die NS-Vergangenheit evoziert: etwa wenn in einem kanadischen Pub „antideutsche Parolen" gebrüllt werden „als wäre der Krieg noch nicht vorbei" (Gstrein 2018, 256), wenn einer von Richards Kollegen Auswanderung nach Deutschland wieder für möglich hält, da „die problematischen Jahrgänge [...] ja längst in der Hölle" (Gstrein 2018, 254) seien, oder wenn über eine Figur gesagt wird, sie sei „Deutscher, wie schon seine Eltern und Großeltern Deutsche gewesen sind und so weiter die ganze Ahnenfolge hinauf bis Adam und Eva oder bis zu den ersten Ein- oder Zweizellern" (Gstrein 2018, 180). Derartige Textelemente rufen die NS-Vergangenheit als diskursiven Intertext des Romans auf, auf den die Handlungsstränge um Familie Farhi bezogen werden können. Dabei setzt *Die kommenden Jahre* keineswegs eine unreflektierte Analogie zwischen NS-Vergangenheit und zeitgenössischen Migrationsbewegungen in Szene, sondern führt das differenzierte Verhältnis zwischen NS-Vergangenheit, Gattungen der ‚NS-Vergangenheitsbewältigung' und diesen Migrationsbewegungen vor.

Für eine gegenseitige Perspektivierung scheinbar disparater (historischer) Ereignisse wie Nationalsozialismus und ‚Flüchtlingskrise' spielt vornehmlich eine repräsentationskritische Erzählhaltung eine Rolle. Sie zeichnet Gstreins Arbeiten bereits seit dem Debütroman *Einer* (1988) in unterschiedlichen narrativen Variationen aus; in späteren Romanen verbindet sie sich außerdem mit dem Thema der

NS-Vergangenheit – so problematisiert etwa der mehrstimmige Roman *Die englischen Jahre* (1999) über einen Mann, der im britischen Exil eine jüdische Identität annimmt, die Möglichkeiten, kontingente Biografien zu erzählen.

Dies verweist bereits darauf, dass sich Gstreins repräsentationskritische Poetik herschreibt aus den Debatten um die literarische Darstellung und mediale Vermittlung der historischen Erfahrungen des 20. Jahrhunderts. In dem Essay *Wem gehört eine Geschichte?* (2004) stellt er sich in längeren poetologischen Passagen gegen eine Ästhetik des Kitsches in der künstlerischen Darstellung der Shoah und anderer Gräueltaten sowie gegen die damit oftmals einhergehende Komplexitätsreduktion der „übersichtliche[n] Zweiteilung der Welt in Gut und Böse" (Gstrein 2004, 63). Dem Ende einer derartigen Übersichtlichkeit könne man nur mit einem Erzählen begegnen, das dieses Ende der Übersichtlichkeit als „gegeben nimmt und sich dabei selbst mit einschließt" (Gstrein 2004, 64). Daraus folgt in Gstreins Werk eine Häufung von solchen Erzählverfahren, welche die Konstruiertheit alles Erzählten herausstreichen, allen voran von Biografischem (etwa in *Die englischen Jahre*). Diese poetologische Position manifestiert sich in vielen Romanen Gstreins in einem Erzählprinzip zunehmender Verunsicherung, das schließlich die Möglichkeit, Biografien oder historische Vergangenheit zu erzählen, grundsätzlich infragestellt. Elementarer Bestandteil davon ist Gstreins ‚Ästhetik der Distanz' (Kramer 2011), die auch die „Methode der freien und identifikatorischen Einfühlung in die Opfer vehement zurück[weist]" (Kramer 2011, 139).

Ein derartiges repräsentationskritisches Problembewusstsein lässt sich in *Die kommenden* Jahre etwa an der Darstellung der syrischen Migrant_innen ablesen: Das Erzählen über Familie Farhi wird mehrfach gebrochen, indem beispielsweise mediale Vermittlungsinstanzen den Darstellungsprozess beständig verkomplizieren. So beschreibt Richard gegen Beginn des Romans einen kurzen Fernsehbeitrag über Engagement für Familie Farhi. Nachdem Richard, Natascha und deren Tochter darin vorgestellt werden, zeigt eine Einstellung einen freundschaftlichen Grillnachmittag im neuen Domizil von Familie Farhi. Hiernach verharrt das Bild

> auf den Farhis, als die Sprecherin sagte, Herr Farhi habe in Damaskus als Ingenieur für eine Baufirma gearbeitet, Frau Farhi sei Hausfrau gewesen [...]. Sie erzählte von ihrer Flucht übers Meer, und man konnte ein auf den Wellen schaukelndes, überfülltes Schlauchboot sehen, Rettungsweste an Rettungsweste, orange leuchtend in der aufgehenden Sonne, und in jeder einen winzig wirkenden und wie nur von diesem Stützkorsett aufrecht gehaltenen Kopf. (Gstrein 2018, 47)

Die Darstellungsverfahren im Fernsehbeitrag zeichnen eine kommunikative Situation der Stellvertreterschaft aus: Die Sprecherin spricht (wohl zumindest teils mit Voice Over, so legt die Beschreibung nahe) *für* und *über* die Farhis und es wird ihre individuelle Erfahrung durch einen aus medialen Diskursen hinreichend bekannten Bildertypus überlagert: das Meer als materielle Grenze zwischen einem geopolitisch konstituierten Europa der Sicherheit bzw. Freiheit und dem bedrohlichen Fremden, das hinter dem Meer liegt. Schließlich wird der Fernsehbeitrag vermittelt durch Richard wiedergegeben. Damit wird erstens der Zugriff auf den Erzählinhalt mehrfach verkompliziert – mittels der metadiegetischen Erzählung von Familie Farhis Lebensgeschichte, die ihrerseits durch Richards intradiegetische Narration vermittelt wird (und nicht etwa, indem der Text des Fernsehbeitrags direkt wiedergegeben wird). Zweitens wirft die Textpassage die Frage von *agency* auf: Gesellschaftlich und ökonomisch Marginalisierte sind und bleiben in der Regel sprachlos, wie es Gayatri Chakravorty Spivak im Zuge ihrer postkolonialen Repräsentationskritik (*Can the Subaltern Speak?*, 1985/1988) beschrieben hat: Repräsentiert werden die Stimmlosen in Prozessen von Wissensproduktion wie in literarischen Texten mittels Darstellungsstrategien der Stellvertreterschaft (sprechen *für*); gleichzeitig sind diese Darstellungen konstruktivistisch in dem Sinn, als Bilder von ihnen entworfen werden (sprechen *über*). Diese Repräsentationskritik bildet auch *Die kommenden Jahre* ab, da die Sprachlosigkeit von Familie Fahri mehrfach implizites Thema ist.

Auch in Richards Bericht von einer kurz nach dem Fernsehbeitrag erschienenen „Schmonzette" (Gstrein 2018, 65) zeichnen sich ähnliche Erzählstrategien ab: Nicht nur stellt deren Titel „Syrische Flüchtlingsfamilie hilft bekannter Schriftstellerin über den Verlust der geliebten Schwester hinweg" (Gstrein 2018, 65) Nationalität und Rechtsstatus der Familie über ihre Individualität (ihr Name wird nicht genannt); Familie Farhi wird auch instrumentalisiert für Nataschas psychologischen Bewältigungsprozess. Wieder kommt die Familie, so vermittelt Richards Beschreibung, nicht selbst zur Sprache – es erzählen nicht *sie* von *sich*, sondern Nachbarn und ehemalige MitbewohnerInnen *über* sie: Die Journalistin

> hatte nicht nur mit unseren Nachbarn am See gesprochen, nicht nur mit den Betreibern des Ladens [...] an der Kreuzung in der Nähe, sondern auch das Sanatorium mit den Schönheitspatienten am anderen Ufer und das Wohnhaus [...] aufgesucht, in dem die Familie vorher untergebracht gewesen war, um möglichst viele Stimmen zu sammeln. [...] An den Farhis ließen besonders die ehemaligen Mitbewohner kein gutes Haar, und die Gerüchte, die sie in die Welt setzten, begannen damit, dass sie über erstaunliche Geldbeträge verfügten, sich von allen anderen abgesondert und niemanden gekannt hätten, und endeten mit dem bösen Verdacht, sie seien lange dem Regime in Damaskus nahegestanden und nur geflohen, weil sie in Ungnade gefallen seien. (Gstrein 2018, 71–72)

Auch diese Textstelle inszeniert Sprachverlust. Anstatt Familie Farhi als autonom Sprechende über sich selbst berichten zu lassen, verkomplizieren (mediale) Vermittlungsinstanzen das Bild der Farhis kontinuierlich: die inszenierte Intradiegese (der Fernsehbeitrag) mit seiner typisierten Bebilderung (Menschen in Booten) löst individuelle Erfahrung in einem kollektiven Stellvertreter-Bild auf; die Menschen werden für Nataschas Traumabewältigung instrumentalisiert; Richard, der vom Fernsehbeitrag als extradiegetischer Erzähler berichtet, erweist sich als unzuverlässig; die stark subjektiv gefärbte intradiegetische Narration der ehemaligen Mitbewohner verunsichern das Bild der hilfsbedürftigen Familie.

Die so entstehende narrative Distanz gegenüber Familie Farhi zeigt sich als Gegenpol zu einer in Gstreins Poetologie als problematisch beschriebenen erzählerischen Nähe und unterminiert damit auch die Möglichkeit identifikatorischer Einfühlung. Im bereits zitierten Essay *Wem gehört eine Geschichte?* beschreibt Gstrein angesichts medialer Berichterstattung und literarischer Darstellungen der Kriege im ehemaligen Jugoslawien seinen Wunsch,

> aus der aufgezwungenen Nähe auszubrechen, die bei diesen Ereignissen etwas Unanständiges hat, und zu einem anderen Umgang mit den Bildern zu gelangen, am Ende auch zu einer anderen Nähe, die aber nur durch fortwährende Distanzierung erreicht werden kann. (Gstrein 2004, 35–36)

Gstreins Kritik an Nähe, die Rezipient_innen ‚aufgezwungen' wird, zielt auf die problematische Annahme, dass geringe erzählerische Distanz zu Figuren besonders große Nähe zu einem (historischen) Ereignis vermittle. Sie stellt Gstreins Arbeit damit auch in einen repräsentationstheoretischen Problemzusammenhang, der gerade erinnerungspolitisch zuweilen virulent wird, wenn zu fragen gilt, wer zu welchem Zeitpunkt mit welchen Mitteln über wen sprechen darf. Sowohl aus der postkolonialen Theoriebildung (z. B. Spivak) als auch aus Shoah-Diskursen (z. B. der Skandal um Binjamin Wilkomirskis *Bruchstücke*) ist diese Debatte hinlänglich bekannt.[5] Gstrein stellt seine Arbeiten in den betreffenden Reflexionszusammenhang, wenn er auf das Paradoxon hinweist, dass die Geschichte der Kriege von jenen betroffenen Opfern, die in ihnen umgekommen sind, nicht erzählt werden könne: Stellvertreterschaft im Erzählen sei nötig, denn Alternativen seien Schweigen oder das Erzählen durch die ‚Sieger'.

Dieses Paradoxon stellt besonders für die Shoah-Zeugenschaft ein hinlänglich bekanntes Problemfeld dar (vgl. z. B. Lyotard 1987, Agamben 2003) und wurde sowohl von Semprún als auch von Kertész, auf dessen Essay *Wem gehört Auschwitz?* (1998) sich Gstreins Titel wohl bezieht, thematisiert. Es liegt auch folgender Szene in *Die kommenden Jahre* zugrunde, die eine Verbindung zwischen Opfer-

---

5 Zu komplexen Debatten um Darstellbarkeit vgl. beispielsweise Young 1988, Friedländer 1992 bis hin zu Dunker 2003.

erzählung und Stellvertreterschaft zeigt: In einem gemeinsamen Schreibprojekt verfasst Natascha basierend auf Gesprächen mit Herrn Farhi einen literarischen Text über dessen Fluchterfahrung, der in einer Lesung den Dorfbewohner_innen vorgestellt wird. Im Publikumsgespräch nach der Lesung zeigen sich die Besucher_innen bis zu dem Punkt mitfühlend mit Herrn Farhi, an dem sich herausstellt, dass die Erzählung fiktive Elemente enthält.[6] Wenngleich Natascha beteuert, dass alles, was Herrn Farhi nicht selbst widerfahren sei, andere erlebt hätten, wird ihm kein Glaube mehr geschenkt: Eine Lesungsbesucherin zweifelt grundsätzlich an der Wahrheit des Erzählten und klagt Herrn Farhi an „mit einer Gnadenlosigkeit, als dürfte vom Feuer in der Hölle nur jemand reden, der zuvor darin umgekommen war" (Gstrein 2018, 206).

Der aus ‚Lagerliteratur' wohlbekannte Topos der Hölle (vgl. Taterka 1999) zitiert die NS-Vergangenheit ebenso wie das Paradoxon der Zeugenschaft, das auf zwei Bedeutungsnuancen des Begriffs ‚Zeuge' verweist: Dies betrifft die juristische sowie die ethische Frage, unter welchen Bedingungen Gewalttaten von dem bezeugt werden müssen, „der etwas durchlebt hat, der ein Ereignis bis zuletzt durchgemacht hat" (Agamben 2003, 14) – dieses Konzept bezeichnet im Lateinischen der Begriff ‚superstes'. Davon grenzt sich ein zweites Konzept und damit auch ein zweiter Begriff ab, nämlich ‚testis', der unbetroffene, zwischen Konfliktparteien stehende Dritte (vgl. Agamben 2003, 14).

Nun ist die Irritation der Lesungsbesucherin nicht nur Folge von einem aus Shoah-Diskursen hinlänglich bekannten postulierten Antagonismus zwischen ‚Fakt' und ‚Fiktion'; Missverständnisse in der Begegnung zwischen Herrn Farhi und der lokalen Bevölkerung ergeben sich auch daraus, dass für das Erzählen der jüngsten Flucht- und Kriegserfahrungen verbindliche Kommunikationsmodi noch nicht existieren. Aus literaturtheoretischer Perspektive betrifft diese Auseinandersetzung mit Sprechmöglichkeiten die Beschreibung von Sprechakten und

---

6 Ein fiktionales Element betrifft eine Pistole, die Herr Farhi in dieser Binnenerzählung besitzt. In *Die kommenden Jahre* verschafft ihm Natascha infolge wiederholter Anfeindungen ohne Richards Wissen nun ebenfalls eine Waffe: Richard hatte sie in seiner Kindheit von einem Gewaltverbrecher erhalten, der mehrere Wochen Gast in der Tiroler Pension seiner Eltern war – als ein aus Danzig stammender Heimatvertriebener ist auch er mit der NS-Vergangenheit assoziiert. Am Ende des Romans wandert die Waffe also aus der Binnenfiktion in die Fiktion: Das Romankapitel *Was wirklich geschehen ist* endet mit einer weiteren Gewalttat, als Herr Farhi auf Jugendliche schießt, die die Familie erneut bedrängen. Da es sich hierbei nur um *ein* mögliches Romanende handelt, stellt sich die Frage nach *agency* damit auch betreffs der Erzählhandlung – denn nur eines der drei Enden zeigt einen eigenmächtig handelnden Herr Farhi. Die Pistole, die jahrzehntelang in einem Bankschließfach ‚in Latenz' vor sich hindämmerte, wird am Ende von *Die kommenden Jahre* so auch zum kulturhistorischen Tradierungsobjekt zwischen Erinnerungsepochen der NS-Vergangenheit und gegenwärtigen xenophoben Ressentiments.

damit auch jene von Gattungen im Bachtin'schen Sinne.[7] Für Diskurse der ‚NS-Vergangenheitsbewältigung' haben sich derartige Gattungen etabliert – Zeitzeug_innengespräche in Schulen folgen anderen Regeln als Reden an Gedenktagen oder Oral-History-Interviews mit Historiker_innen. Für die jüngsten Flucht- und Gewalterfahrungen sind derartige Gattungen hingegen gerade erst im Entstehen begriffen – man könnte partizipative Kunstprojekte nennen (z. B. Elfriede Jelineks *Die Schutzbefohlenen* in der Regie von Tina Leisch und Bernhard Dechant in Wien 2016) oder Romane von Menschen mit jüngeren Fluchtbiografien wie Abbas Khider mit seinem Roman *Ohrfeige* (2016).

Dass eine derartige Gattungsfrage nicht nur Sprechen, sondern auch Zuhören betrifft, hat ebenfalls die historische Auseinandersetzung mit der NS-Vergangenheit gezeigt. Erst ab den 1980er-Jahren stieg das Interesse an ‚Überlebendentexten' sprunghaft an (vgl. Jaiser 2006). Auch Jorge Semprún[8] stellt die Frage nach einem funktionierenden Kommunikationsmodell in *Schweigen oder Leben*: Schwierig sei „nicht das Erzählen, wie schwierig es auch sein mag ... Sondern das Zuhören ... Wird man unseren Geschichten zuhören, auch wenn sie gut erzählt sind?" (Semprún 1995, 150) Auch in *Die kommenden Jahre* zeigt Gstrein an zentraler Stelle, dass der Akt des Zuhörens nicht selbstverständlich ist, wenngleich er integraler Teil eines funktionierenden Kommunikationsmodells ist: Als Richard und Herr Farhi erst *nach* Erscheinen der ‚Schmonzette' ein längeres Gespräch unter vier Augen führen, wird Richard bewusst, dass er „bei den ersten beiden Begegnungen selbst das Gespräch nicht gesucht" und bis dahin sein Wissen über Familie Farhi vermittelt über Natascha bezogen hat. Nun findet Richard sich in einer Situation, in der ihm „jede weitere Frage, die ich ihm stellen konnte, wie Teil eines Verhörs vorkam [...] und mit allem, was ich jetzt sagen konnte, lief ich Gefahr, ihm entweder zu nahe zu treten oder, wenn ich das nicht riskierte, den Eindruck zu erwecken, sein Schicksal lasse mich kalt" (Gstrein 2018, 77).[9]

Als ‚multidirektionale Erinnerung' kann die narrative Verflechtung von NS-Vergangenheit und ‚Flüchtlingskrise' in *Die kommenden Jahre* insofern bezeichnet werden, als Diskurse aus der ‚NS-Vergangenheitsbewältigung' als diskursiver Intertext des Romans fungieren, von dem aus neue Erinnerungsmodi für ein neues

---

[7] Also ‚Gattungen' verstanden als ‚Sprechgattungen', mit denen nicht nur literarische Gattungen, sondern eine Vielzahl von sprachlichen Äußerungsformen unterschiedlicher Genres gemeint sind – literarische Gattungen sind bei Bachtin lediglich ein spezieller Fall von ‚Sprechgattungen' (vgl. Bachtin 2017).

[8] Der in Gstreins Werk wichtige Referenzautor Semprún zeige in seinen Büchern, so Gstrein, einen Erzähler, der sich des Paradoxons bewusst sei, dass die Schicksale der Ermordeten nur durch Stellvertreterfiguren erzählt werden können (vgl. Gstrein 2004, 53).

[9] Für ähnliche kommunikative Unsicherheiten vgl. z. B. Gstrein 2018, 123, 133, 166.

gesellschaftliches Phänomen konzeptualisiert werden können. Stellt man *Die kommenden Jahre* in einen werkbiografischen Zusammenhang, zeigt sich ferner, wie sich darin Hinweise auf die NS-Vergangenheit, Gstreins Erzählskeptizismus und die Auseinandersetzung mit *agency* zu einer Suche nach einem Kommunikationsmodus verbinden: Während sich für Diskurse der ‚NS-Vergangenheitsbewältigung' konventionalisierte Sprechbegegnungen etabliert haben, die sich auch in konventionalisierte literarische Muster und erinnerungspolitische Konventionen übersetzen lassen, entstehen derartige Muster für einen kommunikativen, literarischen oder gar erinnerungspolitischen Umgang mit den jüngsten Migrationsbewegungen erst. Gstreins Roman weist auf die Relevanz derartiger Muster hin, die eng mit aktuellen Entwicklungen im Umgang mit geflüchteten Menschen, aber auch im *Sprechen über* sie – sei es in rechtspopulistischen, medialen oder künstlerischen Diskursen – verbunden ist. Mittels Ko-Repräsentation von NS-Diskursen (diskursive Verweise, Fluchtbiografien, die Frage von *agency*) und dem gesellschaftspolitischen Umgang mit zeitgenössischen Migrationsbewegungen zeigt Gstrein Beginn und Prozess derartiger Erinnerungsarbeit – und auch Formen deren Scheiterns.

3 Zur Universalität von Fluchterfahrungen – Vladimir Vertlibs *Viktor hilft*

Vertlibs Arbeiten beziehen seit seinen ersten beiden Veröffentlichungen *Abschiebung* (1995) und *Zwischenstationen* (1999) Impulse aus der Biografie des 1966 in Leningrad geborenen jüdischen Autors;[10] sie ist gezeichnet von der Emigration der Familie (1971) über mehrere Stationen nach Österreich. Die Erfahrungen von Entwurzelung, Sprachwechsel, Identitätssuche und einem Leben in (metaphorischen und konkreten) Zwischenräumen prägen viele von Vertlibs Arbeiten. Nicht zufällig werden seine Romane vornehmlich in der interkulturellen Germanistik rezipiert: Für Susanne Düwell ist Vertlibs Chamisso-Poetikvorlesung „einer Theorie der Transkulturalität verpflichtet" (Düwell 2012, 89), Joanna Dynda sieht „Fragen nach einer tragfähigen Identität sowie nach kultureller Verwurzelung"

---

10 Im ersten Teil seiner Poetik-Vorlesung *Spiegel im fremden Wort* widmet sich Vertlib „der Erfindung des eigenen Lebens als Literatur": Nach der Emigration habe es „fast fünfzehn Jahre gedauert, bis ich die notwendige Distanz zu haben glaubte, um über meine Erlebnisse als Kind und als Jugendlicher zu reflektieren und sie zu Literatur zu verdichten. So entstand mein erstes Buch [...] *Abschiebung*" (Vertlib 2007, 22). Zur Biografie des Autors als „Prämisse seines Erzählens" (Teufel und Schmitz 2007, 201) vgl. das Nachwort zu *Spiegel im fremden Wort*.

(Dynda 2012, 103) als Kernthema bei Vertlib und laut Primus-Heinz Kucher haben Vertlibs Arbeiten „den Erinnerungs- und den Identitätsdiskurs mit den vielfältigen Erfahrungen einer nomadischen familiären Lebensgeschichte, mit Emigrationen und Immigrationen [...] verknüpft" (Kucher 2008, 189). Bei all dem kehren insbesondere jüdische Geschichte und Judentum als zentrale Themen in Vertlibs Prosa wieder (vgl. z. B. die Romane *Letzter Wunsch*, 2003 oder *Schimons Schweigen*, 2012); in *Am Morgen des zwölften Tages* (2009) stehen auch Bilder von ‚Orient' und Islam – zeitgenössische wie historische während der NS-Herrschaft – im Mittelpunkt.

In *Viktor hilft* verbindet Vertlib manche dieser Themen im Geschehen um den 43-jährigen Protagonisten Viktor, der als Kind aus Russland nach Österreich kam, mittlerweile im bayrischen Freilassing wohnt und 2015 ehrenamtlich in einem Salzburg Durchgangslager mitarbeitet, als die Anzahl Asylsuchender rapide ansteigt. Die Begegnung mit den Geflüchteten fungiert als kontinuierlicher Auslöser für Erinnerungen an Viktors eigene Biografie, sodass dieser Erzählstrang nicht nur in die vignettenartig dargestellte Fluchterfahrung von Menschen in Mitteleuropa führt, sondern auch Schlaglichter auf Viktors Migrationserfahrung wirft. Dass er völlig unerwartet von seiner (angeblichen) Vaterschaft der zwanzigjährigen Lisa erfährt, die vorübergehend bei einem AfD-Funktionär wohnt, motiviert die Verlagerung der Handlung in die fiktive Stadt Gigricht: Viktors Erinnerungen an früher treten im Vergleich zum ersten Drittel des Romans nun in den Hintergrund zugunsten einer zugespitzten Darstellung zeitgenössischer rechtsnationaler Diskurse. Viktors Judentum wird hier zur identitätspolitischen Kategorie insofern, als er als einzig möglicher Retter Lisas aus ihren politischen Verirrungen dargestellt wird: „‚Nur du kannst sie zurückholen', stöhnte Gudrun [...]. ‚Weil du Jude bist.'" (Vertlib 2018, 39)

Wenngleich der inhaltliche Fokus des Romans also – ähnlich wie bei Gstrein – auf zeitgenössischen (gesellschafts-)politischen Reaktionen auf jüngste Fluchtbewegungen nach Europa liegt und nicht auf der NS-Diktatur, bilden auch in *Viktor hilft* historische Fluchtnarrative sowie die NS-Vergangenheit einen Subtext des Romans und werden verschiedenartig in den Text verwoben. Als erstes Beispiel ist als Element des Peritextes das Gedicht *Die Grenze* zu nennen, das dem Roman vorangeht: Die Biografie seiner Verfasserin, der polnisch-jüdischen Lyrikerin Tamar Radzyner (1927 Łódź–1991 Wien), zeigt räumliche, kulturelle und sprachliche[11] Migrationsprozesse und verbindet Vertlibs Roman damit

---

11 Jiddisch war ihre Mutter-, Polnisch ihre Schulsprache, um 1964 wechselte ihre Literatursprache aus dem Polnischen ins Deutsche (vgl. Kaiser 2008). Das Gedicht evoziert auch Bilder von Fremdheit („ich kenne / die Anderen nur so / wie man ein Haus kennt / an dessen Toren man

von Beginn an mit NS-Vergangenheit und Fluchterfahrungen. Radzyner überlebte nicht nur als Widerstandskämpferin das Ghetto Łódź, sondern auch die Lager Auschwitz-Birkenau, Stutthof und Flossenbürg; ab 1959 lebte sie in Wien, wo sie unter anderem mit Georg Kreisler zusammenarbeitete.

Die erste Episode des Romans erweitert dieses Bedeutungsgeflecht, das der Peritext eröffnet hat, um ein konkretes Bild von Migrationserfahrung:

> Der Mann beugte sich hinunter zu dem Kind. Das Kind wich aus, machte einen Schritt zurück. Der Mann verzog das Gesicht zu einem bemühten Lächeln, sagte ein paar Worte in der fremden Sprache und streckte die Hand nach dem Kind aus. Die Geste hatte etwas Zaghaftes und Insistierendes zugleich. Der Tonfall der Sprache, den das Kind zu deuten glaubte, obwohl es kein Wort verstand, machte ihm Angst. [...] Das Kind wusste, dass es die Schokolade haben könnte, wenn es den Fingern erlauben würde, durch sein Haar zu streichen oder seine Wange zu tätscheln, aber es konnte und wollte sich nicht berühren lassen. [...] Man hatte es hierher versetzt, in ein Land, in dem der Himmel senkrecht stand und die Sprache stets wie Hohn in sein Gesicht geschüttet wurde. Seine Mutter wechselte mit dem Mann einige Sätze in der fremden Sprache. Sie sprach sehr langsam, stockend, und ihr Tonfall ließ jene Selbstsicherheit vermissen, die das Kind sonst von ihr kannte. Dann fasste sie das Kind sanft an den Schultern und schob es in Richtung des Mannes. (Vertlib 2018, 7–8)

Dass sich die hier erzählte Fremdheitserfahrung nicht konkret historisch verorten lässt, bedingen die ausbleibende räumlich-zeitliche Verortung der Episode sowie die mangelnde Konkretisierung der Figuren: ‚Der Mann', ‚das Kind' und ‚die Mutter' tragen weder Namen noch individuelle Eigenschaften; Erfahrungen der ‚fremden Sprache', der ‚Angst' sowie die ‚mangelnde Selbstsicherheit' zeitigen eine verbreitete Situation. Schließlich setzt das unpersönliche Passiv („Man hatte es hierher versetzt") das Kind als Objekt, das einer höheren Macht ausgeliefert ist, ins Bild. Diese sprachlichen und erzählerischen Mittel entwerfen die Szene des hilflosen Kindes begleitet von einer eingeschüchterten Mutter, der ein befremdender Mann zur Hilfe kommt, als archetypisch und betonen die Universalität der Situation. Auffällig ist dieser Beginn vor allem deshalb, weil er sich stark von der Erzählhaltung des restlichen Romans absetzt, in dem die Illusion geringer erzählerischer Distanz zu Viktor und damit zum erzählten Geschehen herrscht – neben vielen Dialogen bedingen häufige Einblicke in Viktors Gefühlswelt und persönliche Erinnerungen (bis hin zu sexuellen Begegnungen) große erzählerische Nähe.

Nun erfährt diese Eingangssequenz im Laufe des Romans zwei mögliche Konkretisierungen, in denen Viktor sowohl die Rolle des Mannes als auch jene des

---

vorübergeht") und sprachlicher Entwurzelung („Die Worte / reichen wir uns /wie Schlüssel / Sie passen nicht / und schließen nichts auf"; Vertlib 2018, 5).

Kindes einnimmt: Als Helfender tritt er in dem unmittelbar auf die oben zitierte Passage folgenden Absatz auf, den der Satz „Viktor hielt dem Kind den geflochtenen Korb mit Süßigkeiten und Keksen hin" (Vertlib 2018, 8) einleitet: Er hilft im Durchgangslager einem geflüchteten Kind und beobachtet in dessen Mutter

> denselben Blick wie Jahrzehnte zuvor [bei] Viktors Mutter, eine Mischung aus Wehmut, Angespanntheit, Erschöpfung und Resignation, erwartungsvoll und gleichzeitig in sich gekehrt. (Vertlib 2018, 8)

Rund zweihundert Seiten später wird die zitierte Eingangssequenz wortgleich wiederholt, nun Viktor in der Rolle des Kindes zeigend: Als Teilnehmer einer Podiumsdiskussion wird er gebeten, „etwas zum Thema Flucht, Fremdsein und Migration zu sagen" und entscheidet sich für die Lesung eines „autobiografischen Bericht[s]" (Vertlib 2018, 216); dieser ist wortgleich mit der Eingangssequenz des Romans.

Auf die Bedeutung dieses selbstreferenziellen Erzählmoments ist noch zurückzukommen; zuvor seien noch weitere Fluchtnarrative genannt, die der Roman andeutet: Dazu zählen beiläufige Selbstaussagen von Figuren wie jene einer Gigrichter Flüchtlingshelferin, die erzählt: „[I]ch bin in der Türkei geboren, meine Familie weiß, was Verfolgung bedeutet. Wir sind Kurden" (Vertlib 2018, 198). Ein weiteres Beispiel ist ein nebenbei fallender impliziter Vergleich bei der Beschreibung einer Brücke zwischen Salzburg und Freilassing, der archaisch-religiöse Bilder von Migration mit historischen Auswanderungswellen verbindet: Dort können „die Flüchtlingsgruppen ins Gelobte Land übersetzten [...] an das Ufer des bayerischen Ellis Island" (Vertlib 2018, 63). Andere Fluchtnarrative sind stärker mit der deutsch-österreichischen Geschichte verbunden und werden anhand von weiteren Nebenfiguren eingeführt: Die Kellnerin Olga ist „Kontingentflüchtling", liiert mit einem „Russlanddeutsche[n]" (Vertlib 2018, 113), und erzählt von Einwanderungsbedingungen für ‚Russlanddeutsche' nach Deutschland. Schließlich erinnert sich Viktor an eine Patientin in der geriatrischen Tagesklinik, in der er seinen Zivildienst absolviert hat, die oft von ihrer „Flucht aus dem Sudetenland" und vom Tod ihrer Eltern erzählte, die „im Sommer 1945 auf dem Marsch von Brünn nach Niederösterreich umgekommen" waren (Vertlib 2018, 66).[12]

---

[12] Gerade die Erinnerung an Sudetendeutsche als ‚Opfer' ist im österreichischen Literaturkanon wenig etabliert und wurde lange Zeit reaktionären Diskursen überlassen; Ausnahmen sind etwa Ilse Tielschs Arbeiten. Wie auch ‚Deutsche als Opfer' erst um die Jahrtausendwende als literarisches Thema salonfähig wurden (z. B. W.G. Sebalds *Luftkrieg und Literatur* 1997 oder Günter Grass'

Damit sind Flucht- und Migrationserfahrungen also für viele Figurenbiografien in *Viktor hilft* charakteristisch; stellt man sie in einen Zusammenhang mit dem oben genannten selbstreferenziellen Erzählmoment, lassen sich daraus wesentliche Rückschlüsse auf Vertlibs Konzeptualisierung von Fluchterfahrungen ziehen: Der Rollenwechsel zwischen Viktor-als-geflüchtetes-Kind und Viktor-als-helfender-Mann betont die Universalität gewisser Momente von Fluchtbiografien – Rollen von Geflüchteten und Helfenden sind kontingent und hängen von historischen und gesellschaftspolitischen Gegebenheiten ab. Dies bedeutet jedoch nicht, dass unterschiedliche Arten von Fluchtbewegungen losgelöst von den jeweiligen historischen Konstellationen verstanden werden dürfen. So lehnt Vertlib selbst die Gleichsetzung von seiner Migrationserfahrung einerseits und Exil-, Flucht- und Vertreibungserfahrungen während der NS-Diktatur andererseits entschieden ab (vgl. Teufel und Schmitz 2007, 210). Trotz gewisser universeller Erfahrungen unterscheidet sich seine eigene Migrationserfahrung von Flucht vor einem Genozid. Ein derartiger Blick auf Fluchterfahrungen, der sowohl elementare Unterschiede als auch universelle Momente mit einschließen kann, zeichnet auch das erzählerische Prinzip von *Viktor hilft* aus, da im Sinne nicht-konkurrenzbetonter Engführung von Fluchterfahrungen keine Gleichsetzung divergierender Erinnerungsinhalte postuliert wird.

Dass im deutschsprachigen Raum trotz alledem die Shoah das Paradigma aller Flucht- und Gewalterfahrungen ist, welches das subkutane Narrativ des Romans bildet, signalisiert sodann der Handlungsort Gigricht. Er ist werkbiografisch signifikant, da die Verlagerung der Handlung von Salzburg in die fiktive Stadt Gigricht erstens die literaturhistorisch bewährte Möglichkeit eröffnet, gesellschaftliche bzw. politische Dispositionen verdichtet zu zeigen. Bereits die Beschreibung der Stadt reflektiert diese literarische Strategie, wenn die Unterkunft für asylsuchende Menschen ausgerechnet in der Sophie-Scholl-Straße steht, in der Mitte eines von Wohnhäusern umgebenen Parks (die neue Asylantenunterkunft wird übrigens in der Straße des 20. Juli errichtet). In den Wohnhäusern wohnt das AfD-Geschwisterpaar Beate und Bruno Beck, im Haus direkt gegenüber ihre linksliberale Cousine Barbara. Hinzu kommt, dass Gigricht auch Handlungsschauplatz der 2001–2009 erschienenen ‚Gigricht-Trilogie'[13] ist. Innerhalb von Vertlibs Werkbiografie ruft bereits der Schauplatz Fluchterfahrungen im Kontext antisemitischer Verfolgung auf, denn *Das besondere Gedächtnis der Rosa Masur* – der Auftakt der Trilogie – erzählt von der 92-jährigen Rosa Masur, jüdi-

---

Im Krebsgang 2002), haftete auch der Vertreibung der Sudetendeutschen lange ein gewisses Stigma an.

13 Die Romane *Das besondere Gedächtnis der Rosa Masur, Letzter Wunsch, Am Morgen des zwölften Tages.*

sche ‚Kontingentflüchtling' aus Russland, deren Familienbiografie und Lebensgeschichte antisemitische Gewalt säumt. Vertlibs fiktives Gigricht steht also für eine literarische Topografie ein, in der Fluchtnarrative und antisemitische Gewaltvergangenheit verdichtet ein Panorama jüdischen Lebens in Europa entwerfen.

An die im Peritext aufgerufenen Kontexte von Shoah und Antisemitismus knüpft Viktors Familiengeschichte an, die von der Jugend der Großmutter im antisemitischen Polen der Zwischenkriegszeit über die Ermordung vieler Verwandter durch die Nationalsozialist_innen, den Antisemitismus in Lemberg nach 1945 bis hin zu Judenfeindlichkeit im Österreich von Viktors Jugend führt. Auch außerhalb biografischer Erzählungen werden Verweise auf ‚jüdische Identität' kontinuierlich in den Text eingeflochten, etwa im Falle von jüdischen Traditionen (vgl. Vertlib 2018, 162) oder im wiederholt thematisierten Stereotyp der ‚jüdischen Nase' bzw. des ‚jüdischen Aussehens' (vgl. z. B. Vertlib 2018, 116 – 117, 133 – 134, 137, 188). Viktors Judentum wird darüber hinaus in der Begegnung mit den muslimischen Asylsuchenden virulent, wenn er im Flüchtlingscamp sein Judentum verschweigt, obwohl es „für ihn selbst von fundamentaler Wichtigkeit war und worüber er andernorts seit Jahren offen zu sprechen vermochte" (Vertlib 2018, 19).

Dieses frühe Eingeständnis öffnet den Erzählraum für Vertlibs Engführung von NS-Erinnerung und gegenwärtigen Fluchtbewegungen aus muslimischen Ländern: Sie betrifft erstens wiederholte Verweise auf muslimischen Antisemitismus. Diese können subtiler Natur sein – etwa das Posting *Free-Palestine!* auf der Facebook-Seite eines muslimischen Flüchtlingshelfers oder das Kompliment eines Asylsuchenden, Viktor sei nett, obwohl er Jude ist (vgl. Vertlib 2018, 19 und 193) – oder offen antisemitisch wie etwa die Feststellung „wenn Sie Jude sind, dann sicher ein Schwein, wie der Koran sagt" (Vertlib 2018, 210). Diese Äußerungen gipfeln in der Verkehrung historischer Rollen von ‚Opfern' und ‚Tätern', als eine junge Frau Viktor erzählt, sie sei von türkischen Schulkollegen „als schmutzige Jüdin" bezeichnet worden, die meinten, „die Juden seien die Nazis von heute, weil sie in Israel die Moslems unterdrücken" (Vertlib 2018, 118). Die Verknüpfung von NS-Erinnerung und gegenwärtigen Fluchtbewegungen aus muslimischen Ländern erfolgt zweitens, indem Vertlib rechtsextremen Antiislamismus und antisemitische NS-Diskurse im Roman verbindet – vordringlich mittels Viktors Lektüre von Facebook-Postings diverser AfD-Anhänger_innen, die als direkte Zitate in den Roman integriert werden; so *„Wir werden die Invasoren besiegen, werft jetzt schon die Öfen an: Es wird Asche regnen, und es wird nicht unsere sein!"* (Vertlib 2018, 164) Und drittens kommt es zu Parteinahmen *für* geflüchtete Muslime, wenn etwa behauptet wird „[d]ie Moslems sind die Juden von heute" (Vertlib 2018, 184).

Kommunikation mit geflüchteten Menschen kann zwar aufgrund von Sprachbarrieren schwierig oder unmöglich sein (beispielsweise spricht der Südsudanese Arok nur seine Regionalsprache), allerdings werden grundsätzliche Kommunikations*modi* nicht in Frage gestellt. Die vielen im Roman direkt wiedergegebene Gespräche zwischen Viktor und Menschen mit Fluchtbiografien, Asylsuchenden oder AfD-Anhänger_innen mögen konfliktreich verlaufen, jedoch resultieren die Konflikte aus inkompatiblen Meinungen oder politischen Positionen; diese werden erfolgreich kommuniziert. Die vielen Dialoge bewirken – wie auch direkt wiedergegebene Facebook-Postings oder Fernsehinterviews, die Viktor liest oder hört – große erzählerische Nähe zwischen impliziten Leser_innen und Figuren. Somit werden nicht Kommunikationsmodi problematisiert, sondern das ideologische und diskursive Spektrum, das die jüngste ‚Flüchtlingswelle' zur Folge hat.

Ausgehend vom Peritext des Romans, dessen Eröffnungssequenz, Viktors Familiengeschichte samt Shoah-Vergangenheit und kontinuierlich erlebtem Antisemitismus, über Erzählungen von anderen historischen Fluchtnarrativen bis hin zum werkbiografisch relevanten Handlungsort Gigricht verbinden sich die Themen Judentum, Exilerfahrung und NS-Vergangenheit also zu einem Intertext mit der Shoah als zentralem Subtext. In *Viktor hilft* stehen unterschiedliche Flucht- oder Migrationsnarrative dabei jedoch gleichberechtigt nebeneinander, sodass der Roman ein Panorama von verschiedenen Formen des Antisemitismus sowie der Instrumentalisierung der NS-Vergangenheit für gegenwärtige politische Agenden zeichnet. Dabei legt Vertlib seinem Protagonisten einen Satz in den Mund, der als poetologisches Prinzip des Romans gelesen werden kann: „,Die Moslems sind nicht die Juden von heute', sagte Viktor. ‚Historische Vergleiche sind interessant, aber selten richtig.'" (Vertlib 2018, 184) Ko-Repräsentation von NS-Vergangenheit und geflüchteten (muslimischen) Menschen zielt damit in *Viktor hilft* nicht auf deren Parallelisierung, sondern wird lesbar als Zeitdiagnose, die vereinfachte Bilder wieder verkompliziert: Anders als simplifizierende rechtspopulistische Diskurse stellt Vertlibs Roman verschiedene Rassismen – etwa zeitgenössische Islamophobie, nationalsozialistischen und islamischen Antisemitismus – gegeneinander und dringt zu gewissen universellen Erfahrungsmomenten von Fluchtbiografien vor.

4 Multidirektionalität und Erinnerungsarbeit *in vivo*

In *Die kommenden Jahre* sowie in *Viktor hilft* werden NS-Vergangenheit und die jüngste ‚Flüchtlingskrise' ko-repräsentiert. Sie stehen nicht lediglich in einem Text neben-, sondern treten in ein Verhältnis zueinander, das als ‚multidirektional' in dem Sinne bezeichnet werden kann, als sich die Ereignisse gegenseitig perspektivieren. In der eingangs zitierten FPÖ-Rhetorik wird die NS-Vergangenheit instrumentalisiert, um gegenwärtige xenophobe Diskurse zu legitimieren. Diese Spielart der Instrumentalisierung bedient sich der Erfahrung des Genozids sowie des Schicksals verfolgter Menschen und wertet diese für rechtsnationale Politik um. Ausgehend von derartigen ideologischen und diskursiven Verknüpfungen erkunden beide Romane, welche Bestände von NS-Erinnerung und NS-Erinnerungspolitik herangezogen werden bzw. herangezogen werden *können*, wenn die genannte gesellschaftspolitische Zeitgenossenschaft in Literatur transformiert wird; sie stehen damit am Anfang von zeitgenössischer Erinnerungsarbeit. Während Vertlib sich auf Fluchtbiografien und -narrative konzentriert sowie diverse populistische, xenophobe oder antisemitische Diskurse nebeneinanderstellt, fragt Gstrein nach Kommunikationsmodi, literarischen Mustern und erinnerungspolitischen Konventionen.

Gstreins und Vertlibs Erzählstrategien unterscheiden sich fundamental: Während es Gstreins distanzierter Erzählhaltung und seiner repräsentationskritischen Poetologie entspricht, dass Richard etwa von den gewalttätigen (diskursiven und körperlichen) Handlungen gegen Familie Fahri vergleichsweise unbeeindruckt bleibt, zeichnet Vertlib seinen Protagonisten als leicht affizierbar. Außerdem bildet Vertlib rechtsextreme und xenophobe Diskurse direkt im Text ab, während (verbale und körperliche) Gewalt bei Gstrein meist ein dunkler Fleck bleibt und nur in ihren Auswirkungen manifest wird (die gefesselten Kinder etc.). Während bei Gstrein die betonte Unzuverlässigkeit alles Erzählens und Erzählten die Frage nach funktionierenden Kommunikationsmodi aufwirft, problematisiert Vertlib sprachliche und erzählerische Zugriffe auf ‚Wirklichkeit' nicht, das Funktionieren von Kommunikation ist eine Prämisse seines Erzählens. Während also Gstrein mittels repräsentationskritischer Erzählstrategien auf der Suche nach Kommunikationsmodi geht, entwirft Vertlibs Prosa das Bild einer anthropologischen Universalerfahrung von Flucht; nicht ein allgemeingültiges Kommunikationsmodell steht im Fokus, sondern die berechtigte Gleichzeitigkeit unterschiedlicher Fluchterfahrungen.

Damit leisten beide Autoren Erinnerungsarbeit, indem sie etablierte Erinnerungsbestände auf Erinnerungsarbeit *in vivo* beziehen – also auf Erinnerungsarbeit im Jetzt, an der ihre Literatur partizipiert. Beide entscheiden sich dabei für ein offenes Ende: Bei Gstrein stehen drei mögliche Enden nebeneinander; in *Viktor hilft* bleibt offen, ob Viktor mit oder ohne Lisa nach Salzburg zurückkehrt und wie sich ihr Verhältnis entwickelt. Die Offenheit unterstreicht die Unabgeschlossenheit der Problemstellung und der Erinnerungsarbeit – sowohl in der Literatur als auch in der Wirklichkeit, auf die sie sich bezieht.

Literatur

Agamben, Giorgo. *Was von Auschwitz bleibt. Das Archiv und der Zeuge.* Frankfurt am Main: Suhrkamp, 2003 [1998].
Bachtin, Michail. *Sprechgattungen.* Berlin: Matthes & Seitz, 2017.
Drüeke, Ricarda, Elisabeth Klaus und Anita Moser. „Mediale und künstlerische Bild-Diskurse zu Flucht und Migration". In *Migration bildet.* Hg. Anja Hartung-Griemberg und Christine Trültzsch-Wijnen und Robert Obermair. Baden-Baden: Nomos, 2017. 315–335.
Düwell, Susanne. „Hybridität, Diaspora, Bruch: Poetologische Konzepte deutsch-jüdischer Gegenwartsliteratur am Beispiel von Vertlib, Biller und Rabinovici". In *National – postnational – transnational? Neuere Perspektiven auf die deutschsprachige Gegenwartsliteratur aus Mittel- und Osteuropa.* Hg. Renata Cornejo, Sławomir Pintek und Sandra Vlasta. Ústí nad Labem: Univerzita J. E. Purkyně v Ústí nad Labem, Filozofická fakulta, 2012. 81–102.
Dunker, Axel. *Die anwesende Abwesenheit: Literatur im Schatten von Auschwitz.* München: Fink, 2003.
Dynda, Joanna. „‚Der ewige Jude im Hamsterrad'. Zur Literatur und zum Literaturverständnis von Vladimir Vertlib". In *National – postnational – transnational? Neuere Perspektiven auf die deutschsprachige Gegenwartsliteratur aus Mittel- und Osteuropa.* Hg. Renata Cornejo, Sławomir Pintek und Sandra Vlasta. Ústí nad Labem: Univerzita J. E. Purkyně v Ústí nad Labem, Filozofická fakulta, 2012. 103–117.
Friedländer, Saul (Hg.). *Probing the Limits of Representation. Nazism and the ‚Final Solution'.* Cambridge, MA: Harvard University Press, 1992.
Gstrein, Norbert. *Wem gehört eine Geschichte?* Frankfurt am Main: Suhrkamp, 2004.
Gstrein, Norbert. *Die kommenden Jahre.* München: Hanser, 2018.
Gumpert, Gregor. „Noch einmal: das ‚gemiedene Thema'. Zur literarischen Reflexion auf Flucht und Vertreibung 1945/46". *Internationales Archiv für Sozialgeschichte der deutschen Literatur* 30.2 (2006): 104–116.
Jaiser, Constanze. „Die Zeugnisliteratur von Überlebenden der deutschen Konzentrationslager seit 1945". In *Shoah in der deutschsprachigen Literatur.* Hg. Norbert Otto Eke und Hartmut Steinecke. Berlin: Erich Schmidt, 2006. 107–134.
Jikeli, Günther. „Einstellungen von Geflüchteten aus Syrien und dem Irak zu Integration, Identität, Juden und Shoah. Forschungsbericht". American Jewish Committee Berlin, 2017. https://ajcberlin.org/sites/default/files/ajc_studie_gefluechtete_und_antisemitismus_2017.pdf (12.02.2020).
Kaiser, Konstantin. „Erster Versuch über Tamar Radzyner". In Konstantin Kaiser. *Ohnmacht und Empörung. Schriften 1982–2006.* Hg. Primus-Heinz Kucher, Karl Müller und Peter Roessler. Wien und Klagenfurt: Theodor Kramer Gesellschaft und Drava, 2008. 325–337.

Kertész, Imre. „Wem gehört Auschwitz?" *Die Zeit*, 19. November 1998. https://www.zeit.de/1998/48/Wem_gehoert_Auschwitz_ (31.1.2019).

Khider, Abbas. *Ohrfeige*. München: Hanser, 2016.

Knigge, Volkhard und Norbert Frei. „Einleitung". In *Verbrechen erinnern. Die Auseinandersetzung mit Holocaust und Völkermord*. Hg. Volkhard Knigge und Norbert Frei. München: Beck 2002. VII–XII.

Koselleck, Reinhart. „Formen und Traditionen des negativen Gedächtnisses". In *Verbrechen erinnern. Die Auseinandersetzung mit Holocaust und Völkermord*. Hg. Volkhard Knigge und Norbert Frei. München: Beck, 2002. 21–32.

Kramer, Sven. „Erzählen im Nachkrieg. Zu Norbert Gstreins Roman *Die Winter im Süden*". In *Kriegsdiskurse in Literatur und Medien nach 1989*. Hg. Carsten Gansel und Hermann Korte. Göttingen: Vandenhoeck & Ruprecht, 2011. 137–163.

Kucher, Primus-Heinz. „Vladimir Vertlib – Schreiben im ‚kulturellen Zwischenbereich'". In *Eine Sprache – viele Horizonte ... Die Osterweiterung der deutschsprachigen Literatur. Porträts einer neuen europäischen Generation*. Hg. Michaela Bürger-Koftis. Wien: Praesens, 2008. 177–190.

Lyotard, Jean-François. *Der Widerstreit*. München: Fink, 1987.

Pelinka, Anton. „Der Preis der Salonfähigkeit. Österreichs Rechtsextremismus im internationalen Vergleich". *Homepage des Dokumentationsarchivs des Österreichischen Widerstands*. https://www.doew.at/cms/download/bvfs9/pelinka_rechtsextremismus-1.pdf (31.1.2019).

Rothberg, Michael. *Multidirectional Memory. Remembering the Holocaust in the Age of Decolonization*. Stanford, CA: Stanford University Press, 2009.

Rothberg, Michael. „Von Gaza nach Warschau: Die Kartierung des multidirektionalen Gedächtnisses". In *‚Holocaust'-Fiktion. Kunst jenseits der Authentizität*. Hg. Iris Roebling-Grau und Dirk Rupnow. Paderborn: Fink, 2015. 37–61.

Semprún, Jorge. *Schreiben oder Leben*. Frankfurt am Main: Suhrkamp, 1995.

Stockhammer, Robert. *Ruanda. Über einen anderen Genozid schreiben*. Frankfurt am Main: Suhrkamp, 2005.

Taterka, Thomas. *Dante Deutsch. Studien zur Lagerliteratur*. Berlin: Erich Schmidt, 1999.

Teufel, Annette und Walter Schmitz. „Wahrheit und ‚subversives Gedächtnis'. Die Geschichte(n) von Vladimir Vertlib". In *Spiegel im fremden Wort. Die Erfindung des Lebens als Literatur*. Dresden: Thelem, 2007. 201–253.

Vertlib, Vladimir. *Spiegel im fremden Wort. Die Erfindung des Lebens als Literatur*. Dresdner Chamisso-Poetikvorlesungen 2006. Dresden: Thelem, 2007.

Vertlib, Vladimir. *Viktor hilft*. Wien: Deuticke, 2018.

Young, James Edward. *Beschreiben des Holocaust. Darstellung und Folgen der Interpretation*. Frankfurt am Main: Suhrkamp, 1992.

Anna Brod
Shoah und NSU-Morde – „racism past and present": Ko-Erinnerung bei Esther Dischereit

Das Postulat von der Singularität der Shoah gilt in Deutschland seit dem Historikerstreit als Argument dagegen, diese mit einem anderen Gewaltverbrechen zusammenzudenken. In den letzten Jahren wurden jedoch erste Versuche unternommen, die Vorstellung aufzubrechen, dass „jeglicher Vergleich anderer historischer Gewaltverbrechen mit der Shoah ihrer Trivialisierung gleichkommt" (Henke und Vanassche 2018), und stattdessen Wege eines Ko-Erinnerns jenseits der Konstruktion von Opferkonkurrenzen und Erinnerungshierarchien zu entwickeln versucht. Als Beispiele hierfür können die theoretischen Arbeiten Michael Rothbergs (2009) und Aleida Assmanns (2013) gelten, aber auch in der künstlerischen Praxis finden sich erste Momente solcher Formen von Ko-Erinnerung, wie im Folgenden am Beispiel von literarischen Texten gezeigt wird, die die Shoah und die Morde des ‚Nationalsozialistischen Untergrunds' (NSU) in einen Zusammenhang bringen.

Da sich die Frage nach Singularität innerhalb eines Vergleichs bei beiden Elementen, die miteinander in Beziehung gesetzt werden, stellt, wird hier zunächst auf die Diskussion um die (angebliche) Singularität der NSU-Morde eingegangen, die Frage nach Singularität also einmal anders gestellt.

1 Die Mordserie des NSU – singulärer Fall oder Teil einer Kontinuitätslinie rechter Gewalt?

Im November 2011 trat die Existenz einer neonazistischen terroristischen Gruppierung durch deren Selbstinszenierung in einem zynischen Video ins öffentliche Bewusstsein. Darin stellt sich die Gruppe als ‚Nationalsozialistischer Untergrund' vor und bekennt sich zu zehn Morden an Kleinunternehmern mit türkischem und griechischem Migrationshintergrund sowie an einer Polizistin und zu mehreren rassistisch motivierten Sprengstoffanschlägen. Die Selbstbezeichnung macht die Orientierung der Gruppe an den Verbrechen des Nationalsozialismus offensichtlich (vgl. Kleffner 2018) – bis zur Selbstenttarnung zehn Jahre nach dem ersten Mord waren bei den Ermittlungen der Polizei rechtsextreme Hintergründe der Mordserie jedoch konsequent ausgeschlossen und die Täter_innen im Umfeld der

Opfer gesucht worden. Auch in den Medien wurde diese Auffassung verbreitet und unter dem Schlagwort ‚Dönermorde' über die Fälle berichtet (vgl. Grittmann et al. 2015).

Auf den Schock der Selbstenttarnung des NSU im Jahr 2011 wurde vielfach reagiert, indem der NSU als ‚singulär' eingeordnet wurde. Dies ist etwa in der Anklageschrift der Bundesanwaltschaft der Fall, in der von einer „singuläre[n] Vereinigung aus drei Personen" (zit. nach Tribunal ‚NSU-Komplex auflösen' 2017) gesprochen wird. In synchroner Perspektive wird damit die Existenz eines großen Unterstützer_innen-Netzwerks geleugnet und somit einer gesellschaftlichen Verbreitung rechtsextremen Gedankenguts widersprochen. Eine Erklärung des NSU als Einzelfall scheint es zudem zu ermöglichen, die Weiterentwicklung der ‚Basiserzählung' der bundesdeutschen Gesellschaft, es gebe keine organisierte, gewaltbereite rechte Szene, da die deutsche Gesellschaft aus dem Nationalsozialismus gelernt habe (vgl. Herz 1997, 251), aufrechtzuerhalten. Die These von der Singularität des NSU unterstützt in diachroner Perspektive also das Narrativ einer erfolgreichen Aufarbeitung der nationalsozialistischen Vergangenheit in Deutschland. Exemplarisch illustrieren die Worte des Theaterautors Konstantin Küspert, der in einer Podiumsdiskussion seine Reaktion auf die Selbstenttarnung des NSU beschreibt, diese verbreitete Annahme: „Als der NSU aufflog, war ich zutiefst beschämt. Ich war, wie viele andere, überzeugt, dass Neonazis schlicht zu blöd seien für eine derart konzertierte, über Jahre durchgeführte Anschlagsserie" (o.A. 2015, 220). Nicht nur bei Küspert, sondern auch bei anderen Künstler_innen hat diese Bestürzung über die eigene Fehleinschätzung zur Motivation, sich mit dem NSU auf literarisch-künstlerischer Ebene auseinanderzusetzen, beigetragen.

In der interdisziplinären Forschung zum NSU, die sich seit der Selbstenttarnung entwickelt hat, wird nicht nur kritisch auf die sogenannte Einzeltäter_innen-Theorie, also auf Singularität in synchroner Perspektive, Bezug genommen (vgl. Karakayalı et al. 2017, 15), sondern auch auf die historischen Kontinuitätslinien geblickt, auf denen der NSU verortet werden kann. So untersuchen beispielsweise Çağrı Kahveci und Özge Pınar Sarp (2017), wie die Verbrechen des NSU und die Pogrome der 1990er Jahre in Solingen, Mölln und Rostock-Lichtenhagen im kollektiven Gedächtnis von Migrant_innen türkischer Herkunft verankert sind, und Rolf Gössner (2018) vergleicht Solingen und die NSU-Morde als Verbrechen „unter staatlicher Aufsicht". Das Aufzeigen solcher Verbindungen beschränkt sich jedoch bisher meist auf die Zeit nach 1990. Der Politikwissenschaftler Fabian Virchow, der den NSU als „Prisma auf rechte Gewalt" (Virchow 2014) versteht, weitet den Untersuchungszeitraum hingegen bis in die 1950er und 1960er Jahre aus und nennt z. B. den ‚Bund Deutscher Jugend', die ‚Gruppe Hengst', die ‚Otte-Gruppe' oder die ‚Wehrsportgruppe Hoffmann' als Vorläufer des NSU. In ähnlicher Weise könnte man die Kontinuitäten rechter Gewalt auch mit Blick auf die jüngste

Vergangenheit weiterverfolgen und die im März und Oktober 2018 als terroristische Vereinigungen eingeordneten neonazistischen Gruppierungen ‚Gruppe Freital' und ‚Revolution Chemnitz' als Nachfolger des NSU verstehen.

Es wird also deutlich, dass die These von der Singularität des NSU nicht haltbar ist. Vielmehr kann die Selbstenttarnung des NSU als Zäsur verstanden werden: Die bisher verborgenen Kontinuitäten rechter Gewalt in der deutschen Zeitgeschichte wurden, zumindest ansatzweise, seitdem sichtbar.

Auch im Bereich der Literatur, die als Reaktion auf den NSU entstanden ist, wird dessen angebliche Singularität kritisch beleuchtet. So hebt etwa Elfriede Jelinek in ihrem Theatertext *Das schweigende Mädchen* (Jelinek 2015, UA 27. September 2014 an den Münchner Kammerspielen) die Gegenwärtigkeit antisemitischen Gedankenguts hervor, wie Gerhard Scheit zeigt: Das Motiv der „Furcht vor den Juden" (Jelinek 2015, 250) könne als „Hinweis auf die Gegenwart des Vergangenen; auf die Voraussetzung, das Gemeinsame der NSU-Morde und die Berichterstattung über sie" (Scheit 2015, 108) verstanden werden, wodurch ein kritischer Blick auf die Gesellschaft gerichtet wird, „die mit ihrer Vergangenheit nicht gebrochen hat und darum von ihr jederzeit eingeholt wird" (Scheit 2015, 108). Im Theaterprojekt *Rechtsmaterial*, das am Staatstheater Karlsruhe gezeigt wurde (UA 29. März 2014), weisen Jan Christoph Gockel und Konstantin Küspert auf Parallelen zwischen den Anschlägen Albert Leo Schlageters in der Weimarer Republik mit dem NSU hin und thematisieren dabei auch die Instrumentalisierung Schlageters im Nationalsozialismus als ‚Volksheld' sowie die sogenannte Asyldebatte und die Pogrome gegen Migrant_innen der 90er Jahre. Trotz der deutlichen Bezugnahme auf die Verbrechen des Nationalsozialismus, wie sie sich bereits in der Namensgebung der Terrorgruppe zeigt,[1] werden die NSU-Morde in literarischen Texten jedoch kaum direkt mit der Shoah und den weiteren nationalsozialistischen Genoziden in Verbindung gebracht. Während die zunächst angenommene

---

1 Ein weiterer deutlicher Hinweis auf den Antisemitismus des NSU ist das von Uwe Mundlos entworfene Brettspiel ‚Pogromly', das Heike Kleffner (2018) ausführlich beschreibt:

„Vom Aufbau angelehnt an das bekannte Spiel ‚Monopoly' verfolgt das ‚Spiel' nur einen einzigen Zweck: Die ‚Spieler*innen' versetzen sich in die Rollen von SA- und SS-Mitgliedern und ‚spielen' die Shoah und die Vernichtung der politischen Gegner. Als Währung für das Spielgeld ist Reichsmark ausgegeben. Anstelle von Straßen erwerben die Spieler*innen Städte, die dann ‚judenfrei' gemacht werden sollen. Dies entspricht dem Kauf von Häusern und Hotels bei Monopoly. Das Startfeld ist durch ein Hakenkreuz gekennzeichnet."

Mitglieder des NSU haben des Weiteren die Gefangenen des KZ Buchenwald verhöhnt, indem sie die Gedenkstätte in SA-Uniform besuchten. Außerdem haben sie als Drohbotschaft an Ignatz Bubis, den damaligen Vorsitzenden des Zentralrats der Juden, eine Puppe mit der Aufschrift ‚Jude', einem Davidsstern und einer Schlinge um den Hals von einer Autobahnbrücke gehängt und eine Berliner Synagoge als mutmaßliches Anschlagsziel ausgespäht.

Singularität der NSU-Morde also widerlegt ist und somit einer vergleichenden Perspektive nicht im Weg steht, scheint das Postulat von der Singularität der Shoah weiter ein Hindernis in der, auch literarischen, Erinnerung(skultur) an den NSU zu sein. Eine Ausnahme stellen Texte der Autorin Esther Dischereit dar, die im Folgenden im Hinblick auf die Konstruktion von Ko-Erinnerung untersucht werden.

2 Ko-Erinnerung in Esther Dischereits *Blumen für Otello*

Esther Dischereit, eine zeitgenössische deutsch-jüdische Autorin, die v. a. als Lyrikerin, Hörspielautorin und Essayistin bekannt ist, thematisiert in ihren Arbeiten häufig die Frage nach jüdischer Identität in Deutschland und die Aufarbeitung nationalsozialistischer Vergangenheit (vgl. Dischereit 2001, 2009). Ihre Perspektive auf den NSU ist eine Reaktion auf die mediale Unsichtbarkeit der Hinterbliebenen und Opfer: „Medial dominierten diese Killer. Ich wollte die Betroffenen und die Getöteten sichtbar werden lassen" (Dischereit 2014c, 189).

Blumen für Otello, das zunächst als Opern-Libretto konzipiert, schließlich 2014 als Hörspiel bei *Deutschlandradio Kultur* urgesendet (vgl. Dischereit 2014b) und im selben Jahr als zweisprachige deutsch-türkische Buchausgabe veröffentlicht wurde (vgl. Dischereit 2014a), kann als Portfolio verschiedener Textsorten beschrieben werden: In den lyrischen Klageliedern werden namenlose Opfer betrauert (vgl. dazu Brod 2018), während in den szenischen Passagen und Prosatexten sowie einem dokumentarischen Appendix beispielsweise offene Fragen zum NSU oder Ungereimtheiten sowie Behinderungen der Aufarbeitung, z. B. durch die Vernichtung von Akten, thematisiert werden.

Ihr Werk möchte Dischereit als Form einer literarischen Intervention in Bezug auf Erinnerung(skultur) verstanden wissen. Zu diesem Zweck greift sie auf die Konstruktion von Ko-Erinnerungen der Verbrechen des NSU und der Shoah zurück, welche sowohl im literarischen Text selbst als auch in ihn begleitenden Paratexten[2] zu finden sind. Mit Michael Rothberg lässt sich thesenhaft formulieren: Dischereit verwendet „the presence of widespread Holocaust consciousness as a platform to articulate a vision of [...] racism past and present" (Rothberg

---

[2] In Anlehnung an Gérard Genette (2001) verstehe ich darunter werkinterne oder -externe „Kommentartexte" zu einem ‚eigentlichen Text', die hauptsächlich funktional definiert sind als lektüresteuernde Hilfselemente, die Informationen und Interpretationen liefern" (Wolf 2004, 511), in diesem Fall Interviews der Autorin.

2009, 3). Im Folgenden illustriere ich anhand von Beispielen aus Interviews sowie *Blumen für Otello* zunächst, in welcher Form Dischereit NSU-Morde und Shoah miteinander assoziiert. Anschließend gehe ich auf die Strategien ein, mit denen Dischereit diese Konstruktion von Ko-Erinnerung legitimiert, bevor ich sie mit Bezug auf die Theorien von Michael Rothberg (2009) und Aleida Assmann (2013) knapp einordne.

2.1 Ko-Erinnerung in Paratexten zu *Blumen für Otello*

Dischereit bringt in einem Interview mit *Deutschlandradio Kultur* die Opfer des NSU mit der Shoah und anderen Völkermorden in Verbindung, indem sie eine Parallele in der Begründung der Morde durch die jeweiligen Täter_innen feststellt. Durch die Formulierung ‚unwertes Leben' klingen auch die sogenannten ‚Euthanasie'-Morde der nationalsozialistischen ‚Aktion T4' mit an:

> Ich wusste, dass der Hass auf die jüdische Bevölkerung und schließlich die Ermordung, dass die Völkermorde in anderen Staaten sich auf Ideologien gründeten vom unwerten Leben des Anderen. Aber als ich die Hinrichtungen an den Menschen mit Einwanderungshintergrund sah, konnte und wollte ich zunächst nicht glauben, dass diese Ideologie unter den Bedingungen des demokratischen Staats in Deutschland zur mörderischen Vollendung geführt worden war. [...] Ich wollte, ich könnte es noch immer nicht glauben. (Dischereit 2014d)

In einem weiteren Interview von 2015 betont sie einen zweiten Aspekt, nämlich eine Parallelität in Bezug auf den (befürchteten) Umgang mit Opfern und deren Angehörigen durch eine Mehrheitsbevölkerung[3] in der Zeit nach den Verbrechen:

> Daher hielt ich es für wichtig, die Opfer sozusagen in ein kollektives Gedächtnis, eine kollektive Trauer aufzunehmen. Es war mir ja schon im Zusammenhang mit den Ermordeten der Schoa klar geworden, wie schmerzhaft es für Überlebende ist, dass dieses neue Wir sie nach wie vor ausgrenzt und nicht empathisch begleitet. (Dischereit zit. nach Voglmayr 2015)

Damit einher geht auch Dischereits Beobachtung, dass sowohl die Opfer der Shoah als auch die vom NSU Ermordeten nicht als Individuen wahrgenommen werden, sondern als Opfer-Kollektiv: „Mich hat bewegt, dass die Opfer als Gruppe gesehen wurden, die sie so nicht waren. Es waren einzelne Personen, Persönlichkeiten und Biografien. Dieser Widerspruch hat mich schon bei der Beschäf-

---

[3] Diesen Begriff verwende ich statt ‚Mehrheitsgesellschaft' in Anlehnung an die Empfehlungen der ‚Neuen deutschen Medienmacher e.V.' (vgl. Neue deutsche Medienmacher 2019, 18).

tigung mit den Toten und Getöteten der Shoah beschäftigt" (Dischereit 2014c, 200).

Dischereit markiert in den Interviews die – sowohl im Hinblick auf Akteur_innen als auch auf die zeitliche Verortung – auf unterschiedlichen Ebenen angesetzten Parallelen zwischen NSU-Morden und Shoah als ihre persönliche Wahrnehmung, die mit emotionaler Involvierung einhergeht („Mich hat bewegt [...]" Dischereit 2014c, 200), und begründet so ihre Motivation für die Arbeit an *Blumen für Otello*. Neben dem eingangs zitierten Ziel, mit dem Buch „die Betroffenen und die Getöteten sichtbar werden [zu] lassen" (Dischereit 2014c, 189), also die Opfer des NSU überhaupt in die Wahrnehmung der Mehrheitsbevölkerung zu rücken, kann auch festgehalten werden, dass es ihr darum geht, die Opfer als Individuen darzustellen, um die getrauert werden soll. Versäumnisse, die in der Erinnerung an die Shoah gemacht wurden, wie hier in Andeutung einer Lesart der These von der „Unfähigkeit zu trauern" (Mitscherlich/Mitscherlich 1967) anklingt, sollen in Bezug auf den NSU nicht (länger) wiederholt werden. Andeutungsweise ist damit auch die Hoffnung verbunden, die Kontinuität von Verbrechen, die auf „Ideologien gründe[n] vom unwerten Leben des Anderen" (Dischereit 2014d), zu unterbrechen und Nachfolgetaten zu verhindern.

2.2 Ko-Erinnerung im literarischen Text *Blumen für Otello*

Auf dieser Folie der Paratexte, in denen wiederholt Shoah und die NSU-Verbrechen in einen Zusammenhang gerückt werden, lassen sich Hinweise auf Ko-Erinnerung im literarischen Text *Blumen für Otello* finden.

Wie bereits in einem der Interviews wird im literarischen Text die Parallelität der verschiedenen ‚Opfergruppen' aus Täter_innenperspektive thematisiert. Zum ‚Appendix', der faktuale Texte wie etwa die Terminplanung des Oberlandesgerichts München zum Auftakt des NSU-Prozesses (vgl. Dischereit 2014a, 138–141), aber auch nur scheinbar dokumentarische Elemente wie die Ankündigung einer Schredderaktion von NSU-Akten durch die fiktive Firma Karl Securi enthält (vgl. Dischereit 2014a, 142), gehört eine Sammlung von Zitaten verschiedener Transparente einer Demonstration am 4. November 2012 in Berlin (vgl. Dischereit 2014a, 148–149). Neben offenen Fragen zum NSU (z. B. „Beate Zschäpe telefonierte am 4.11.2011 mit dem sächsischen Innenministerium. Mit wem, über was?" Dischereit 2014a, 148) und rassismuskritischen Positionen (z. B. „Rassismus ist DOOF. Wir sind so sauer, dass wir sogar ein Plakat gemacht haben" Dischereit 2014a, 149). wird darin auch die Beschriftung eines Schildes wiedergegeben, auf dem eine Täter_innenperspektive zitiert, aber als beschämend eingeordnet wird:

> Ich schäme mich für Deutschland.
> Die Nazis morden, so manche Politiker
> werfen geistige Brandsätze.
> Sie schüren mit ihren Äußerungen
> und Gesetzen Hass und spielen
> den Nazis in die Hände
> Schweine Juden Heil Hitler Tötet alle Moslems (Dischereit 2014a, 149)

In der (imaginierten) Täter_innenperspektive wird hier eine Verbindung von ‚Juden' und ‚Moslems' gezogen, indem beide Gruppen beschimpft bzw. bedroht werden: Antijudaismus und Islamfeindlichkeit werden in einer Parole zusammengefasst und auch nicht durch Interpunktion voneinander getrennt. Im Kontext der gesamten Schild-Beschriftung wird deutlich, dass beide Gruppen Opfer von Nazis werden bzw. geworden sind, wobei die zeitliche Verortung unklar bleibt: Insbesondere eine Kontinuität von Antijudaismus vom Dritten Reich bis heute wird so angedeutet. Durch die fehlende Interpunktion ist auch der Zitatcharakter nicht offensichtlich.

In einer zweiten Passage, die aus dem szenischen Libretto-Teil von *Blumen für Otello* stammt, werden ‚Juden' und ‚Türken' durch ein Ich parallel gesetzt. Statt einen ‚Anderen' über die Religion zu konstruieren wie oben, werden hier ‚nationale' Gruppen erzeugt, und statt unverhohlener Drohungen zeigt sich die Ablehnung in Form scheinbar gut gemeinter Empfehlungen, die auf Assimilierung des jeweiligen ‚Anderen' abzielen. Die Parallelität im Satzbau unterstreicht die Analogsetzung auf Ebene der Sprache.

> Ich kann den Juden nur empfehlen, kehrt um, seid keine Juden, den Türken, kehrt um, seid keine Türken, zieht euch an wie wir und legt eure Makel und eure Sprache ab. Konvertiert ins Abendland. Die Juden konvertierten schon einmal, allerdings ohne Erfolg. [...] Mit diesen türkischen Nachnamen … täten sich die Leute auch keinen Gefallen. (Dischereit 2014a, 67)

So wird impliziert, dass die mehrheitlich türkeistämmige[4] Opfer des NSU von der Mehrheitsbevölkerung nicht als Ihresgleichen wahrgenommen wurden, ähnlich wie es Jüdinnen und Juden ergangen ist bzw. ergeht.

Die Stellen, in denen direkt auf Ko-Erinnerung hingewiesen wird, indem ‚Opfergruppen' konkret benannt werden, beziehen sich also jeweils auf eine Täter_innenperspektive und damit auf wissenschaftlich belegte Gemeinsamkeiten der NSU-Morde und der Shoah (vgl. Kleffner 2018).

---

4 Diese Formulierung schließt, im Gegensatz zum Begriff ‚türkischstämmig', die kurdische Abstammung von fünf Opfern mit ein (vgl. Neue deutsche Medienmacher 2019, 14).

Weniger direkt sind hingegen die intertextuellen Anspielungen, die der Text enthält, und die ebenfalls zur Ko-Erinnerung beitragen. So kann man eine hermetische Passage aus dem ansonsten sehr zugänglichen Klagelied *Er brachte mir Blumen* (Dischereit 2014a, 28) als Verweis auf Paul Celans *Todesfuge* lesen und somit als Andeutung einer Parallelsetzung von Jüdinnen und Juden mit den Opfern des NSU: Die beiden Verse „die Geschichte wie er noch klein war / und das Gemüse in der Milch wusch" (Dischereit 2014a, 28) und „schwarze Milch der Frühe" (Celan 2011, 222–223) ähneln sich nicht nur in ihrem hermetischen Charakter, sondern weisen auch partielle lexikalische und metaphorische Übereinstimmungen auf („Milch"; „wie er noch klein war" und „Frühe").

Ein weiteres Beispiel für einen intertextuellen Bezug, der Ko-Erinnerung impliziert, ist der Titel des Werks selbst: *Blumen für Otello* fungiert als Anspielung auf Shakespeares Figur Othello,[5] den ‚Mohr von Venedig', und deutet somit eine Parallelsetzung von Schwarzen und den Opfern des NSU an. Die Gemeinsamkeit besteht für Dischereit darin, dass Othello und sowohl die vom NSU Ermordeten als auch ihre Angehörigen als Opfer von Rassismus zu verstehen sind. Dischereit deutet Othellos Mord an Desdemona

> als eine Tat, die ein durch Rassismus zutiefst verwundeter schwarzer Mann an seiner weißen Frau verübt [...] Der Rassismus vergiftet seine Seele, er macht ihn buchstäblich krank und nicht bei Sinnen. Diese Erfahrung des tödlichen Rassismus macht ihn, den gesellschaftlich Hochstehenden, mit den Mordopfern des NSU, die gesellschaftlich gering geschätzt waren – ich erinnere an das Wort von den ‚Döner'-Morden – zu einem Gleichen. (Dischereit 2014d)

Die behauptete Parallele wird insbesondere dann deutlich, wenn man sich vor Augen führt, dass die Angehörigen der NSU-Opfer im Verlauf der Ermittlungen selbst als Tatverdächtige befragt wurden. Dischereit bezeichnet dies als „rassistische Inversion" (Dischereit 2014c, 192) und merkt dazu an: „[J]emand, der immer von außen schmutzig gemacht wird, fühlt sich irgendwann schmutzig" (Dischereit 2014c, 191). Da Shakespeares Othello vom Opfer zum Täter wird, ist die Parallelsetzung mit den Hinterbliebenen der NSU-Opfer allerdings auch mit problematischen Implikationen verbunden. Auf die Grenzen des Vergleichs soll, so Dischereit, die verfremdete Schreibung des Namens ohne ‚h' hinweisen: Otello ist nicht mit Shakespeares Othello gleichzusetzen, sondern steht darüber hinaus auch für andere Fälle von Rassismus (vgl. Dischereit 2014d).

---

[5] Eine weitere Shakespeare-Figur klingt in der bereits zitierten Passage „[d]ie Juden konvertierten schon einmal" (Dischereit 2014a, 67) an: Shylock, der jüdische Geldverleiher in Shakespeares *Kaufmann von Venedig*, der zum Christentum konvertieren soll, ist wie Othello eine komplexe Täter-Opfer-Figur.

Über den Titel des Buchs wird außerdem nicht nur eine Verknüpfung zwischen Othello und der Gruppe der Angehörigen der NSU-Opfer hergestellt, sondern einer der Ermordeten besonders hervorgehoben: Das Stichwort ‚Blumen' im Titel lässt an den Blumengroßhändler Enver Şimşek, das erste Opfer des NSU, denken. Im szenischen Libretto-Teil werden zudem Gespräche zwischen zwei Figuren namens Enver und Otello wiedergeben, in denen sie beispielsweise der Frage nach ihrer Gemeinsamkeit nachgehen und ihre Erfahrungen von Rassismus miteinander teilen:

> Enver Was führt uns beide hier zusammen?
>
> Otello Diese Frage stellt sich mir auch. Ich bin der Mohr, der Neger, wie sie sagen, und Sie? Was ist mit Ihnen los? Blumen verkauft, sonst nichts, das soll einer glauben?
>
> Enver Was ist daran so schwer zu verstehen? [...] Wir werden doppelt krank, wenn weiße Finger auf uns zeigen. Uns an den Ohren ziehen, als wären wir die Hasen, uns an der Haut kratzen, als sei darunter der echte Überzug.
>
> Otello Wie wahr Sie sprechen und wie weise! Ich wollt's nicht glauben. Nahm für Wahrheit, was Lüge war und Missgunst. Ich war gekränkt nicht erst dadurch, sondern schon für Jahrtausende – in Wahrheit hatt ich selbst es niemals fest geglaubt, wie dieses wunderbare Geschöpf mich – einen Mohren – lieben konnt.
>
> Enver Reden Sie nicht weiter, ich bitte Sie – ich weiß es schon, und dann kam einer vorbei und sagte, sie ist untreu, und Sie glaubten ihm, nicht ihr. War es so? Da kommt eine Lehrerin und sagt, mein Sohn ist nicht gut genug für die Oberschule ... hast du Mohr denn wirklich glauben können, sie würde einem so wie dir ... (Dischereit 2014a, 69–70)

Auch wenn der literarische Enver nicht mit Enver Şimşek übereinstimmt, sondern auf der Ebene der Fiktion zu verorten ist, setzt Dischereit hier das von ihr im Interview postulierte Prinzip der Individualisierung um: Statt die Opfer des NSU nur als ‚Kollektiv' zu thematisieren, rückt mit Enver exemplarisch eine der individuellen Biografien der Ermordeten in den Vordergrund (vgl. Dischereit 2014c, 200). Nicht zuletzt weist der Titel *Blumen für [...]* auf die Geste hin, Blumen auf einem Grab oder Mahnmal abzulegen, um Tote zu betrauern, ihrer zu gedenken oder jemanden zu ehren. *Blumen für Otello* steht somit für die Funktion, die dem Buch zukommen soll: allen von Rassismus Betroffenen zu gedenken. Die Produzentin und die Rezipient_innen werden so Teil einer Trauergemeinschaft, wie sie Dischereit als Desiderat in der Erinnerung an die Verbrechen des NSU anmahnt (vgl. Dischereit zit. nach Voglmayr 2015).

Indirekte Bezüge zwischen Shoah und NSU-Morden durch intertextuelle Verweise beziehen sich also vorwiegend auf die Trauer der Hinterbliebenen sowie auf das Leiden von Personen, die im Alltag von Rassismus betroffen sind. Somit steht hier eine emotionale Erfahrungsebene im Vordergrund, die weniger eindeutig belegbar ist als etwa die Ähnlichkeit von Tatmotiven.

Zusammenfassend lässt sich festhalten, dass Hinweise auf Ko-Erinnerung, wie sie in Interviews von Dischereit angekündigt werden, in verschiedenen Teilen von *Blumen für Otello* vorkommen: Sowohl in einem der lyrischen Klagelieder als auch im dokumentarischen Appendix sowie in szenischen Libretto-Passagen lassen sich Anspielungen auf Parallelsetzungen der Verbrechen des NSU mit anderen Gewaltverbrechen an marginalisierten Gruppen finden. Selbst der Titel des Buchs kann bei genauerer Betrachtung als Hinweis auf Ko-Erinnerung gelten. Miteinander in Beziehung gesetzt werden unterschiedliche, von einer Mehrheitsbevölkerung als ‚Andere' konstruierte und deshalb marginalisierte Gruppen: ‚Juden' und ‚Moslems', ‚Juden' und ‚Türken', Jüdinnen und Juden und NSU-Opfer, Schwarze und NSU-Opfer. Diese Momente von Ko-Erinnerung können direkte Formen der Juxtaposition annehmen, wenn beide Gruppen benannt werden, oder eher indirekt erfolgen, wenn sie durch intertextuelle Anspielungen erzeugt werden. Mit dieser formalen Unterscheidung geht auch eine inhaltliche Divergenz einher: Direkt benannt werden wissenschaftlich eher belegbare Ähnlichkeiten in den jeweiligen Täter_innenperspektiven, während die Erfahrungsperspektiven der Opfer in Form von diskreten intertextuellen Verfahren als Ko-Erinnerungen miteinander verbunden werden.

Insgesamt werden im literarischen Text einige Punkte, die Dischereit in den Interviews anspricht, aufgenommen – etwa das Thema der ähnlichen Begründung für die Morde durch Täter_innen – in mancher Hinsicht überschreiten die im literarischen Text umgesetzten Ko-Erinnerungen aber die in den Interviews postulierten Beziehungen: Während Dischereit in den Interviews die Kontinuitäten und Parallelen auf die Shoah und NSU-Morde beschränkt, weist beispielsweise der Verzicht auf Zeitangaben im literarischen Text darauf hin, dass die Kontinuität rechter Gewalt in Deutschland über diese Zeitspanne hinaus geht.

2.3 Ko-Erinnerung performativ?

Jenseits der konkreten Textebene zu verorten ist die Facette von Ko-Erinnerung, die in den Text- und Sound-Performances zu *Blumen für Otello* erzeugt wird. In diesen Performances, die laut der Homepage der Autorin seit 2014 deutschlandweit in 14 Städten 18 Mal sowie zweimal im europäischen Ausland stattgefunden haben (vgl. Dischereit 2018) liest Dischereit deutsche Textteile aus *Blumen für Otello* und wird im Bereich ‚Sound' dabei von der turkodeutschen Djane İpek İpekçioğlu unterstützt, die auch Ausschnitte der türkischen Textfassung vorträgt. Dabei entstehen stellenweise Überlagerungs- und Verschränkungseffekte, wenn eine Sprecherin laut in einer Sprache spricht, während die andere die entsprechende Passage in der jeweils anderen Sprache flüstert. Deutsch als die Sprache, die NSU-Täter_innen, Ermittler_innen und Mehrheitsbevölkerung verbindet, und Türkisch als eine der Sprachen der Mehrzahl der NSU-Opfer werden so kurzzeitig in einem performativen Raum miteinander verwoben, sodass auch eine ko-erinnernde Betrachtung dieser unterschiedlichen Perspektiven möglich wird.

Im Zusammenhang dieser Performances wird aber auch relevant, dass sich Dischereit nicht nur mit den von ihr gewählten Themen, sondern auch in Interviews explizit als jüdische Autorin positioniert (vgl. Dischereit 2001, 2009, 2014c, 198). Insbesondere wenn sie in den Performances Klagelieder aus der (imaginierten) Perspektive von Hinterbliebenen spricht, findet über ihren Körper, mit dem sie die Worte äußert, eine performative Verbindung der Position als Jüdin und als Angehörige/r von Opfern des NSU statt.[6]

> es ist ein schweres Gehen
> meine Füße tragen mich schon noch
> ich nehme jedes Mal die dunklen roten Rosen
> und lege sie ab auf den Steinen
> er schläft, sag ich den Rosen, er schläft (Dischereit 2014, 28)

3 Legitimierungsstrategien

Wie hier bereits deutlich geworden ist, ist die Singularitätsthese in Deutschland weiterhin so wirkmächtig, dass Konstruktionen von Ko-Erinnerung, die die Shoah mit anderen Gewaltverbrechen in einen Zusammenhang rücken, zwar meist nicht (mehr) sanktioniert werden, aber doch immer noch unüblich sind. Auch Dischereit scheint die Frage ‚Darf man das?' antizipiert zu haben und verwendet in Bezug auf die Momente von Ko-Erinnerung in *Blumen für Otello* verschiedene mehr oder weniger direkte Strategien der Legitimierung.

Auf textexterner Ebene ist zunächst Dischereits Position als Jüdin in Deutschland zu nennen: So äußert sie in einem Interview, sie fühle sich „als Jüdin ohnehin betroffen" (Dischereit 2014c, 198) von Taten wie den NSU-Morden. Sie impliziert damit, dass ihre Zugehörigkeit zu einer Gruppe, die selbst Marginalisierungserfahrungen gemacht hat und weiterhin macht, es nicht nur nahelegt, sich zu dem Thema zu äußern, sondern es womöglich auch erlaubt, Ko-Erinnerungen zu konstruieren. Mit Ausnahme der Parallelsetzung von Schwarzen und

---

6 Vgl. zur Rolle des Körpers und des Körpertauschs im Kontext von Ko-Erinnerung auch den Beitrag von Verena Arndt (2020) in diesem Band.

NSU-Opfern über die Figur des Otello beziehen sich alle Beispiele für Ko-Erinnerung in *Blumen für Otello* auf die Shoah und nicht auf andere Phänomene von Massengewalt, d. h. auf den Genozid, der die Gruppe betrifft, der sich Dischereit selbst zugehörig fühlt.

Auf Ebene der Texte selbst sind drei Aspekte zu nennen, die darauf hindeuten, dass Dischereit die Konstruktion von Ko-Erinnerung zwischen NSU-Morden und Shoah als unter einem Legitimierungszwang stehend begreift:

Erstens sind die Passagen, die Ko-Erinnerung der Verfolgung von Jüdinnen und Juden und türkeistämmigen Personen andeuten, im Gesamttext insgesamt eher selten und nehmen somit die Form vereinzelter Spuren an. Zudem erfolgen sie, wie gezeigt wurde, häufig über das Mittel der Intertextualität in Form von diskreten Anspielungen statt direkter Zitate, sind also nicht plakativ, sondern eher versteckt.

Zweitens wählt Dischereit das Mittel der Fiktionalisierung statt einem rein dokumentarischen Zugang zum Thema und markiert damit auch die im Kontext der Fiktion verorteten Momente von Ko-Erinnerung weniger als untrügliche Fakten denn als potenzielle Denk-Räume. In literarischen Zusammenhängen scheint eine Parallelsetzung eher möglich als in journalistischen oder wissenschaftlichen Kontexten, die von Faktualität geprägt sind.

Drittens ist zu betonen, dass die Parallelsetzung bei Dischereit insbesondere in den *Klageliedern* dazu dient, eine Trauergemeinschaft zu konstruieren und die Rezipient_innen darin einzubinden statt sie mit einem Schuldvorwurf zu belegen. Die Form der literarischen Ko-Erinnerung, wie sie Dischereit hier verwendet, unterscheidet sich somit eklatant von den aus dem politischen Kontext bekannten ‚Nazivergleichen'.

Auf die im Zusammenhang mit Ko-Erinnerung im Raum stehende Frage ‚Darf man das?' scheint Dischereit also zu entgegnen ‚*Ich* (als Jüdin) darf das.' Zudem implizieren die spezifisch literarischen Formen von Ko-Erinnerung, wie sie Dischereit in *Blumen für Otello* verwendet und die sich durch Fiktionalität und Intertextualität auszeichnen, als weitere Entgegnung auch ‚*Literatur* darf das'.

4 Fazit und Ausblick

Die vorangegangenen Analysen haben nicht nur gezeigt, in welchen Formen, sondern auch zu welchen Zwecken Dischereit Elemente von Ko-Erinnerung in Paratexten und im literarischen Text von *Blumen für Otello* verwendet:

Das Aufzeigen von Parallelen zwischen NSU-Morden und Shoah soll als Hinweis auf Rassismus als universelles Problem verstanden werden, wie beispielsweise der Verweis auf Shakespeares *Othello* deutlich macht. Wenn Dischereit Ko-Erinnerung einsetzt, „to articulate a vision of [...] racism past and present" (Rothberg 2009, 3), entspricht dies den Grundsätzen von Rothbergs Ausführungen zur multidirektionalen Erinnerung.

Im Hinblick auf die Zukunft soll eine solche Konstruktion von Ko-Erinnerung, die etwa die Kontinuität der These vom ‚unwerten Leben der Anderen' offenlegt, aber auch dazu dienen, einer Wiederholung solcher Ausschlussmechanismen entgegenzuwirken und die Kontinuität somit zu beenden. In diesem Aspekt, erinnert Dischereits Konzept an Aleida Assmanns (2013) Überlegungen, zu „[e]rinnern, um [in diesem Fall: Rassismus, A.B.] zu überwinden" (Assmann 2013, 191).

Nicht zuletzt zielt Dischereits Werk auch darauf, die Erinnerung an den NSU in etablierte deutsche erinnerungskulturelle Praktiken zu integrieren: Anstelle eines Konkurrenzmodells, bei dem NSU-Gedenken und Shoah-Gedenken gegeneinander ausgespielt würden, kann Dischereits Konzept unter ‚NSU-Gedenken *durch* Shoah-Gedenken' gefasst werden. Diese Überlegung mag auch in anderen künstlerischen Verarbeitungen zum NSU im Bereich der Bildsprache wegweisend gewesen sein: So werden sowohl in Andreas Maus' Dokumentarfilm *Der Kuaför aus der Keupstraße* (2015) als auch in Nuran David Calis' Theaterstück *Die Lücke* (UA 7. Juni 2014, Schauspiel Köln) Zeug_innen des Nagelbombenanschlags auf die Kölner Keupstraße durch den NSU in schwarz-weiß Videos im sogenannten ‚talking head-Stil' dargestellt, bei dem der Bildausschnitt nur den Oberkörper der gefilmten Person vor dunklem und neutralem Hintergrund zeigt, sodass der Fokus auf Ausdruck von Emotionen im Gesicht liegt. Diese Präsentationsform ist charakteristisch für die Darstellung von Zeug_innen in Fernsehdokumentationen über die Shoah, wie Judith Keilbach (2008) gezeigt hat, sowie in Video-Archiven, etwa dem des ‚United States Holocaust Memorial Museum'. Dieser Rückgriff auf die bekannte Ikonografie integriert Aussagen über die Verbrechen des NSU in erinnerungskulturelle Diskurse über die Shoah und mahnt somit die Notwendigkeit einer Integration der Erinnerung an die NSU-Verbrechen in die deutsche Erinnerungskultur an. Ähnliches strebt auch Dischereit mit der Konstruktion von Ko-Erinnerungen in *Blumen für Otello* an. Wie deutlich geworden ist, bestehen dabei Ähnlichkeiten zu Assmanns und Rothbergs Ausführungen. Statt diese Modelle nur zu illustrieren, setzt Dischereit jedoch eigene Akzente: Indem sie beispielsweise durch Intertextualität und Fiktionalität die Literarizität ihrer Texte betont, weist sie auf das besondere Potenzial von Literatur im Kontext von Erinnerung hin. Statt in wissenschaftlicher Form auf Parallelen im Bereich der Fakten hinzuweisen, ermöglicht es Literatur, die emotionale Ebene in den Vordergrund zu rücken und Erinnerung mit Empathie zu verbinden.

Nicht zuletzt bezieht sich Dischereit nicht wie Assmann und Rothberg auf Vergleiche zwischen zwei Nationen, die beispielsweise eine geteilte Gewaltgeschichte verbindet, sondern auf eine wiederholte Gewaltgeschichte innerhalb derselben Nation mit ähnlichen Täter_innengruppen. Das Problem der Kontinuität rechter Gewalt wird durch die Konstruktion von Ko-Erinnerung an Shoah und NSU-Morde somit in seiner Dringlichkeit erfahrbar.

Literatur

Arndt, Verena. „‚Wir sind nicht mehr der Inbegriff des Bösen!': Ko-Erinnerung in Yael Ronens Theaterabend ‚Common Ground'." In *Ko-Erinnerung: Grenzen, Herausforderungen und Perspektiven des neueren Shoahgedenkens*. Hg. Daniela Henke und Tom Vanassche. Berlin: De Gruyter, 2020. 157-173.

Assmann, Aleida. *Das neue Unbehagen an der Erinnerungskultur. Eine Intervention*. München: C.H. Beck, 2013.

Brod, Anna. „Fiktionale Zeugnisse von Verlust und Trauer? – Esther Dischereits *Klagelieder* über die Opfer des ‚Nationalsozialistischen Untergrunds' (NSU)." In *Visualisierungen von Gewalt. Beiträge zu Film, Theater und Literatur*. Hg. Dagmar von Hoff, Brigitte E. Jirku und Lena Wetenkamp. Frankfurt am Main: Peter Lang, 2018. 211–227.

Celan, Paul. *Gedichte. Auswahl und Nachwort von Aris Fioretos*. Berlin: Suhrkamp, 2011.

Der Kuaför aus der Keupstraße. Reg. Andreas Maus Realfiction Filme. D 2015.

Dischereit, Esther. *Mit Eichmann an der Börse. In jüdischen und anderen Angelegenheiten*. Berlin: Ullstein, 2001.

Dischereit, Esther. *Vor den Hohen Feiertagen gab es ein Flüstern und Rascheln im Haus*. Berlin: Aviva, 2009.

Dischereit, Esther. *Blumen für Otello için çiçekler. Klagelieder Ağıtlar. Über die Verbrechen von Jena cinayetlerine dair*. Zürich: Secession, 2014a.

Dischereit, Esther. *Ursendung. Blumen für Otello*. Hörspiel vom 21.05.2014, Berlin: Deutschlandfunk Kultur, 2014b. http://www.deutschlandradiokultur.de/ursendung-blumen-fuer-otello.964.de.html?dram:article_id=281398. (31. Oktober 2018).

Dischereit, Esther. „‚Mein Text muss Bestand haben vor den Augen der Betroffenen.' Die Schriftstellerin Esther Dischereit im Gespräch mit Insa Wilke." In *Blumen für Otello için çiçekler. Klagelieder Ağıtlar. Über die Verbrechen von Jena cinayetlerine dair*. Zürich: Secession, 2014c. 189–201.

Dischereit, Esther. „*Ich wollte, ich könnte es noch immer nicht glauben*". Interview mit Cornelia Sachse. Beitrag vom 21.05.2014, Berlin: Deutschlandfunk Kultur, 2014d. https://www.deutschlandfunkkultur.de/recherche-ich-wollte-ich-koennte-es-noch-immer-nicht-glauben.3684.de.html?dram:article_id=284913. (31. Oktober 2018).

Dischereit, Esther. *Archiv der Kategorie: NSU-Komplex*. Beiträge auf der Homepage der Autorin. https://estherdischereit.wordpress.com/category/nsu-komplex/ (6. November 2018).

Genette, Gérard. *Paratexte. Das Buch vom Beiwerk des Buches*. Frankfurt am Main: Suhrkamp, 2001.

Gössner, Rolf. „Mord unter staatlicher Aufsicht: Von Solingen zum NSU." In *Blätter für deutsche und internationale Politik* 7 (2018): 33–36. https://www.blaetter.de/archiv/jahrgaenge/2018/juli/mord-unter-staatlicher-aufsicht-von-solingen-zum-nsu. (31. Oktober 2018).

Grittmann, Elke, Tanja Thomas und Fabian Virchow. In *"Das Unwort erklärt die Untat".* *Die Berichterstattung über die NSU-Morde – Eine Medienkritik.* Frankfurt am Main: Otto-Brenner-Stiftung, 2015. https://www.otto-brenner-stiftung.de/otto-brenner-stiftung/ aktuelles/das-unwort-erklaert-die-untat.html. (31. Oktober 2018).

Henke, Daniela und Tom Vanassche. Ankündigung der Tagung *"Ko-Erinnerung: Grenzen, Herausforderungen und Perspektiven des neueren Shoagedenkens",* 2018. https:// networks.h-net.org/node/79435/discussions/1507825/konf-ko-erinnerung-grenzen-herausforderungen-und-perspektiven-des (31. Oktober 2018).

Herz, Thomas. „Die ‚Basiserzählung' und die NS-Vergangenheit. Zur Veränderung der politischen Kultur in Deutschland." In *Umkämpfte Vergangenheit.* Hg. Thomas Herz und Michael Schwab-Trapp. Opladen: Westdeutscher Verlag, 1997. 249–265.

Jelinek, Elfriede. *Das schweigende Mädchen. Ulrike Maria Stuart. Zwei Theaterstücke.* Reinbek: Rowohlt Taschenbuch Verlag, 2015. 151–463.

Kahveci, Çağrı und Özge Pınar Sarp. „Von Solingen zum NSU. Rassistische Gewalt im kollektiven Gedächtnis von Migrant*innen türkischer Herkunft." In *Den NSU-Komplex analysieren. Aktuelle Perspektiven aus der Wissenschaft.* Hg. Juliane Karakayalı, Çağri Kahveci, Doris Liebscher und Carl Melchers, Bielefeld: transcript, 2017. 37–55.

Karakayalı, Juliane, Çağri Kahveci, Doris Liebscher und Carl Melchers. „Der NSU-Komplex und die Wissenschaft." In *Den NSU-Komplex analysieren. Aktuelle Perspektiven aus der Wissenschaft.* Hg. Juliane Karakayalı, Çağri Kahveci, Doris Liebscher und Carl Melchers, Bielefeld: transcript, 2017. 15–36.

Keilbach, Judith. *Geschichtsbilder und Zeitzeugen. Zur Darstellung des Nationalsozialismus im bundesdeutschen Fernsehen.* Münster: LIT, 2008.

Kleffner, Heike. *(K)Eine gespaltene Wahrnehmung: Antisemitismus und der NSU.* Beitrag vom 18.09.2018, Berlin: NSU Watch, 2018. https://www.nsu-watch.info/2018/09/keine-gespaltene-wahrnehmung-antisemitismus-und-der-nsu/. (31. Oktober 2018).

Mitscherlich, Alexander und Margarete Mitscherlich. *Die Unfähigkeit zu trauern. Grundlagen kollektiven Verhaltens.* München: R. Piper & Co, 1967.

Neue deutsche Medienmacher e.V. *Glossar der Neuen deutschen Medienmacher. Formulierungshilfen für die Berichterstattung im Einwanderungsland.* http://www.neuemedienmacher.de/Glossar_Webversion.pdf, 8. Auflage 2019 (11. August 2019).

O.A. „‚Rechtsmaterial' und ‚Die Lücke' – der NSU auf der Bühne. Eine Diskussion." In *Zäsur? Politische Bildung nach dem NSU.* Hg. Cornelia Habisch und Martin Langebach. Bonn: Bundeszentrale für politische Bildung, 2015. 219–235.

Rothberg, Michael. *Multidirectional Memory: Remembering the Holocaust in the Age of Decolonization.* Stanford, CA: Stanford University Press, 2009.

Scheit, Gerhard. „Versuch über Elfriede Jelineks *Das schweigende Mädchen*." *JELINEK[JAHR] BUCH. Elfriede Jelinek Forschungszentrum 2014–2015.* Hg. Pia Janke. Wien: Praesens, 2015. 98–111.

Tribunal ‚NSU-Komplex auflösen'. In *Die Verhinderung strafrechtlicher Aufarbeitung im Sinne der Betroffenen durch die Bundesanwaltschaft.* Köln: NSU-Tribunal, 2017. http://www.nsu-tribunal.de/unsere-anklage-die-verhinderung-strafrechtlicher-aufarbeitung/. (31. Oktober 2018).

Virchow, Fabian. „Rechter Terror(ismus) in Deutschland – der NSU als Prisma." In *NSU-Terror. Ermittlungen am rechten Abgrund. Ereignis, Kontexte, Diskurse.* Hg. Imke Schmincke und Jasmin Siri. Bielefeld: transcript, 2014. 71–78.

Voglmayr, Herbert. *Die Schriftsetzerin des kollektiven Gedächtnisses. Die Schriftstellerin Esther Dischereit im Porträt*. Nu – Jüdisches Magazin für Politik und Kultur 60.2 (2015). http://nunu.at/article/die-schriftsetzerin-des-kollektiven-gedaechtnisses/. (31. Oktober 2018).

Wolf, Werner. „Paratext." In *Metzler Lexikon Literatur- und Kulturtheorie. Ansätze – Personen – Grundbegriffe*. Hg. Ansgar Nünning. Stuttgart und Weimar: Metzler, 5., aktualisierte und erweiterte Auflage 2004. 511–512.

Urania Milevski, Lena Wetenkamp
Trauma im Text: Zur Methodologie von Narratologie und *memory studies* in Nino Haratischwilis *Das achte Leben. Für Brilka*

1 Einführung und Problemaufriss

Gewalt zu erinnern ist eine gesellschaftliche Herausforderung.[1] Das gilt im deutschsprachigen Raum sowohl für den Holocaust als auch für Kolonialismus, Stalinismus und GULag. Aleida Assmann schlägt in *Das neue Unbehagen an der Erinnerungskultur* insgesamt drei Möglichkeiten zu einer kollektiven „Überwindung von Gewaltkollisionen" (2013, 197) vor. Neben der Etablierung eines inklusiven Opferbegriffs, der Opferkonkurrenzen begegnet, skizziert sie zwei prozessinduzierte Konzepte von Erinnerung: das verknüpfende Erinnern, wie es Michael Rothberg (2009) im Terminus *multidirectional memory* modelliert, und das dialogische Erinnern als „Aufnahme der traumatischen Erinnerung der anderen Seite ins eigene Gedächtnis" (Assmann 2013, 197). Dieses dialogische Erinnern, das Assmann „ganz pragmatisch als wechselseitige Anerkennung von Opfer- und Täterkonstellationen in Bezug auf eine gemeinsame Gewaltgeschichte" fasst, hat besondere Relevanz für das „Projekt Europa" als produktiven Kontext, um ein kollektives Gedächtnis über nationale Grenzen hinweg zu entwickeln (2013, 197; 2007).[2] Im vorliegenden Aufsatz interessieren uns die gesellschaftlichen wie wissenschaftlichen Herausforderungen zweier Bereiche besonders: erstens, die Überwindung der Grenzlinie zwischen einem osteuropäischen und einem westeuropäischen Gedächtnisdiskurs, und zweitens, die Möglichkeiten, die Literatur für diese Überwindung bereitstellt.

Wulf Kansteiner (2002) identifiziert für die *collective memory studies* den Einsatz konkreter Analyse- und Interpretationswerkzeuge als zentrales Desiderat und plädiert in diesem Zusammenhang für ein transdisziplinäres Arbeiten, das Methoden einzelner Disziplinen für das Projekt der Erforschung eines kollektiven

---

[1] Der vorliegende Beitrag ist im Rahmen des binationalen Forschungsprojekts „Die Gegenwart des Traumas / Postmemory und Gewalt" der Johannes Gutenberg-Universität Mainz und der Universidade de Coimbra (Portugal) entstanden, gefördert vom DAAD aus Mitteln des Auswärtigen Amtes.
[2] Hier setzt auch der von Daniela Henke und Tom Vanassche entwickelte Terminus ‚Ko-Erinnerung' an.

Gedächtnisses nutzbar macht. Für eine dezidiert literaturwissenschaftliche Beschäftigung mit Erinnerung und Gedächtnis kann dieses Desiderat trotz einer ausufernden Forschung in den letzten Jahrzehnten ebenfalls festgestellt werden. Literatur und Erinnerung, darauf ist zum Beispiel von Astrid Erll hingewiesen worden, sind sich insofern ähnlich als sie beide „auf konstruktive Weise Wirklichkeits- und Vergangenheitsversionen hervor[bringen]" (2005, 258). Zugleich werden literarischen Texten distinkte Merkmale oder fiktionale Privilegien[3] zugesprochen, die realweltliche Erinnerungsprozesse nicht aufweisen. Diese wichtigen Differenzen zwischen fiktionalen und realen Erinnerungsprozessen werden oftmals zugunsten der Betonung der Ähnlichkeiten vernachlässigt, wenn Literaturwissenschaftler_innen mit Theorien aus der Gedächtnisforschung arbeiten. Dabei ist es gerade „die Möglichkeit zur Innenweltdarstellung, Polyvalenz, Interdiskursivität, [...] Entpragmatisierung sowie ein eingeschränkter Anspruch auf Referenzialität und Objektivität" (Erll 2005, 258), die die Arbeit mit Literatur im Hinblick auf Fragen der Erinnerung so interessant macht.

Betrachtet man die Ansätze literaturwissenschaftlicher Gedächtnisforschung genauer, sind zwei zentrale Kritikpunkte zu formulieren.

Erstens: Bei der Betrachtung literarischer Erinnerungsprozesse fällt auf, dass sozial- und kulturwissenschaftliche Gedächtnistheorien vielfach sofort auf den Text appliziert werden, ohne der Struktur des Erzähltextes besondere Aufmerksamkeit zu schenken. Damit wird die etablierte literaturwissenschaftliche Praxis eines heuristischen Zweischritts aus Textanalyse und Interpretation unterlaufen. Dass diese beiden Vorgänge nicht immer eindeutig voneinander abzugrenzen sind, kann als literaturwissenschaftlicher Konsens gelten. Trotzdem wird ein einfacher Zugriff auf den Text den literarischen Erinnerungsprozessen potenziell nicht gerecht.

Zweitens: Die Betrachtung von Erzähltexten, die Erinnerung thematisieren, führt oft zu einem Zirkelschluss, wenn das leitende Interesse darin besteht, herauszufinden, ob bestimmte Gedächtnismodelle oder Erinnerungskategorien in Texten literarisch ausgestaltet werden. Gerade in Bezug auf Gegenwartsliteratur ergibt sich dieses Problem durch die Ubiquität der Gedächtnistheorien, weil sie sowohl Teil des Wissenshintergrundes von implizitem Leser und Autor als auch konkreter Bestandteil der Diegese sein können – und darüber hinaus von Interpretierenden als Instrument genutzt werden.[4]

---

3 Für eine Auseinandersetzung mit dem Begriff der fiktionalen Privilegien vgl. Nünning 1995, insbesondere 153–172.

4 Beispielhaft sei hier auf Ulrike Draesners Roman *Sieben Sprünge vom Rand der Welt* (2014) verwiesen, der die Theorie der *Postmemory* innerhalb der Diegese als Gesprächsgegenstand der Figuren einfließen lässt. Für eine Interpretation des Romans vgl. Wetenkamp (2020). Weitere

In diesem Beitrag wollen wir Kansteiners allgemeinen Appell zur theoretischen Positionierung ernstnehmen und Erkenntnisse aus der Narratologie mit den *memory studies* verbinden. Denn individuelle und kollektive Erinnerungen formieren sich in einem komplexen Spannungsfeld zwischen kulturellen Narrativen, unbewussten Prozessen und konkreten Ereignissen (vgl. Radstone 2000, 10). Während man diesem Spannungsfeld in der Realität kaum ansichtig werden kann, liegt dieser Fall in der Literatur mit ihrem Zugang zum Inneren der Figuren anders. Es ist das kleinschrittige Verfahren der Narratologie, das diese komplexen Prozesse erfassen und aus einem deduktiven Vorgehen der Bestandsaufnahme ein induktives Vorgehen zu generieren vermag. In diesem Zusammenhang ist auf das Potenzial der Kombination von Disziplinen, die sich mit dem Erinnern befassen (*memory studies*, Psychotraumatologie) und der Narratologie immer wieder hingewiesen worden (vgl. Brînzeu 2017, Weilnböck 2005, Albright et al. 2008, Stanilou und Markowitsch 2012). Vor dem Hintergrund einer detaillierten Betrachtung von Erzählvorgängen kann somit nicht nur die An- oder Abwesenheit dezidierter Anklänge an sozial- und kulturwissenschaftliche Gedächtnistheorien festgestellt werden, sondern auch, auf welche Weise sie sich im Text wiederfinden. Wie wird beispielsweise das theoretische Konstrukt eines dialogischen Erinnerns im Text ausgestaltet? Welche Chancen eröffnet Literatur dabei und welche Grenzen bleiben bestehen?

Der Fokus liegt auf dialogischen literarischen Erinnerungsprozessen, auf Ko-Erinnerung also, die in einem ersten Schritt erzähltheoretisch analysiert werden soll. Wir bringen dafür Alan Palmers Konzept der *social minds* in Anschlag, das davon ausgeht, dass Denken per se ein dialogischer Prozess ist, der auch in der Literatur als ebensolcher ausgestaltet wird – selbst, wenn keine andere Figur direkt involviert ist. Erinnern ist dabei für Palmer Bestandteil des Denkens, das ebenso wenig abgetrennt von anderen funktioniert. Im zweiten Schritt wird dieser analytische Zugang mit den Erinnerungsmodellen von Michael Rothberg und Aleida Assmann verknüpft. Dabei soll dezidiert betrachtet werden, wie sie auf Ebene der *histoire* und auf Ebene des *discours* zur Ausgestaltung kommen, um eine Aussage darüber zu treffen, welchen Einfluss sie auf den literarischen Text haben – und in welchem Ausmaß eine Deutung von ihnen beeinflusst sein muss.

Wir haben uns dafür ein Beispiel für dialogisches Erinnern ausgesucht, dass auch aufgrund der behandelten Gewaltgeschichten eine erinnerungspolitische Herausforderung ist. In Nino Haratischwilis *Das achte Leben (für Brilka)* wird die Geschichte der fiktiven georgischen Familie Jaschi mit der Geschichte Europas

---

Beispiele sind u. a. Tanja Dückers' *Himmelskörper* (2003), Stephan Wackwitz' *Ein unsichtbares Land* (2003) sowie Sabrina Janeschs *Katzenberge* (2010).

und der Sowjetunion verknüpft. Dabei werden literarische Erinnerungsprozesse modelliert, für die eine gedächtnistheoretische Grundierung angenommen werden kann.[5] Genauer betrachtet werden sollen zwei interagierende Figuren, Kitty und Fred, die traumatische Ereignisse aus den größeren Kontexten von nationalsozialistischem und sowjetischem Gewaltregime erinnern.

Die Erzählung wird bestritten von der homodiegetisch-extradiegetischen Erzählerin Niza, die die Familiengeschichte für ihre Nichte Brilka aufschreibt. Diese Erzählsituation bedingt, dass alles Dargestellte durch die Perspektive Nizas gebrochen ist, die die Erinnerungen der anderen Familienmitglieder nachmodelliert. In diesem Erzählvorgang wird den Motiven und Denkprozessen aller Figuren viel Raum gegeben, während er von Niza als Vertreterin eines Post-Gedächtnisses[6] immer wieder metareflexiv kommentiert wird – diese Erkenntnis soll hier allerdings nur nebensächlich sein und an anderer Stelle aufgenommen werden.[7]

Der Fokus liegt hier auf dem Potenzial der kollektiven Überwindung von Gewalterleben, das in der Interaktion von Kitty und Fred literarisch ausgestaltet wird. Die 1924 geborene Kitty hat ein einschneidendes Trauma zu verarbeiten. Nachdem ihr Verlobter Andro des Vaterlandsverrats bezichtigt wird und sie seinen Aufenthaltsort nicht angeben kann, muss sie Folterhandlungen erleiden, die darin kulminieren, dass das gemeinsame, noch ungeborene Kind getötet und sie zur Totgeburt gezwungen wird. Dieses Trauma kann Kitty auch nach der Flucht aus der Sowjetunion nicht verarbeiten. Vor dieser Erinnerung, die untrennbar mit dem topografischen Raum des Ostens verknüpft ist, gibt es auch im Westen kein Entkommen: „Immer wenn sie die Augen zumachte, kehrt der Osten zurück. Wie schnell der Westen einen verließ, sobald man sich nicht auf ihn konzentrierte [...]. Ja, wenn der Osten einen einmal umarmt und festgehalten, wenn man sich einmal am Osten verschluckt hatte, dann blieb er" (Haratischwili 2014a, 579).

In diesem Zitat klingen die drei von uns gewählten Schwerpunkte noch einmal an, nämlich die deutlich dichotomische Trennung in Ost und West, erweitert um die Möglichkeit des Dialoges, die Thematisierung der Wiederkehr einer traumatischen Vergangenheit, erweitert um das Potenzial der Überwindung und die Ausformulierung dieses Erinnerungsprozesses von Kitty, der Osten und Westen, Trauma und Rekonvaleszenz in Beziehung zueinander setzt. Denn erst als sie in

---

5 Anderer Meinung ist Zink. Für ihn stellt *Das achte Leben* aus, wie Erinnerungen – in diesem Fall dezidiert weibliche Erinnerungen – marginalisiert werden. Er bestreitet damit das Potenzial des Textes, „Erinnerungen multidirektional in Anspruch" zu nehmen (2017, 28).
6 Vgl. zum Begriff des Post-Gedächtnisses oder der *Postmemory* Hirsch 1997, 2012.
7 „Narrating Memories", ein Projekt der Verfasserinnen zur Narratologie von postmemorialen und multidirektionalen Erinnerungsprozessen in deutschsprachiger Gegenwartsliteratur, führt diese Überlegung weiter.

London auf Fred trifft, kann sie sich zum ersten Mal anvertrauen – weil auch ihr Gegenüber von einem Trauma gezeichnet ist. Als in Wien lebende Jüdin erlebte Fred als Kind zunächst die Deportation nach Theresienstadt und anschließend gemeinsam mit der Mutter die Inhaftierung im Konzentrationslager Mauthausen. Dort wird sie für die Reinigung der Bordellbaracke eingesetzt, wo ein Stammgast der SS auf sie aufmerksam wird, der ihr und ihrer Mutter eine Übersiedelung in das Arbeitslager Wiener Neustadt ermöglicht und damit ihr Überleben sichert. Im Gegenzug muss die noch jugendliche Fred ihm die Verfügung über ihren Körper überlassen.

Wichtig ist für unser Vorgehen, auf Paraphrasierungen des Textes zugunsten einer genauen Textwahrnehmung zu verzichten, um Struktur und Inhalt überzeugend zueinander in Beziehung setzen zu können. Aus diesem Grund haben wir uns für eine längere Textstelle entschieden, an der wir die gesamte Untersuchung ausrichten. Bevor wir auf die dort herausgestellten dialogischen Erinnerungsprozesse der Figuren als interagierende *social minds* eingehen, wird Palmers Theorie zunächst kurz vorgestellt.

2 *Fictional Social Minds*

Das Besondere an Literatur in Bezug auf Erinnerungsarbeit und die Konzeption eines kollektiven Gedächtnisses ist einfach zu fassen. Im Gegensatz zu Fotos, Installationen oder anderen künstlerischen Artefakten kann Literatur etwas, das wir als geübte Lesende kaum hinterfragen: Literatur lässt uns in die Köpfe der Figuren sehen und Denkprozesse beobachten. Aus diesem offenen Zugang zu den Gedanken heraus konstruieren Rezipierende unter Rückbezug auf Verhalten und Rede die gesamte Figur.

Erzähltheoretisch wurde die Beschreibung von Denkprozessen überwiegend analog zur Präsentation von Sprache realisiert. Einer dreiteiligen Kategorisierung von Sprache in Literatur – Direkte Rede, Indirekte Rede und Erlebte Rede als Mittlerphänomen – entsprechend wurden auch Bewusstseinsprozesse als sprachlich codiert angenommen und analog modelliert (vgl. Köppe und Kindt 2014, 199–208; Martínez und Scheffel 2012, 49–66). Unter dem Schlagwort „Distanz" werden bei Gérard Genette (1998, 115–132) beispielsweise Denkvorgänge systematisiert, die auf einem Spektrum zwischen dem narrativen Modus (dem Bewusstseins- oder Gesprächsbericht) und dem dramatischen Modus (direkte Rede, innerer Monolog oder Gedankenstrom) verteilt sind.

Es sind dezidiert zwei Vorannahmen, die bei der Betrachtung von Erinnerungsprozessen revidiert werden müssen: Erstens, die Überzeugung, dass Gedanken linear verlaufen, in ‚Strömen' oder ‚Flüssen', die in literarischen Texten zwar stilistisch als Gedankenrede markiert werden können, dadurch aber kaum Kohärenz einbüßen. Zweitens, die Auffassung, dass einzig die Realisierung von Gedankenrede im dramatischen oder szenischen Modus die Distanz zu den Rezipierenden verringert. Dass diese Empfindung von Nähe und Distanz in Bezug auf den Erzählmodus mit Einschränkungen daherkommt, haben Tilmann Köppe und Tom Kindt ausgeführt (vgl. 2014, 200). Sie führen Parameter wie Detailliertes Erzählen ins Feld, um deutlich zu machen, dass nicht allein der Modus des Erzählens entscheidend ist für die Distanz, sondern auch der Kontext. Diesen Umstand greifen auch Gegner_innen einer strikten Unterscheidung von Denken und Rede auf, Dorrit Cohn (im Anschluss an Käte Hamburger) in *Transparent Minds* (1977), Ann Banfield (1982), Brian McHale (1978) und Monika Fludernik (1993, 1996): Auch ein fiktives Bewusstsein sei „much more ubiquitous and variegated than speech and is not adequately captured by speech-based models of interior discourse" (McHale 2014). Für besonderes Aufsehen sorgte allerdings die Methodologie von Alan Palmer, *Fictional Minds* (2002, 2004).

Der Ausgangspunkt von Palmers Theorie ist die Annahme, dass Denken keine private Handlung, sondern vielmehr „engaged, social interaction" (2002, 32) ist. Aus diesem Grund spricht er nicht von *thought* oder *conciousness*, sondern von *minds*, die nicht nur dialogisch funktionieren – deswegen der Terminus *social minds* – sondern multidirektional, auf unterschiedlichen Ebenen und in unterschiedlichen Richtungen operieren können. Erinnerungen sind für Palmer Bewusstseinszustände (vgl. Palmer 2002, 31), die nicht genuin linear systematisiert werden müssen – wie in der erzähltheoretischen Forschung sonst üblich. In Zusammenhang mit der Kategorie ‚Zeit' werden beispielsweise Analepsen, die Ereignisse nachreichen oder Handlungsweisen der Figuren rechtfertigen, rückwirkend in eine lineare Chronologie eingepasst und auf Reichweite sowie Umfang hin kategorisiert (vgl. Lämmert 1955; Genette 1983, 21–59; Köppe und Kindt 2014, 180–192, Martínez und Scheffel 2012, 32–48). Vor diesem Hintergrund verstand man bisher auch das Trauma als Erschütterung von Erinnerung und insofern als einen Ausnahmefall, der eine kontingente Erzählweise mit Zeitsprüngen, Satzabbrüchen, Leerstellen und anderen Stolpersteinen im narrativen Diskurs bedingt.[8] Traumaauslösende Momente wie Katastrophen, Gewalt oder Kriege, die mit Tippner und Laferl unter der Kategorie der „extremen Erfahrungen" subsu-

---

[8] Seine Monografie zum Trauma in der Literatur lässt Hannes Fricke auf hirnphysiologische Traumaforschung als „empirisch überprüfbares Fundament" fußen. Er macht darin eine Auflösung aller Strukturen geltend und lehnt die Narratologie als Instrumentarium ab, weil sie in Kategorien arbeite, die im Trauma obsolet würden (vgl. Fricke 2004, 231). Für die Offenlegung einer solchen Erschütterung ist ein narratologischer Referenzrahmen allerdings sinnvoll (vgl. Milevski 2016, 86–87).

miert werden können, „zerstören die Alltagsordnung und destabilisieren sowohl soziale als auch kognitive Schemata" (2017, 18), die „Frage nach dem, ‚was im Innern passiert'" besteht allerdings weiter und kann als „eine Grundkonstante bei der Beschäftigung mit extremen Erfahrungen und ihren Darstellungen" (Tippner und Laferl 2017, 33) verstanden werden. Es ist vielfach festgestellt worden, dass Metaphern, die das Bewusstsein als ‚Strom' oder ‚Fluss' modellieren, aufgrund ihrer Linearität und Eindimensionalität nicht in der Lage sind, das Trauma als „Gedächtnisvorgang, der weder erinnert noch vergisst" (Kopf 2005, 36; vgl. Caruth 1996) zu bebildern. Palmer moniert die Unangemessenheit dieser Metaphern für alle Bewusstseinsprozesse, zu denen für ihn auch Erinnerung zählt, wenn auch das Trauma bei ihm keine konkrete Erwähnung erfährt. Dass innere Vorgänge an der Oberfläche der Figuren sichtbar werden und sowohl multidirektional als auch multidimensional zu denken sind, macht für ihn eine kategorienübergreifende erzähltheoretische Betrachtung nötig (vgl. Palmer 2002, 30–31).

Im Folgenden wollen wir diesem Appell entsprechen und Erinnerungsprozesse im literarischen Text möglichst umfassend betrachten, statt nur einzelne narratologische Kategorien in Anschlag zu bringen. Dabei wollen wir uns an Palmers „main consciousness frame" (Palmer 2004, 205) orientieren, der drei Binnendifferenzierungen vorschlägt:

1) Die genauere Betrachtung des Verhältnisses zwischen Handeln und Denken: Handlungen sind literarisch in den seltensten Fällen ohne mentale Kontextualisierung der Figuren realisiert, allerdings kann nur eine genaue Analyse Aussagen darüber treffen, in welcher Beziehung Handeln und Denken dabei stehen. Handlungen können Denkweisen oder Überzeugungen direkt ausdrücken, sie können aber auch Kommentare des Erzählers sein, der die Handlungen bewertet und daraus lediglich Schlüsse auf das Denken der Figur zieht (vgl. Palmer 2004, 210–218). Möglich ist freilich auch, dass der Text den Zusammenhang zwischen Handeln und Denken ambivalent anlegt, um Deutungsfreiräume zu schaffen.

2) Das Herausarbeiten gemeinsamen Denkens, das sowohl harmonisch als auch konfligierend sein kann: Wenn der Text im Plural auf mindestens zwei Figuren referiert, wird damit auch deren handelnde und gedankliche Interaktion ausgestaltet (vgl. Palmer 2004, 218–229).

3) Die Untersuchung sogenannter *embedded narratives* und *doubly embedded narratives*: Dabei geht es um die Vorstellung, die eine Figur von sich selbst (*embedded*) oder von den Denkprozessen einer anderen Figur hat (*doubly embedded*), und die besonders wichtig sind für die Untersuchung eines gemeinsamen Erinnerns. Dabei kann eine Figur oder eine Gruppe über die inneren Vorgänge einer anderen Figur oder einer anderen ganzen Gruppe

spekulieren (vgl. Palmer 2004, 230–234). Die Ergebnisse dieser Denkprozesse haben dabei direkte Auswirkungen auf das weitere Handeln.

Die folgende zentrale Textstelle bildet den Ausgangspunkt der Untersuchung als Analyse und Interpretation eines dezidiert literarischen Erinnerungsprozesses.

> (1) Selbstvergessen, mit geschlossenen Augen sang sie auf Georgisch. (2) Seit langem hatte sie nicht mehr so genüsslich gesungen, (3) war sie so vollkommen eins mit ihrer Musik gewesen. (4) Als sie die Augen öffnete, kniete Fred vor ihr.
>
> (5) Ihr Gesicht war ernst und konzentriert, (6) als habe sie die ganze Zeit Kittys Gesichtszüge studiert. (7) Sie hatte niemals diesen Gesichtsausdruck, wenn Amy zugegen war.
>
> (8) Kitty legte die Gitarre zur Seite, (9) streckte die Beine aus und drehte den Kopf weg. (10) Sie wollte nicht so durchdringend angeschaut werden.
>
> (11) – Alles in Ordnung?, stammelte sie, (12) als ihr die Anspannung zu groß wurde und sie sich aufzurichten begann. (13) Die Rothaarige ergriff auf einmal ihr Handgelenk und zwang sie, sitzen zu bleiben. (14) Dann presste sie ihre Nase gegen Kittys und verharrte so. (15) Der Geruch dieser Frau war völlig neutral, (16) als sei ihr Lebensweg ein einziger Weg durch den Sand. (17) Kitty traute sich nicht, ihren Kopf zu bewegen. (18) Diese Nähe war nicht erleichternd, sie war wie damals der Blick, verbindend. (19) Es war eine Nähe, die aus einem Wissen entstand und nicht aus einer Lust. Und sie war schwerwiegend. (20) Vor lauter Nähe verschwamm der Fokus. Die Konturen ihres Gegenübers lösten sich auf.
>
> (21) Sie wusste selbst nicht was und vor allem wie sie es sagen sollte. (22) Und hätte sie es in ihrer Muttersprache sagen können, wäre es genauso gewesen. (23) Zum ersten Mal seit Kittys Ankunft in London erschien ihr die fremde Sprache nicht als entscheidende Barriere.
>
> (24) Aber bevor sie ihren Satz formulieren konnte, legte Fred ihre Lippen auf ihre.
>
> (25) Sie bewegte sich nicht, ihre Zunge blieb in ihrem Mund, der Kuss war trocken und vorsichtig. (26) Als wären sie zwei junge Mädchen, die das Küssen für ihre Liebsten übten. (27) Kitty streckte ihren Arm aus und schob Fred zurück, dann rutschte sie auf dem Bett nach hinten zur Wand.
>
> (28) – Ich denke nicht, dass…
>
> (29) Kitty unterbrach sich selbst. (30) Ja, was dachte sie nicht? (31) Dass es nicht richtig war, dass Fred sie küsste, (32) weil sie mit der Frau zusammen war, die ihr ein Dach über den Kopf gab, (33) oder weil sie selbst eine Frau war und diese Tatsache ein unüberwindbares Hindernis war? (34) Oder einfach, weil sie dachte, dass diese Frau ihr nicht guttun würde, (35) nicht weil sie so schamlos und enthemmt war, so egozentrisch und rücksichtslos, (36) sondern weil sie mit ihren Splittern und Kratzern, mit den Wunden und mit dem hoffnungsvollen Verlorensein ihr zu sehr glich? (37) Kitty wusste nichts über den Weg, den diese Frau zurückgelegt hatte, (38) und zweifelte daran, dass sie es wissen wollte, (39) aber einen Erdrutsch hatte es in ihrem Leben sicher gegeben, einen kolossalen, brutalen Erdrutsch, der ihr den Boden unter den Füßen weggerissen und sie das Fliegen gelehrt hatte. (41) Davon war Kitty überzeugt. (Haratischwili 2014a, 480–481)

Es sind die inneren Vorgänge Kittys, die im Zentrum des narrativen Diskurses stehen und deren Implikationen auch auf der Oberfläche der Handlungen widerhallen. Ausgangspunkt ist Kittys ‚selbstvergessene' Anwesenheit in oder bei sich selbst, deren Kategorisierung als Handlung oder Denken schwerfällt, weil sich in der Tätigkeit des Musizierens beide Bereiche begegnen. Im Fokus der nun folgenden Interaktion zwischen Kitty und Fred steht vor allem Kittys Wahrnehmung der anderen Frau, die von ihr in ein eigenes Narrativ umgeformt wird: Kitty interpretiert die Handlungen Freds, natürlich immer vor dem Hintergrund der eigenen Dispositionen. Die Textstelle zeigt also die erste private Begegnung der beiden Figuren als einen Prozess, der durch das *doubly embedded narrative*, die Vorstellung von Fred, die Kitty selbst entwickelt, zwischen Nähe und Distanznahme pendelt.

Kittys Beschreibung von Freds Gesichtsausdruck als „ernst" und „konzentriert" (5) wird durch den Vergleich mit Freds Ausdruck in Amys Gegenwart (7) Nachdruck verliehen. Amy ist die Lebensgefährtin von Fred, der sich auch Kitty verpflichtet fühlt. Die körperliche Nähe zwischen Kitty und Fred wird deswegen auch zum Problem, das Kitty im Dialog mit sich selbst erörtert. Dieses *embedded narrative* Kittys evaluiert ihr Handeln in Abhängigkeit zu Amy, „die ihr ein Dach über dem Kopf gab" (31) und in Abhängigkeit zu gesellschaftlichen Normen, „weil sie selbst eine Frau war" (32). Der eigentliche Grund, ein „unüberwindbares Hindernis" (33) zu sehen, ist allerdings Fred selbst und die Zuschreibung, die sie im Kontext eines *doubly embedded narrative* macht: Fred, von der Kitty annimmt, dass sie ein emotional deutlich intensiveres Verhältnis zu ihr als zu Amy habe, ist ihr gleichermaßen fremd und soll dies auch bleiben. Mit der Rekurrenz auf „die Rothaarige" (13) wird zweierlei deutlich. Zum einen impliziert es im direkten Gegensatz zur anfänglichen Nennung des Namens Distanzierung in der Konzentration auf ein äußeres Merkmal. Zum anderen scheint sich Kittys Bild von Fred hier durch die implizierte Gewalteinwirkung (13 und 14) überraschend zu aktualisieren. Aus der körperlichen Nähe folgt allerdings keine interpersonale, wie die Beschreibung von Freds Geruch als „neutral" (15) verdeutlicht, „als sei ihr Lebensweg ein einziger Weg durch den Sand" (16). Dieser Kommentar kann sowohl Kitty als auch Niza als Erzählerin zugeschrieben werden und impliziert Freds jüdische Herkunft und die Wüstenwanderung des Volkes Israel. Die interne Fokalisierung und die Konzentration auf Kittys Wahrnehmung (20) erzeugen Ambivalenz. Bezogen auf die ganz konkrete Disposition des Auges, nur mit einem bestimmten Abstand fokussieren zu können, wird die räumliche Nähe der Gesichter von Fred und Kitty deutlich. Zugleich befördert der Zusatz, dass sich die „Konturen ihres Gegenübers auflösen" (20) eine metaphorische Lesart, die Fred in der Vorstellung Kittys als Projektionsfläche erscheinen lässt. 21 bis 32 modellieren Denkprozesse, die Kittys Erkenntnisfortgang als dezidiert sprachfern verdeutlichen. Sie *weiß* nicht, was sie sagen soll (21), weil es keine Sprache für das Erkennen gibt (22), welches an die eigene traumatische Vergangenheit und die Erinnerungen daran geknüpft ist. Das Erkennen der anderen ist in diesem Moment auch Grund für die endgültige Distanzierung, die aus der Konstituierung des *doubly embedded narrative* der Sätze 36 bis 41 resultiert. Die Schamlosigkeit, die Egozentrik und Rücksichtslosigkeit, die in 35 Fred zugeschrieben werden, sind Eigenschaften, die aus der bisherigen Handlung erschlossen werden konnten. Fred betrügt Amy, verschwindet manchmal Wochen oder Monate lang, und richtet sich mit Drogen und Alkohol systematisch zu Grunde. Erst mit dem Vergleich der „Splitter", „Kratzer" und „Wunden" (36) wird die Erzählung Freds zur Erzählung Kittys und umgekehrt. Die Referenz auf Fred als Projektionsfläche wird damit erneut aufgenommen, indem Kitty von ihrem Trauma auf das von Fred schließt. Das Trauma als Paradoxon des Erinnerns im Vergessen wird im Oxymoron des „hoffnungsvolle[n] Verlorensein[s]" ebenso deutlich aufgerufen wie in den Aufzählungen äußerlicher Versehrtheit, die auf innere Verletzungen rekurrieren.

3 Literarisches Ko-Erinnern

Die Analyse der literarisch ausformulierten inneren Vorgänge Kittys zeichnet einen Annäherungsprozess der beiden Figuren nach. Insbesondere der analytische Fokus auf die *embedded* und *doubly embedded narratives* bestätigt die mit Palmer formulierte Vorannahme, dass Denk- und Erinnerungsprozesse immer auf andere bezogen sind. Fred wird von Kitty als Projektionsfläche entworfen, die Nähe über eine – an dieser Stelle nur als Annahme formulierte – Ähnlichkeit herstellt; die Ähnlichkeit der erlittenen Gewalt, der inneren und äußeren Verletzung. Diese Nähe erlaubt es Kitty im weiteren Verlauf der Handlung, sich Fred gegenüber zu öffnen und erstmalig von ihren Traumata zu erzählen. Als erstes Ergebnis der Interpretation ist also festzuhalten, dass die Formulierung von Erinnerungen in einem dialogischen Verhältnis zu anderen Figuren steht. Diese soziale Prägung individueller Denk- und Erinnerungsprozesse, auf die bereits Maurice Halbwachs in seinem Konzept der Gedächtnisrahmen (*cadres sociaux*) hingewiesen hat (1925), liegt auch Palmers Theorie zugrunde.

Zugleich offenbart die genaue Textanalyse unter Einbeziehung der *social minds* jedoch auch die Grenzen dialogisch oder multidirektional ausgerichteter Erinnerungskonzepte. So thematisiert die Erzählerin Niza die „Angst vor diesen Geschichten" (Haratischwili 2014a, 31) die einerseits schmerzhaft sind und sich andererseits nicht zuverlässig strukturieren lassen und sich damit einer erzählerischen Wiedergabe verschließen. Auch weisen bereits in dem von uns gewählten Ausschnitt mehrere Aspekte auf eine unüberbrückbare Distanz zwischen den Figuren hin. In 38 wird Kittys Zweifel herausgestellt, Freds Geschichte überhaupt wissen zu wollen, der Nizas Angst ähnelt. Hier zeigt sich der Wunsch nach einem Verschließen vor den Informationen, vor dem Wissen, das sie erlangen könnte. Auch zeigen die Sätze 34–37 Kittys Annahme, dass Fred ihr aufgrund der angenommenen zu großen Ähnlichkeit nicht gut tun wird. Noch deutlicher ist der Wunsch nach Distanz in 18 hervorgehoben, wenn für die Beschreibung der Nähe Erleichterung und Verbindung gegenübergestellt werden. Durch die Kontrastierung der beiden Adjektive bekommt das eigentlich positiv besetzte Wort „verbindend" eine negative Konnotation und zeigt, dass Annäherungsprozesse immer auch als eine Herausforderung zu sehen sind. Dies wird im nächsten Satz (19) nochmals betont: „Es war eine Nähe, die aus einem Wissen entstand und nicht aus einer Lust. Und sie war schwerwiegend." Diese Aussage kann zum einen als vorausdeutender Erzählkommentar der Erzählerin Niza interpretiert werden, der die zukünftige Beziehung zwischen den beiden Figuren vorwegnimmt. Zum anderen können die Worte auch eine Fortschreibung der erlebten Rede des vorausgehenden Satzes darstellen. In dieser Lesart wäre das angesprochene Wissen etwas, zu dem nur ein eingeschränkter Personenkreis (Kitty und Fred als Überlebende traumatischer Erlebnisse) Zugang hat. Wissen wäre damit mit dem Erkennen anderer Traumatisierter gleichzusetzen. Dieses Erkennen ist in Haratischwilis Text die Basis für die Annäherung der Figuren, löst aber auch negative Gefühle aus. So spricht Kitty an anderer Stelle von einer „angsteinflößende[n] Vertrautheit" (Haratischwili 2014a, 476) und davon, dass ihr alles an Fred „zu nah, zu verstörend" (Haratischwili 2014a, 476) vorkommt, ein Gefühl, dass sie mit Hass verbindet. Das geteilte Leid wird hier zwar nicht als Auslöser einer Opferkonkurrenz beschrieben, aber der Text hebt deutlich hervor, dass ein multidirektionales Erinnern und Thematisieren von Gewaltereignissen Abwehrgefühle auslösen kann und Nähe nicht mit Verständnis oder gar einer Überwindung oder Verarbeitung von Traumata gleichzusetzen ist. Dies wollen wir als zweiten Befund festhalten.

Welchen Aufschluss bieten nun aber diese Erkenntnisse zu literarischen Modellierungen interpersonaler Interaktionen über Phänomene kollektiver Gedächtnisprozesse? Oder, weiterführend mit Astrid Erll gefragt: „Wie können also fiktive Schilderungen, die von einem ebenso fiktiven Erzähler vermittelt werden, eine gegenwärtige, reale Situation beeinflussen?" (2005, 259)

Mit Deleuze gehen Tippner und Laferl davon aus, dass im Ereignis – also auch in traumatischen Ereignissen – private und gesellschaftliche Dimensionen zusammentreffen und damit jede Katastrophe zugleich individuell wie universell ist (vgl. Tippner und Laferl 2017, 26). Führt man diese Überlegung zu den analysierten Textstellen zurück, lässt sich hier ein Ansatzpunkt zu den Theorien des kollektiven Gedächtnisses festhalten. Obwohl die jeweiligen Traumata der Figuren je individuell und einzigartig sind, stehen sie doch für ähnliche Erlebnisse anderer Betroffener und werden im Erinnerungsprozess auch im inneren Dialog sowohl mit konkreten Personen formuliert (wie Kittys Annahmen über Freds Wesen nahelegen) als auch in einer Auseinandersetzung mit gesellschaftlich kursierenden Normen und Gedächtnisdiskursen. Hier zeigt sich die Anschlussfähigkeit von Palmers Konzept zu den von Michael Rothberg und Aleida Assmann formulierten Vorstellungen von Erinnerungsprozessen. Rothberg stützt sich für eine Definition von Erinnerung auf Alon Confino und Peter Fritzsche, die, wie Palmer, die soziale Dimension des Gedächtnisses betonen: „Memory [is] a symbolic representation of the past embedded in social action" (Confino und Fritzsche 2002, 5). Diese Charakteristik von Gedächtnisdiskursen, an Aushandlungen gesellschaftlicher Diskurse rückgebunden zu sein, lassen die individuellen Erinnerungen immer auch Teil einer kollektiven Erinnerungskultur sein.

Ausgehend von diesen Überlegungen kann der bei Haratischwili ausformulierte fiktive Verständnis- und Annäherungsprozess zwischen Kitty und Fred stellvertretend für größere gesellschaftliche Zusammenhänge gelesen werden – in diesem Fall für zwei verschiedene Gewaltgeschichten, die den europäischen Erinnerungsraum prägen.

Claus Leggewie und Anne Lang gehen davon aus, dass das europäische Gedächtnis auch heute noch in zwei Hälften geteilt ist, in Ost und West. Die in der EU vereinten Länder blicken auf sehr unterschiedliche (Gewalt-)Geschichten, national spezifische Erinnerungspolitiken und Bewältigungsstrategien zurück: Europa ist von diversen „erinnerungskulturellen Trennlinien" (Troebst 2006, 23) durchzogen. Dabei sehen Leggewie und Lang das Holocaust-Gedächtnis als Kern der westeuropäischen Erinnerung und das GULag-Gedächtnis[9] als Kern der osteuropäischen, die jeweils als Halbkreise aufgefasst werden können und sich „zur totalitären Erfahrung des 20. Jahrhunderts" (2011, 24) zusammenfügen. Und auch Aleida Assmann spricht in diesem Zusammenhang vom Gedächtnis Europas als einer „Ellipse mit zwei Brennpunkten" (2013, 155). In der transnationalen Anerkennung von Holocaust und GULag bestehe jedoch eine „eklatante Asymmetrie, die noch nicht in den Zustand einer verknüpfbaren Erinnerung erhoben worden

---

9 Der Ausdruck „GULag" bezeichnet strenggenommen die sowjetischen Erziehungs- und Arbeitslager, wird aber mittlerweile auch als Synonym des totalitären Systems im Ganzen verstanden (vgl. Kodzis 2002, 169). Timothy Snyders Studie *Bloodlands* weist zu Recht darauf hin, dass eine terminologische Trennung in GULag und Holocaust nur einen Bruchteil der Gewaltverbrechen des 20. Jahrhunderts fasst: „The tremendous majority of the mortal victims of both the German and the Soviet regimes never saw a concentration camp" (Snyder 2010, xiii).

ist, sondern Europa weiterhin nachhaltig spaltet" (Assmann 2013, 155).[10] Die beiden Kernereignisse der gedächtnispolitischen Ellipse stehen in Forschung und Öffentlichkeit in einem problematischen Spannungsverhältnis des Vergleichs und werden anhaltend kontrovers diskutiert. Seit der EU-Osterweiterung 2004 mit Beitritt von acht post-kommunistischen Ländern des früheren Ostblocks bestimmt diese Diskussion auch die öffentliche Erinnerungs- und Identitätspolitik (vgl. Uhl 2012, 1). Das Verbrechen des Holocaust als politisch etablierter negativer Gründungsmythos der EU steht nun mit postsowjetischen Vergangenheitserzählungen und -deutungen in Konkurrenz. Die Diskussion um die 2008 ausgerufene „Prager Erklärung zum Gewissen Europas und zum Kommunismus" stellt die Schwierigkeiten der Anerkennung der unterschiedlichen Verbrechen, ohne gleichzeitige Hierarchisierung oder Verharmlosung der jeweiligen Spezifik, unter Beweis. Sie führte 2009 zwar zur Etablierung des 23. August als „Europäischer Tag des Gedenkens an die Opfer von Stalinismus und Nationalsozialismus", bislang findet dieser Gedenktag jedoch auffällig wenig Beachtung.

Neuere Ansätze in der Gedächtnistheorie setzen jedoch an der Beobachtung an, dass der Holocaust zunehmend als kosmopolitischer und globaler Erinnerungsort fungiert (vgl. Levy und Sznaider 2007 [2001]),[11] als Ausgangspunkt eines Erinnerns abseits nationaler Kategorien, das durch Analogiebildung auch die Ausformulierung von Erinnerungen anderer Opfergruppen ermöglicht. Vor diesem Hintergrund bilden sich neue prozessinduzierte Konzepte von Erinnerung aus, von denen Michael Rothbergs *multidirectional memory* und Aleida Assmanns dialogisches Erinnern sicherlich die bekanntesten sind. Rothbergs Überlegungen zur Multidirektionalität kollektiver Gedächtnisprozesse gehen von der Prämisse aus, dass kollektive Erinnerung nicht als „*competitive* memory – as a zero-sum struggle over scarce resources" zu sehen ist, sondern als „*multidirectional:* as a subject to ongoing negotiation, cross-referencing, and borrowing; as productive and not privative" (Rothberg 2009, 3). Ihm geht es also vorrangig um eine Erinnerungsverknüpfung, darum, dass Erinnerungen und die Art ihrer Verhandlung von verschiedenen Gruppen in Anspruch genommen werden können. Aleida Assmanns Konzept eines dialogischen Erinnerns setzt nicht so sehr die Verknüpfung zentral, sondern geht davon aus, dass „Erinnerungskonflikte über-

---

10 Troebst verdeutlicht jedoch, dass diese Trennlinien nicht nur entlang einer oft angenommenen Ost-West-Differenz verlaufen, sondern sich bei genauerer Betrachtung der jeweiligen Erinnerungskulturen „vielmehr ein europäisches Patchwork bzw. eine Zentrum-Peripherie-Gliederung" (Troebst 2006, 39) zeigt.
11 Die Kontroversen um das Totalitarismus-Paradigma und die Singularitätsthese des Holocaust, wie sie u. a. eindrücklich im sogenannten Historikerstreit zum Ausdruck gebracht wurden, können hier nicht genauer dargelegt werden. Vgl. hierfür die Ausführungen bei Uhl (2012).

wunden werden können, wenn es gelingt, einen Konsens im Dissens auszumachen" (Assmann 2012, 47). Festzuhalten ist, dass das von ihr entworfene Modell eines dialogischen Gedächtnisses seinen Ausgangspunkt nicht in personalen Erinnerungsvorgängen hat, sondern auf Nationen bezogen ist, da es die „traumatische Beziehungsgeschichte zwischen zwei oder mehreren Staaten" (Assmann 2012, 54) beschreibt. Rothberg dagegen setzt nicht am Gedächtnis von Staaten oder Nationen an, sondern spricht allgemeiner gehalten von einem Gruppen-Gedächtnis.

Beiden Konzepten ist gemein, dass sie Modelle einer eher als ideal zu benennenden, künftigen Aushandlung kollektiver Gedächtnisprozesse entwerfen, und keine Beschreibungskategorien konkreter individueller Erinnerungsvorgänge liefern. So hält Assmann fest, dass ein dialogisches Erinnern sicherlich noch keine „allgemein praktizierte Form des Umgangs mit einer geteilten Gewaltgeschichte" (Assmann 2012, 57) sei, sondern eher eine Option oder Chance, der zukünftig mehr Platz eingeräumt werden sollte. Da es sich also im weitesten Sinne eher um Anleitungen oder Vorschläge handelt, wie ein Umgang mit trennenden Gewaltgeschichten aussehen könnte, liegen noch keine Systematisierungen der verschiedenen Ausformungen von multidirektionalen und dialogischen Erinnerungsprozessen vor. Zu fragen ist also, wo sich diese Prozesse neben den von Rothberg präsentierten Einzelfällen beobachten lassen. Unsere Analyse zeigt, dass neben erinnerungspolitischen Institutionen wie Museen und Gedenkstätten gerade die Literatur ein privilegiertes Experimentierfeld zur Aushandlung verschiedener Erinnerungskomplexe auf eine dialogische Art darstellt; der Herausforderung, verschiedenen Gewaltgedächtnissen gleichberechtigt Raum zu bieten, kann literarisch begegnet werden.

Im hier stellvertretend analysierten Beispiel finden die Figuren Kitty und Fred über die Formulierung der eigenen Traumata und der Anerkennung der jeweils anderen eine Verständnisebene, die zwischen den anderen Figuren des Romans nicht etabliert wird. Befragt zu der Wahl dieser gedoppelten Leidensgeschichte, gibt Haratischwili an, dass es ihr um die Herstellung einer Begegnung auf Augenhöhe ging: „Mir schien es logisch, dass sie [d. h. Kitty] nur einem Menschen Zugang zu ihren Emotionen gewähren würde, der etwas nicht minder schlimmes durchgemacht hat [...]. Die Begegnung kann nur stattfinden, wenn beide ihre Abgründe erahnen, mit ihnen leben" (Haratischwili 2014b, 32). In Haratischwilis Roman werden die in der Theorie entworfenen Konstrukte eines multidirektionalen oder dialogischen Erinnerns nachvollziehbar und damit auch genauer beschreibbar. Damit fungiert Literatur hier als Interdiskurs, der einen außerliterarischen Erinnerungsdiskurs beobachtbar macht (vgl. Erll 2017, 68). Ist das so beobachtbare und von uns analysierte Erinnern nun aber Ausdruck eines dualen (und damit dialogischen) oder vielschichtigen (und damit multidirektionalen)

Modells? Obwohl die Annahme einer geteilten Gewaltgeschichte Europas einen Dualismus darstellt und im Fokus unserer Analyse auch zwei Figuren stehen, offenbart die genaue Textwahrnehmung doch eine Multidirektionalität des Bewusstseins, die unter anderem auch Figuren wie Amy oder gesellschaftlich geltende Normen in den Bewusstseinsprozess einschließt. Wie bereits festgehalten, ist das individuelle Gedächtnis der Figuren damit sozial geprägt, es stellt eine *collected memory* dar. Diese *collected memory*, die sich in einzelnen Individuen in Auseinandersetzung mit gesellschaftlichen Vorstellungen und Ideen formiert, lässt sich in fiktionalen Texten mit der Theorie der *social minds* beschreiben und analysieren. Aus der literarischen Verhandlung kann aber wiederum durch Rezeptionsprozesse eine neue kollektive Erinnerung – eine sogenannte *collective memory* – entstehen.[12]

Die zuvor herausgestellten Herausforderungen und Grenzen multidirektionaler Erinnerungsprozesse auf einer individuellen Ebene gelten zudem für eine kollektive Ebene. Auch wenn in der europäischen Erinnerungspolitik nach Funktionen und Aushandlungsorten verschiedener Gewaltgedächtnisse gesucht wird, um Bezugspunkte für eine grenzüberschreitende gemeinsame Bewältigung zu etablieren, wird die Kenntnis und Anerkennung anderer Gedächtnisse nicht automatisch auch zu einem Verständnis führen. Eine Erweiterung des kollektiven Gedächtnisses auf europäischer Ebene, ein Zusammenwachsen der beiden Gedächtnishälften ist als ein auf „human agency" (Kansteiner 2002, 186) zurückgehender bewusst forcierter Prozess der Erinnerungspolitik zu sehen. Texte der Gegenwartsliteratur – für die Haratischwili hier beispielhaft steht – zeigen aber, dass diese Aushandlung und die Annäherung der beiden Gedächtnishälften auch mit Hilfe der Literatur vollzogen werden.[13] Eine „Europäisierung durch dialogisches Erinnern" (Assmann 2012, 65) wird auch durch literarische Texte angestoßen. Denn erst wenn diese Gedächtnisprozesse gleichberechtigt ausgehandelt werden, können sie auch in Gedächtniskollektive aufgenommen werden.

---

12 Jeffrey Olick führte die Unterscheidung zwischen *collected* („the aggregated individual memories of members of a group" 1999, 338) und *collective memory* („public discourses about the past as wholes or [...] narratives and images that speak in the name of collectivities" 1999, 345) ein. Erll führt in Hinblick auf diese Kategorien aus: „Beide Formen des kollektiven Gedächtnisses sind also analytisch zu trennen; sie entfalten ihre Wirksamkeit jedoch nur durch ihr Zusammenwirken, durch das Zusammenspiel von individueller und kollektiver Ebene. Es gibt kein vorkulturelles individuelles Gedächtnis. Es gibt aber auch kein vom Individuum abgelöstes, allein in Medien und Institutionen verkörpertes Kollektivgedächtnis" (2005, 250).
13 Vgl. Wetenkamp 2017, 10–13.

4 Schluss

Erll weist literarischen Texten (und anderen Gedächtnismedien) zwei zentrale Funktionspotentiale zu: Zum einen können sie als Medium der Gedächtnisbildung fungieren, wenn sie in Kulturen oder sozialen Gruppen zirkulierende „Vorstellungsstrukturen" (Erll 2005, 266) affirmativ weiterschreiben oder revisionistisch hinterfragen und dekonstruieren. Zum anderen können sie der Gedächtnisreflexion dienen, wenn sie zum Beispiel durch Formen der Bewusstseinsdarstellung Erinnerungsprozesse selbstreflexiv herausstellen und damit „kollektives Gedächtnis beobachtbar" (Erll 2005, 267) machen und eine Reflexion über den Problemzusammenhang von Gedächtnis und Kultur eröffnen. Haratischwilis Roman kann beiden Funktionen zugerechnet werden und ist damit als Medium des kollektiven Gedächtnisses zu verstehen.

Die von uns vorgenommene Untersuchung verbindet Narratologie mit *memory studies* und begegnet dem von Kansteiner identifizierten Desiderat präziser Analyseinstrumente. Durch die fiktionalen Privilegien lassen sich in der Literatur Bewusstseinsprozesse beobachten, die als sozial und multidirektional klassifiziert werden können. Diese Erinnerungsprozesse sind, wie die exemplarische Betrachtung von Haratischwilis Roman zeigen konnte, nicht einzig auf Einfühlung oder Nähe ausgerichtet, sondern thematisieren auch etwaige Grenzen des Ko-Erinnerns.

Literatur kann demnach zum einen als Interdiskurs *collected memory* abbilden und beobachtbar machen, zum anderen ist sie selbst Medium einer *collective memory* und prägt Wissensinhalte größerer gesellschaftlicher Zusammenhänge. Im Fall von *Das achte Leben* wird durch die gleichzeitige Anwesenheit zweier unterschiedlicher Gewaltgedächtnisse ein Schritt hin zu einer Annäherung der beiden Gedächtnishälften Europas gemacht. Einschränkend ist natürlich – wie bei jedem literarischen Text – festzuhalten, dass eine solche Lesart nicht vorgeschrieben ist und es allein von den Rezipierenden abhängt, ob dieser Aspekt wahrgenommen wird.[14] Diese Heterogenität der Rezipierenden wird in vielen Studien zu kollektiven Erinnerungen negiert, indem sie von einer „cultural homogeneity, consistency, and predictability" (Kansteiner 2002, 193) ausgehen. Texte wie jener von Haratischwili erheben diese Heterogenität zum zentralen Moment, indem sie Gedächtnisprozesse auf allen Ebenen der Erzählung ausstellen. Dies regt nicht nur die Rezeption als Gedächtnisroman an, die literarische Thematisierung der Brüchigkeit und unsicheren Belastbarkeit des Gedächtnisses

---

14 Auch Kansteiner verweist darauf, dass Individuen jeden Text vor dem eigenen Hintergrund lesen und aus der Lektüre ihre eigene Interpretation ableiten (vgl. Kansteiner 2002, 192).

in *discours* und *histoire* stellt außerdem heraus, dass es in Bezug auf Erinnerung nicht darum gehen kann, ein einziges Narrativ zu finden, sondern verschiedene Erinnerungsnarrative gleichberechtigt ko-existieren zu lassen.

Literatur

Albright, Kathie J., Colette H. Duggan und Marcy J. Epstein. „Analyzing Trauma Narratives: Introducing the Narrative Form Index and Matrix". *Rehabilitation Psychology* 53.3 (2008): 400–411.

Assmann, Aleida. „Europe: A Community of Memory? Twentieth Annual Lecture of the GHI, 16. November 2006". *GHI Bulletin* 40 (Frühjahr 2007): 11–25.

Assmann, Aleida. *Auf dem Weg zu einer europäischen Gedächtniskultur?* Wien: Picus, 2012.

Assmann, Aleida. *Das neue Unbehagen an der Erinnerungskultur. Eine Intervention.* München: Beck, 2013.

Banfield, Ann. *Unspeakable Sentences. Narration and Representation in the Language of Fiction.* Boston: Routledge & Kegan Paul, 1982.

Brînzeu, Pia. „Memory and Focalization". In *Literature and Cultural Memory.* Hg. Mihaela Irimia, Andreea Paris und Dragoş Manea. Leiden und Boston: Brill, 2017. 83–94.

Cohn, Dorrit. *Transparent Minds. Narrative Modes for Presenting Consciousness in Fiction.* Princeton, NJ: Princeton University Press, 1978.

Caruth, Cathy. *Unclaimed Experience. Trauma, Narrative, and History.* Baltimore: John Hopkins University Press, 1996.

Confino, Alon und Peter Fritzsche. „Introduction". In *The Work of Memory. New Directions in the Study of German Society and Culture.* Hg. Alon Confino und Peter Fritzsche. Urbana und Chicago: The University of Illinois Press, 2002. 1–21.

Erll, Astrid. „Literatur als Medium des kollektiven Gedächtnisses". In *Gedächtniskonzepte der Literaturwissenschaft. Theoretische Grundlegung und Anwendungsperspektiven.* Hg. Astrid Erll und Ansgar Nünning. Berlin u. a.: De Gruyter, 2005. 249–276.

Erll, Astrid. *Kollektives Gedächtnis und Erinnerungskulturen. Eine Einführung.* Stuttgart: Metzler, 3., aktualisierte und erweiterte Auflage 2017.

Fludernik, Monika. *The Fictions of Language and the Languages of Fiction: The Linguistic Representation of Speech and Consciousness.* London: Routledge, 1993.

Fludernik, Monika. *Towards A ‚Natural' Narratology.* London: Routledge, 1996.

Fricke, Hannes. *Das hört nicht auf. Trauma, Literatur und Empathie.* Göttingen: Wallstein, 2004.

Halbwachs, Maurice. *Les Cadres Sociaux de la Mémoire.* Paris: Alcan, 1925.

Haratischwili, Nino. *Das achte Leben (für Brilka).* Frankfurt am Main: Frankfurter Verlagsanstalt, 2014a.

Haratischwili, Nino. „‚Das Vergessen ist eine Illusion'. Nino Haratischwili im Gespräch mit Insa Wilke über ihren Jahrhundert-Roman Das achte Leben (für Brilka)." In *Volltext. Zeitung für Literatur* 3 (2014b). 1 und 32–34.

Hirsch, Marianne. *Family Frames: Photography, Narrative, and Postmemory.* Cambridge, MA: Harvard University Press, 1997.

Hirsch, Marianne. *The Generation of Postmemory. Writing and Visual Culture After the Holocaust.* New York u. a.: Columbia University Press, 2012.

Kansteiner, Wulf. „Finding Meaning in Memory: A Methodological Critique of Collective Memory Studies". *History and Theory* 41 (May 2002): 179–197.

Kodzis, Bronisław. „GULag". In *Lexikon der russischen Kultur.* Hg. Norbert P. Franz. Darmstadt: WBG 2002. 169–170.

Kopf, Martina: *Trauma und Literatur. Das Nicht-Erzählbare erzählen – Assia Djebar und Yvonne Vera.* Frankfurt am Main: Brandes & Apel, 2005.

Köppe, Tilmann und Tom Kindt. *Erzähltheorie. Eine Einführung.* Stuttgart: Reclam, 2014.

Leggewie, Claus und Anne Lang. *Der Kampf um die europäische Erinnerung.* München: Beck, 2011.

Lämmert, Eberhard. *Bauformen des Erzählens.* Stuttgart: Metzler, 1955.

Levy, Daniel und Natan Sznaider. *Erinnerung im globalen Zeitalter: Der Holocaust.* Frankfurt am Main: Suhrkamp, 2007 [2001].

Martínez, Matías und Michael Scheffel: *Einführung in die Erzähltheorie.* München: C.H. Beck, 2012.

McHale, Brian. „Free Indirect Discourse: A Survey of Recent Accounts". *PTL: A Journal for Descriptive Poetics and Theory of Literature* 3 (1978): 249–78.

McHale, Brian. „Speech Representation". In *Living Handbook of Narratology.* Hg. Peter Hühn, Jan Christoph Meister, John Pier, Wolf Schmid. Hamburg: Hamburg University, 2014 (1.12.2018).

Milevski, Urania. *Stimmen und Räume der Gewalt. Erzählen von Vergewaltigung in der deutschen Gegenwartsliteratur.* Bielefeld: Aisthesis, 2016.

Nünning, Ansgar. *Von historischer Fiktion zu historiographischer Metafiktion. Bd. I: Theorie, Typologie und Poetik des historischen Romans.* Trier: Wissenschaftlicher Verlag, 1995.

Olick, Jeffrey K. „Collective Memory: The Two Cultures". *Sociological Theory* 17.3 (1999): 333–348.

Palmer, Alan. „The Construction of Fictional Minds". *Narrative* 10.1 (2002): 28–46.

Palmer, Alan. *Fictional Minds.* Lincoln: University of Nebraska Press, 2004.

Radstone, Susannah: „Working with Memory. An Introduction". In *Memory and Methodology.* Hg. Susannah Radstone. Oxford: Berg, 2000. 1–22.

Rothberg, Michael. *Multidirectional Memory. Remembering the Holocaust in the Age of Decolonization.* Stanford, CA: Stanford University Press, 2009.

Snyder, Timothy. *Bloodlands. Europe Between Hitler and Stalin.* London: The Bodley Head, 2010.

Stanilou, Angelica und Hans J. Markowitsch: „Dissociation, Memory and Trauma Narrative". *Journal of Literary Theory* 6.1 (2012): 103–130.

Tippner, Anja und Christopher F. Laferl. „Extreme Erfahrungen – ihre Konzeptualisierung in den Kulturwissenschaften und ihre Darstellung in Kunst und Literatur". In *Extreme Erfahrungen: Grenzen des Erlebens und der Darstellung.* Hg. Anja Tippner und Christopher F. Laferl. Berlin: Kadmos, 2017. 15–39.

Troebst, Stefan. „Jalta versus Stalingrad, GULag versus Holocaust. Konfligierende Erinnerungskulturen im größeren Europa". In *„Transformationen" der Erinnerungskulturen in Europa nach 1989.* Hg. Bernd Faulenbach und Franz-Josef Jelich. Essen: Klartext 2006. 23–49.

Uhl, Heidemarie. „Holocaust Memory and the Logic of Comparison". *Remembrance and Solidarity. Studies in 20th Century European History*, 5 (2016): 227–256. (als PDF mit den Seiten 1–28 unter: https://www.enrs.eu/studies/studies5).

Weilnböck, Harald. „Psychotrauma, Narration in the Media, and the Literary Public ––and the Difficulties of Becoming Interdisciplinary". In *Narratology Beyond Literary Criticism. Mediality, Disciplinarity*. Hg. Jan Christoph Meister, Tom Kindt und Wilhelm Schernus. Berlin und New York: De Gruyter, 2005. 239–264.

Wetenkamp, Lena. *Europa erzählt, verortet, erinnert. Europa-Diskurse in der deutschsprachigen Gegenwartsliteratur*. Würzburg: Königshausen & Neumann, 2017.

Wetenkamp, Lena. „,Politik in Texten meint vor allem Wahrnehmen statt Meinen.' Postmemory und Engagement in Ulrike Draesners Sieben Sprünge vom Rand der Welt". In *Engagement. Literarische Potentiale nach den Wenden*. Band 2. Hg. Gudrun Heidemann, Joanna Jablkowska und Elzbieta Kapral. Berlin: Peter Lang, 2020. 67–88.

Zink, Dominik. *Interkulturelles Gedächtnis. Ost-westliche Transfers bei Saša Stanišić, Nino Haratischwili, Julya Rabinowich, Richard Wagner, Aglaja Veteranyi und Herta Müller*. Würzburg: Königshausen und Neumann, 2017.

Performative und diskursive Ko-Erinnerung

Verena Arndt
„Wir sind nicht mehr der Inbegriff des Bösen!": Ko-Erinnerung in Yael Ronens Theaterabend *Common Ground*

> Hello, good evening, thank you for coming. My name is Orit Nahmias and I come from Israel, I'm Israeli, I was born in Jerusalem and I'm Jewish. And I don't always present myself like this. [...] But I thought I should say it tonight because one of the rare benefits of being an Israeli is, that when you talk about war and reconciliation process, [...], people tend to think you actually know what you are talking about. They take you seriously. And I saw a business-opportunity and made a career out of it.[1]

Mit diesen Worten beginnt der Theaterabend *Common Ground* (2015) der Regisseurin Yael Ronen. Die Israelin arbeitete in diesem Projekt des Maxim-Gorki-Theaters in Berlin mit in Deutschland lebenden Schauspieler_innen aus dem ehemaligen Jugoslawien, um deren Erinnerungen an den dortigen Krieg eine Plattform zu bieten. Prägende Elemente der Inszenierung sind demgemäß autobiografische Texte der Darsteller_innen. Dass die Aufführung mit dem Monolog einer Jüdin beginnt, die auf den ersten Blick nichts mit diesem Themenkomplex zu tun hat, könnte daher Verwunderung hervorrufen. Und so wird sie auch schließlich von ihrem deutschen Kollegen Niels Bormann unterbrochen. Dieser kritisiert zunächst, dass sie Englisch spricht, denn: „We are in Germany. These are Germans, they speak German. And... This is a post-migrant theatre. Post means 'after', 'nach': You enter the stage *after* you learned the language". Orit verweist auf die eingeblendeten Übertitel, woraufhin Niels sie darauf aufmerksam macht, dass diese ebenfalls auf Englisch seien. Die Schauspielerin ist irritiert und Niels nutzt den Moment, um sie zur Bühnenseite zu drängen. Orit wehrt sich und schlägt vor, er könne übersetzen, was sie zu sagen habe. Er stimmt widerwillig zu. Doch während Orit ihren Monolog fortsetzt, übersetzt ihr Kollege nicht etwa ihre Erläuterungen zum Thema Konfliktlösung, sondern entschuldigt sich beim Publikum für die unangenehme Situation und erklärt, er sei der Meinung, die deutschen Steuerzahler hätten ein Recht auf deutschsprachiges Theater. Außerdem solle niemand glauben, diese Frau sei

---

[1] Dieses und die folgenden Zitate – sofern nicht anders gekennzeichnet – entstammen dem Mitschnitt von *Common Ground* durch den Fernsehsender 3Sat im Rahmen des Berliner Theatertreffens 2015 (eigene Transkription).

https://doi.org/10.1515/9783110622706-010

das Gesicht unseres Projekts. Ist sie nicht. Sie ist Israelin und deshalb noch lange keine Expertin. Das Problem mit den Israelis ist, dass sie die Welt nur durch ihr eigenes Prisma analysieren und verstehen können – sie projizieren ihre Probleme auf die Welt und sind dann so unverschämt, anderen Leuten ihre Meinung aufzudrängen.

Als Orit die Diskrepanz zwischen ihrer eigenen Redezeit und Niels ‚Übersetzung' auffällt, fragt sie skeptisch nach, ob er wirklich nur übersetze, was sie sage. Daraufhin versichert Niels, sie könne ihm vertrauen: Deutsch wäre eine sehr lange Sprache, das würde auch sie eines Tages begreifen. Zudem wisse er, „how to talk to ‚mein Volk'!" – ein Kommentar, der Gelächter im Publikum hervorruft. Während die Pseudo-Übersetzung einerseits durchaus humoristische Elemente enthält, ist sie für einen sensibilisierten Zuschauer[2] doch auch schwer zu ertragen: Orit wird in eine Opferrolle gedrängt, die sich aufgrund der Sprache ihrer Kontrolle entzieht. Zu Beginn eines Abends, der eigentlich vom Jugoslawienkrieg handeln soll, erlebt der Zuschauer so eine Konfrontation mit der Shoah[3] auf der Mikroebene, die sich in der Reproduktion alter Machtstrukturen zwischen Deutschen und Juden ausdrückt.[4]

Ebenfalls implizit wird durch diesen Anfang auf den Zusammenhang von (kollektiver) Erinnerung und gegenwärtiger Identität bzw. Identitätszuschreibung eingegangen: Orit Nahmias Beobachtung, man nehme Juden ernst, wenn sie über Krieg und Versöhnung sprechen, unterstreicht die Vorstellung, „that a direct line runs between remembrance of the past and the formation of identity in the present" (Rothberg 2009, 3). In diesem Beispiel ist das die Vorstellung, dass die jüdische Identität in einer Weise durch die Shoah und den Nahostkonflikt geprägt wäre, dass jedes ihr angehörige Individuum eine fundierte Meinung zu politischen Konflikten ausgebildet hätte. Wenn Orit also erklärt, dass sie sich dieser unterstellten Kompetenz bewusst sei und sie daraus „ein Geschäftsmodell" entwickelt habe (siehe Eingangszitat) – angeblich arbeitet sie schon länger als Coach für miteinander in Konflikt geratene Gruppen – zeigt sich, ganz in Michael

---

[2] Für eine bessere Lesbarkeit wird im Falle des/der Zuschauer_in grammatikalisch auf die männliche Form zurückgegriffen, gemeint ist dabei ein_e hypothetische_r Zuschauer_in jeglichen Geschlechts.
[3] Die Bezeichnung Shoah wird alternierend mit dem Begriff ‚Holocaust' verwendet – beide Begriffe sind kontrovers diskutiert worden und haben jeweils ihre eigenen Schwierigkeiten. Da sie sich jedoch für die systematische Tötung des jüdischen Volkes im 20. Jahrhunderts durchgesetzt haben, kann auf ihre Verwendung schwerlich verzichtet werden. Ein Abriss der Diskussion bezüglich des Vokabulars findet sich u. a. in Bachmann 2010, 20–26.
[4] Dass Niels Bormann denselben Nachnamen trägt wie einer der engsten Vertrauten Hitlers – Martin Bormann – ist, aller Wahrscheinlichkeit nach, ein Zufall, da es sich um den tatsächlichen Namen des Schauspielers handelt.

Rothbergs Sinn, dass die Verbindung von der Vergangenheit zur gegenwärtigen Identität nicht so symmetrisch ist, wie oft behauptet wird (vgl. 2009, 4–5). Die Israelin gibt im weiteren Verlauf ihres Monologs zu, ihre jüdische Identität ab und an zu verbergen und oft keine Lust auf politische Debatten zu haben, womit sie in Teilen das negiert, was ihrem Volk zugeschrieben wird:

> I try to avoid or at least postpone the moment till I say where I'm from, because I know once I say I'm from Israel I'm confronted with conversations about Middle East politics, the Holocaust, God and benefits of the Dead Sea psoriasis [sic]. And – eh – I'm not always up to it. Especially if I'm in a taxi in Berlin and the taxi driver is called Muhammed – I have my concerns.[5]

Dass sie die unterstellte Expertise nutzt, um ihren Lebensunterhalt zu verdienen, bedient jedoch gleichzeitig das alte Klischee des ‚gerissenen, profitorientierten jüdischen Geschäftsmanns'.[6] Da sie dies *lachend* zugibt, zeigt sich auch hier ein bewusster und spielerischer Umgang mit diesem Stereotyp. Orits Art der Selbstreflexion und das Geständnis ihrer punktuellen Politikverdrossenheit machen sie zu einer möglichen Sympathieträgerin und Identifikationsfigur für das Publikum.

Niels Bormann wird dagegen als zwiespältige Figur dargestellt.[7] Er „steckt in seiner Leib-und-Magenrolle: in der des begriffsstutzigen, dauernachfragenden, egozentrischen, unsensiblen, aber überzeugt gutmenschlichen und immer ein bisschen beleidigten Deutschen, der kein Fettnäpfchen auslässt" (Peter 2014). Neben seinem bevormundenden Verhalten gegenüber Orit reproduziert er dementsprechend auch Klischees über Menschen aus dem ehemaligen Jugoslawien:

> Ich hatte vor diesem Projekt wirklich Sorge, wie das alles stattfinden kann – aber [...] ich bin – äh – ja, positiv überrascht worden. Ganz, ganz toll. Es gab hier keinerlei Vergewaltigung innerhalb der Gruppe, oder Mädels? [...] Niemand ist hier betrunken zur Probe gekommen, keiner hat Schusswaffen mitgebracht... Die ham sich angeschrien, dass die Fetzen fliegen, aber keiner ist hier hingegangen und hat das Dorf des anderen abgefackelt. Und das

---

5 Der letzte Satz zeigt, dass Ko-Erinnerung auch durch Humor hergestellt werden kann, aber die Funktion des Humors ist nicht Thema dieses Aufsatzes. Der Satz zeigt jedoch, dass nicht nur die äußerst ambivalente Figur Niels Bormann mit Humor spielt bzw. durch ihn funktioniert. Ob es sich hier um einen ähnlichen oder durchaus anderen Humor handelt, sei vorerst dahingestellt.
6 Historische Belege dieses Stereotyps finden sich in zahlreichen Schrift- und Bilddokumenten; u. a. in Shakespeares *The Merchant of Venice* (um 1600), als Beispiel der NS-Propaganda sei die Karikatur *Der ewige Jude* genannt, der neben anderen rassistischen stereotypisierten Attributen Geldmünzen in der Hand hält.
7 Diese Beschreibung und andere Interpretationen der Bühnenhandlung basieren auf persönlichen Eindrücken, die ich im Weiteren hoffe, intersubjektiv nachvollziehbar machen zu können und, wo möglich, durch publizierte Rezensionen untermauere.

hat mir wirklich Hoffnung gegeben – wir haben hier immerhin 30 % Serbenanteil in der Gruppe, und es wurden keine Gräueltaten begangen.

Die Betonung, dass all diese Dinge *nicht* passiert seien, verweist umso stärker auf Niels Vorbehalte zu Beginn der gemeinsamen Arbeit. Auch sein „Ganz, ganz toll" klingt im Anbetracht dessen, was er lobt – keine Vergewaltigungen, kein Betrinken während der Arbeit, keine Schusswaffen oder Gewalt – überheblich und unangemessen. Doch die (mögliche) Abwehr des Publikums ihm gegenüber kann sich kurzzeitig auflösen, als er beginnt seine eigenen Erinnerungen an den Jugoslawienkrieg zu schildern:

Ich kannte nur diese Fernsehbilder aus den Nachrichten. Zum Beispiel dieses eine von 1993, wo so'n völlig abgemagerter Mann in einem Konzentrationslager steht und ich weiß noch, wie ich gedacht hab: ‚Oh mein Gott, wieder Konzentrationslager auf europäischem Boden?! Wieder passiert ein Völkermord in unserem Hinterhof?!

Durch die Musik, die eingesetzt wird, und die bohrenden Blicke der anderen, die zuvor im Hintergrund auf dem Boden im Dreck etwas gesucht hatten, entsteht eine Ernsthaftigkeit, die sich von der vorherigen Stimmung absetzt. Auch der Einsatz von Niels' Stimme, die nachdenklich und betroffen klingt, trägt zu dieser Atmosphäre bei. Dann jedoch fährt er fort: „Aber... diesmal hat Deutschland nichts damit zu tun! Was für eine Erleichterung: Wir sind nicht mehr der Inbegriff des Bösen! Und deshalb werden wir euch ewig dankbar sein für diesen Krieg."

Der Bruch, den Niels durch seinen zynischen Kommentar über die Nicht-Beteiligung der Deutschen herstellt,[8] ist durch die zuvor mit theatralen Mitteln hergestellte Stimmung umso härter. Dabei richtet sich der Zynismus, den die Regisseurin dem Schauspieler in den Mund legt, in zwei Richtungen: Zum einen erscheint Niels Erleichterung im Anbetracht der Leiden seiner Mitspieler als unangebracht stark und seine Dankbarkeit dafür, dass es diesen Krieg gab, als inhuman. Bedenkt man die jüdische Herkunft der Regisseurin und Autorin Yael

---

[8] Anzumerken ist, dass Deutschland zwar mit den Konzentrationslagern direkt ‚nichts zu tun' hatte, dennoch in den Jugoslawienkonflikt involviert war und durch die Anerkennung der Unabhängigkeit Sloweniens und Kroatiens eine weitere Eskalation in Kauf nahm. (Vgl. u. a. Krause 2000, 1; sowie Maull und Stahl 2002, 85–87)

Das Verschweigen des Theaterabends, dass die deutsche Besatzungspolitik 1941–1944 zumindest *eine* der Ursachen der post-jugoslawischen Kriege und Genozide war, könnte als ‚Entgegenkommen' an das deutsche Publikum betrachtet werden, dem so nicht noch mehr historische Schuld zugemutet wird. Damit bestärkt das Stück eine Art der Ko-Erinnerung durch (Ver-)Schweigen, die einer eingehenderen Analyse bedürfe, auf die hier leider verzichtet werden muss. (Herzlichen Dank an Tom Vanassche für diesen wichtigen Hinweis.)

Ronen, ist Niels Aussage jedoch auch aus Sicht der Ermordeten des Holocaust und deren Nachkommen hochgradig fragwürdig, da ‚der Deutsche' nur darauf zu warten scheint, dass diese in Vergessenheit geraten. Der Zuschauer jedoch wird in dieser Szene durch die Schnelligkeit des Wechsels der Stimmung derart überrumpelt, dass in einigen Fällen ein Lachen provoziert wird. Dieses ist, mit Wolfgang Iser, als Kipp-Phänomen im Angesicht einer Krise zu verstehen (vgl. 1976, 400–401).[9]

Inhaltlich ließe sich das, was Niels artikuliert, mit Aleida Assmann ein „Unbehagen an der Erinnerungskultur" (2013, 13) nennen. Assmann rekurriert dabei auf Sigmund Freud, der beschreibt, dass die Gesellschaft zum Erhalt kultureller Ideale ein „künstlich in Gang gehaltenes Bewusstsein für Schuld" erzeuge (Assmann 2013, 9). Anders als Freud bezieht Assmann diesen Mechanismus nicht auf ein Individuum, sondern auf eine ganze Gesellschaft, namentlich auf die deutsche Gesellschaft nach 1945:

> Die Reintegration des Landes in den Kreis der zivilisierten Nationen geschah auf der Basis eines negativen Gedächtnisses, das die eigene verbrecherische Vorgeschichte ins kollektive Selbstbild integriert und durch öffentliches Bekennen von Schuld rituell in Gang hält. Die Schuld, um die es inzwischen geht, ist […] der von den Deutschen ausgedachte, durchgeplante und mit transnationaler Kollaboration ausgeführte Mord an den europäischen Juden und anderen zivilen schutzlosen Minderheiten. (2013, 9–10)

Und Niels Bormann – Jahrgang 1973 – artikuliert zu Beginn von *Common Ground* eine Erleichterung der Nachgeborenen, die nicht am Genozid beteiligt waren und die dennoch durch ein kollektives Schuldgefühl geprägt sind. Es kommt die Hoffnung zum Ausdruck, dass Auschwitz nicht mehr eine derartige Alleinstellung in der Geschichte haben möge, damit auch die Deutschen nicht für immer über diesen Teil ihrer Vergangenheit definiert werden. Dass dieser Wunsch hochgradig unbedacht ist, wird durch die Blicke der Betroffenen des Jugoslawienkrieges unterstrichen, die Niels weiter anstarren und das Publikum somit vor Augen führen, dass es für sie und viele andere Menschen um Leben und Tod ging. In dieser Spannung wird der, als Prolog bezeichenbare, erste Teil des Abends abgeschlossen.

Die dann folgenden Sequenz des Stücks widmet sich dem gemeinsamen Erinnern an die Jahre 1991–1994: Von den Darsteller_innen werden abwechselnd

---

9 Eine andere Lesart wäre die mit Freuds Witz-Theorie, nach der ein Zuhörer u. a. dann freigewordenen Hemmungsaufwand ‚ablachen' kann, wenn einer unterdrückten Aggression in Form eines Witzes ausdruckverliehen wird. (vgl. Freud 2006 [1905], 116–117) Zwar ist Niels Aussage kein Witz im engeren Sinne, doch durch die unerwartete Wende hat sie durchaus komisches Potential.

Ereignisse wie die deutsche Wiedervereinigung, Niels Bormanns unfreiwilliges Outing als homosexuell, der Bürgerkrieg in Somalia, Steffi Grafs Tenniserfolge, der Zerfall Jugoslawiens, Naturkatastrophen, das Tanzen in einer Disko in Sarajewo, der Bürgerkrieg in Albanien, die Olympischen Spiele in Barcelona usw. aufgezählt. Die dramaturgische Funktion dieser Collage ist mehrdimensional: Zum einen erfährt der Zuschauer Einzelheiten über die individuellen Vergangenheiten der Darsteller_innen. Gleichzeitig werden jedoch auch – wie die Auswahl zeigt – politische Vorgänge, Naturkatastrophen und Ereignisse in der Unterhaltungsbranche in Erinnerung gerufen. Durch die chronologische Ordnung, die sich jeglicher Hierarchisierung enthält, werden absurde Gleichzeitigkeiten und die Effekte der ‚großen Ereignisse' im Kleinen deutlich. Der teilweise extreme Kontrast zwischen individuellem Erinnern und kollektivem Gedächtnis wird dem Publikum vor Augen geführt und wirft zugleich – quasi *en passant* – die Frage auf, inwieweit sich überhaupt von *einem* kollektiven Gedächtnis sprechen lässt, bzw. auf *welches* Kollektiv sich dieser Begriff bezieht. Dabei zeigt sich, wie wichtig die gegenseitige Ergänzung der aufgezählten Phänomene ist: Keines negiert das andere, sondern bettet es in einen Kontext, der die Tragweite der Erfahrungen und Ereignisse unterstreicht. Es ließe sich hier von einer Form der *diffraction* sprechen, die Susanne Knittel wie folgt erläutert:

> Originally a term from the natural sciences denoting a specific optical phenomenon, diffraction was first proposed by Haraway as an alternative to reflexivity as a way of conceptualizing difference not as deviation from a norm or an original, nor as a hierarchical relationship between original and copy, but rather as an a-hierarchical or rhizomatic decentered network of mutual influence and interference. (2015, 24–25)

Auch Ronens Arbeit legt verschiedene Ereignisse ohne Vormachtstellung übereinander, woraus sich ein neues und komplexeres Bild der Vergangenheit ergibt. Durch diese Taktik wird dem Publikum die eigene Priorisierung von Erinnerungen ebenfalls vor Augen geführt: Es wird *nicht* behauptet, dass für viele unter 40-jährige Mitteleuropäer der Tod Kurt Cobains stärker im Gedächtnis verankert ist, als die brennenden Asylbewerberheime mit großem untätigen Publikum 1992 oder gar der Völkermord in Ruanda. Durch kein theatrales oder sprachliches Mittel werden gewisse Ereignisse besonders hervorgehoben oder andere lächerlich gemacht. Wer sich hier peinlich berührt fühlt, der zieht sein Unbehagen aus dem Anspruch an seine eigene Reflektiertheit und der Konfrontation mit dem verinnerlichten Gedächtnis.

Den Verlauf der weiteren Inszenierung prägt die tatsächlich unternommene Reise des Ensembles in das ehemalige Jugoslawien. Durch die Erzählungen der verschiedenen Darsteller_innen werden die unterschiedlichen Perspektiven gegenübergestellt – es generiert sich so eine Ko-Erinnerungserfahrung par excellence. Fragen und Gedanken von Niels Bormann und Orit Nahmias brechen oder forcieren dabei immer wieder die persönliche Involviertheit der anderen Ensemblemitglieder. So können zum Beispiel alle Beteiligten in der ersten Nacht ihrer Reise nicht schlafen und treffen sich zufällig in der Bar ihres Hotels. Es entwickelt sich eine Diskussion über Schuld und Strafe in Bezug auf den Krieg. Diese ist per se spannungsgeladen, doch eskaliert sie erst, als der ‚unbeteiligte' Niels auf das ICTY (*International Criminal Tribunal for the former Yugoslavia*) verweist, welches für Gerechtigkeit sorge. Jeder versucht nun lautstark seine Einschätzung dieser Gerechtigkeit verständlich zu machen: Aus Sicht der Serben werden die Verbrechen, die an *ihnen* begangen wurden, marginalisiert, aus Sicht der anderen seien viele Strafen gegenüber den Serben zu mild ausgefallen. Die verschiedenen Narrative prallen aufeinander, und als Mateja, die Tochter eines Kriegsverbrechers, bezüglich des Umgangs mit den Tätern dafür plädiert, sich seine Menschlichkeit zu bewahren, „selbst bei Leuten wie Ratko Mladić",[10] schreit Jasmina sie an: „Für mich ist das kein Mensch. Und wenn jemand kein Mensch ist, dann soll er auch nicht menschlich behandelt werden. Warum darf er das Grab seiner Tochter besuchen, wenn ich nicht mal ein Grab für meinen Vater hab?!"[11] Ihr Vater wurde im Gefangenenlager Omarska ermordet. Sie verlässt den Raum, und als Mateja die anderen fragt, ob sie etwas Falsches gesagt habe, antwortet ihr niemand, woraufhin sie von der Bühne stürzt.

Im „inneren Kommunikationssystem" (Pfister 2011, 21) des Theaterabends lässt sich hier von einem punktuellen Scheitern der Ko-Erinnerungen sprechen. Bezieht man sich jedoch auf die Kommunikation zwischen Akteuren und Zuschauern, so gilt zu beachten, dass diesem nachgespielten Konflikt ein großes Aufklärungspotential innewohnt. Durch den Streit der Darsteller_innen wird den Zuschauern die Komplexität des Jugoslawienkonflikts vor Augen geführt, so dass eine voreilige Parteinahme unterbunden wird. Es wird zwar Empathie für Jasmina evoziert, gleichzeitig ist ihre Aussage, für sie hätten die Verbrecher keinerlei menschliche Behandlung verdient, derart fragwürdig, dass sie als ambivalente Person wahrgenommen wird und nicht als stilisiertes, unantastbares Opfer.

Auch Orit Nahmias verstärkt unabsichtlich die Gefühle ihrer Mitreisenden: Die Begegnung mit einer Zeitzeugin, die sich die Aufklärung von Vergewaltigungen im Krieg zur Aufgabe gemacht hat, ist Alexandar Radencović von Beginn an unangenehm. In einem, an das Publikum gerichteten Monolog erläutert er, sich als Serbe in die Täterrolle gedrängt zu fühlen, und gibt zu, diejenigen zu

---

10 Für detaillierte Informationen über den Fall Mladić vgl. Anonymous o.J. unter: http://www.icty.org/case/mladic/4#tdec. (20. Februar 2019).
11 Siehe zum Besuch des Grabes diverse Zeitungsmeldungen, u. a. in der *Süddeutschen Zeitung*: Anonymous 2011.

beneiden, die sich auf Seiten der potenziellen Opfer befinden. Er will verhindern, dass Orit und Niels nur diese eine Darstellung der Geschichte kennen und hat den Impuls, ihnen von den Verbrechen gegenüber den Serben zu erzählen. Dabei spricht er von Verbrechen, die „uns" angetan wurden und unterbricht sich selbst: „Was denn für ein ‚uns'? Seit wann bin ich denn zu einer Seite in diesem Krieg geworden?! Seit wann ist es mir wichtig zu wissen, wer in diesem Krieg mehr gelitten hat?!"

Alexandar verbalisiert so den inneren Konflikt zwischen individueller Identität im Gegensatz zur (vermuteten) Zuschreibung von außen, auf Grund der Zugehörigkeit zu einer Volksgruppe. Er wehrt sich gegen diese Zuschreibung und bemerkt, dass er sich mit dem Narrativ dieser Gruppe identifiziert. Ihm ist es als deren Vertreter wichtig, den ‚Unbeteiligten' dieses Narrativ näher zu bringen, und er gerät durch die direkte physische und inhaltliche Konfrontation mit den Verbrechen der Serben in eine, ihm sonst unbekannte, Identifizierung und Verteidigungshaltung. Dass Orit ihn währenddessen, wie er sagt, immer wieder vorwurfsvoll anstarrt, verstärkt diese Gefühle. Er beschreibt, dass ihre Blicke ihn aggressiv machen und geht davon aus, sie sehe ihn nur noch als rücksichtslosen Vergewaltiger. Kurz darauf wird Orits Sicht der Dinge dargestellt. Die Situation sei auch für sie schwer erträglich, und sie beschreibt: „Every once in a while I'm looking at Alexandar's beautiful face – it calms me down. I try to think happy, sexy thoughts and Alexandar looks back at me as if I raped his cat".

Diese humoristische Auflösung der Situation ist mehr als nur ein *comic relief*: Die Fehlinterpretation Alexandars bezüglich Orits Blicken entsteht daraus, dass er selbst so sehr in das Narrativ des Jugoslawienkrieges vertieft ist, dass er jede Handlung nur vor diesem Hintergrund deutet. Orit hingegen, für die es sich zwar um schreckliche Schilderungen handelt, hat die Tatsache, dass sich Alexandar als Serbe eventuell beschuldigt fühlt, gar nicht derart präsent, um diese Verknüpfung herzustellen. Sie ist also durch ihren anderen kulturellen Hintergrund – relativ – unbefangen und legt ein Verhalten an den Tag, das für sie nicht unmittelbar mit dem Inhalt der Erzählung verknüpft ist. Ironischerweise nutzt sie jedoch die Beschreibung „as if I raped his cat" um Alexandars Blick zu charakterisieren. Auch sie fühlt sich also, wenn auch auf einer anderen Ebene, als würde sie ‚wie ein Vergewaltiger' angeschaut.

Eine weitere zentrale Situation mit Bezug auf die Ko-Erinnerung spielt auf dem Gelände des ehemaligen KZ Omarska. Dort stößt das Ensemble auf eine Gedenktafel, die die ‚jugoslawischen' Ensemblemitglieder erschüttert verstummen lässt. Niels bittet um eine Übersetzung, um diese Verstörung verstehen zu können und Alexandar liest vor: „Den Kämpfern, die ihr Leben eingebaut haben in das Fundament der Republika Srpska." Niels erklärt, dass er immer noch nicht verstehe und übernimmt damit, wie oftmals zuvor, die Rolle eines Sprachrohrs des

Publikums. Eine Mitspielerin erklärt schließlich: „Das wäre, als gäbe es ein Denkmal für SS-Soldaten in Auschwitz, Niels. Verstehst du?"

Yael Ronen nutzt in diesem Moment die Shoah ganz explizit, um die unvorstellbare Unangemessenheit *dieser* Gedenktafel an *diesem* Ort für Außenstehende deutlich zu machen. Je nach Standpunkt könnte man ihr vorwerfen, dass sie damit den Holocaust relativiere, denn in Omarska sind schätzungsweise ‚nur' 5000 Menschen systematisch ermordet worden:

> According to Roy Gutman of *Newsday* (New York), [...], the U.S. State Department and other Western officials confirmed to him that between 4,000 and 5,000 persons, the vast majority of them non-Serb civilians, were killed in Omarska. Some were held and killed in open pits. Thousands more would probably have died if the camps had not been closed due to international outrage. A number of detainees ‚disappeared' at the time of the closing of the camp. Some were later found at the Batkovic camp, [...] but at least 130 transferred detainees have never been found. (Anonymous 1997)

In Auschwitz-Birkenau sind, gemäß den Angaben des World Holocaust Remembrance Centers *Yad Vashem*, dagegen mehr als 1.100.000 Juden, 70.000 Polen, 25.000 Sinti und Roma und etwa 15.000 Kriegsgefangene ermordet worden – insgesamt also mindestens 1,21 Millionen Menschen (vgl. Anonymous 2019). Es ist nicht zu leugnen, dass die Höhe dieser Zahl jegliche Vorstellung übersteigt und im quantitativen Sinne nicht mit den Opfern in Omarska zu vergleichen ist. Und doch gilt es zu beachten, dass dieser Art der Aufrechnung von Menschenleben die Gefahr innewohnt, sie zu bloßen Ziffern einer Statistik zu reduzieren und ihnen somit ihre Menschenwürde (erneut) abzusprechen. Daher bleibt festzuhalten, dass der Genozid der Nazis in seiner Systematik, seinem Kalkül und seinem zahlenmäßigen Ausmaß bisher der radikalste Versuch der Ausrottung bestimmter Menschengruppen ist, dies aber ebenfalls nicht zur Verharmlosung anderer Verbrechen gegen die Menschheit verwandt werden darf.[12] Auschwitz dient in der besprochenen Szene von *Common Ground* mit Blick auf das Verhältnis der Gedenktafel zu den historischen Ereignissen demnach meines Erachtens als legitimes Mittel zur Verdeutlichung der Problematik. Im Sinne der mulitidirektionalen Erinnerung ergänzen sich hier die beiden unterschiedlichen Ereignisse auf hilfreiche Art.

---

12 Die Formulierung „Verbrechen gegen die Menschheit" wird mit Bezug auf Hannah Arendts Erläuterung bewusst der gängigen Übersetzung von ‚*crimes against humanity*': „Verbrechen gegen die Menschlichkeit" vorgezogen. Arendt argumentiert, dass ein Verbrechen gegen eine Volksgruppe nicht lediglich ein Vergehen ist, dass einer – wie auch immer moralisch definierten – Menschlichkeit widerspricht, sondern die gesamte Menschheit bedrohe und sich somit gegen diese richte. (vgl. 2013 [1964], 398–400)

In gänzlich anderer Weise wird das Zusammenspiel von zwei der jungen Schauspielerinnen, deren Leben beide durch die Verbrechen in Omarska geprägt wurden, mit Blick auf die Ko-Erinnerung relevant: Die gemeinte Szene illustriert die allererste Begegnung von Mateja Meded und Jasmina Musić – von denen mit Bezug auf den Umgang mit den Tätern bereits die Rede war – bei dem Vorsprechen für *Common Ground*. Die beiden Darstellerinnen spielen ihr Kennenlernen nach und wenden sich dabei immer wieder auch an das Publikum:

> Mateja: *zum Publikum* Ich hab' sie gefragt, wo sie herkommt.
>
> Jasmina: *zu Mateja* Prijedor.
>
> Mateja: *zum Publikum* Scheiße. Mir wird schlecht. Bevor ich hierhergekommen bin, habe ich die Artikel über meinen Vater nochmals gelesen. *Zu Jasmina:* Mein Vater lebt in Prijedor.
>
> Jasmina: *zu Mateja* Ich hab' keinen Vater. Mein Vater ist verschwunden.
>
> Mateja: *zum Publikum* Scheiße. *Zu Jasmina* Ich hab' 'nen Artikel gelesen, in dem steht, dass mein Vater im Konzentrationslager Omarska in der Nähe von Prijedor gearbeitet hat.
>
> Jasmina: *zu Mateja* Mein Vater war Gefangener in Omarska.
>
> Mateja: *zum Publikum* Scheiße. Warum hab' ich das gesagt. Scheiße, warum hab' ich das gemacht?! Scheiße! [...]
>
> Jasmina: *zum Publikum* Meine Hände zittern, mein Mund ist trocken. Was für einen schwarzen Humor das Leben hat...

Dadurch, dass das Publikum an den persönlichen Gedankengängen der Frauen teilhat, sowie durch die emotionalisierte Art des Sprechens, die sich sowohl im Klang der Stimmen, im Sprechtempo als auch in der Wiederholung des Worts „Scheiße" artikuliert, wohnt der Szene ein hohes Empathie-Potential inne. Zumal der Zuschauer im Verlauf der Szene noch weiter in die Ambivalenz der neuen Bekanntschaft hineingezogen wird. Diese Konfrontation endet auf der Bühne schließlich in einer innigen Umarmung: Beide vergraben ihr Gesicht am Hals der anderen, und die zuckenden Schultern lassen auf ein Weinen schließen. Der Zuschauer erfährt später, dass sich die Beiden im Laufe der Probenarbeit anfreundeten und nun unzertrennlich seien.

Die hohe Emotionalität der Szene wird durch die bereits etablierte Annahme verstärkt, es handle sich bei den Schilderungen um autobiografische Zeugnisse der Darsteller_innen. Der Eindruck dieser Authentizität wird ab Beginn der Vorstellung durch verschiedene Mittel bewusst hergestellt:[13] Zum einen durch den

---

13 Hierbei ist Authentizität nicht als Entität zu verstehen, sondern als bewusst inszenierte

Einstieg in den Abend, an dem Orit Nahmias mit einem Mikrophon die leere Bühne betritt, sich ans Publikum wendet und namentlich vorstellt, um dann ihren Monolog zu beginnen. Der Stil dieses Anfangs erinnert an einen Vortrag, der ebenso gut in einem Hörsaal stattfinden könnte. Zum anderen verweist Niels Bormann in seiner ersten längeren Textsequenz auf seinen Mitspieler Alexandar „Milošević", der daraufhin vehement korrigiert, er hieße Radencović. Der interessierte Zuschauer kann im Programmheft nachlesen, dass dies tatsächlich der Name des Darstellers ist. Auch die anderen osteuropäisch klingenden Namen, die auf der Bühne benutzt werden, finden sich im Programmheft wieder. Darüber hinaus werden als Autoren des Stückes angegeben: „Yael Ronen und Ensemble", was auf eine direkte Mitarbeit der Schauspieler_innen am Stücktext verweist. Die von Beginn an eingeflochtenen Kommentare zum Theaterabend auf der Metaebene, sowie der Verweis auf bekannte historische Ereignisse, untermauern den Eindruck einer Deckung zwischen Darsteller_innen und Rollen – zumal autobiografisches Theater mittlerweile ein bekanntes Phänomen ist.[14]

Im Fall der beiden jungen Frauen stellt sich die Situation jedoch anders da: Es bleibt wiederum dem aufmerksamen Zuschauer überlassen, durch einen Blick auf die Besetzungsliste festzustellen, dass diese die Rolle der jeweils anderen spielen. Mateja Meded, Tochter eines Kriegsverbrechers, spielt Jasmina Musić, Tochter eines Opfers des Massenmordes – und umgekehrt. In der Inszenierung selbst gibt es nur zwei Dinge, die diesen Tausch andeuten: Zu Beginn korrigieren die beiden Frauen gegenseitig ihre Angaben bezüglich des Alters der von ihnen dargestellten Figur zur Zeit des Krieges. Das ist als Zuschauer jedoch allenfalls kurzzeitig verwunderlich und motiviert keinerlei Annahmen zu einem Rollentausch. Deutlicher wird dieser am Ende des Abends thematisiert: Beim Rückflug nach Deutschland stellt die Figur Mateja fest, dass sie Jasminas Pass in der Tasche hat – und vermutet, die Frau am Check-In habe ihn aus Versehen vertauscht. Es schließt der Gedanke an, wie zufällig das Schicksal der beiden Kinder sei, und die Figur Jasmina sagt: „In so 'ner Parallelwelt, da muss sie bestimmt Jasmina sein, und ich muss Mateja sein." Sie sitzen nebeneinander und vergleichen anschließend die Größe ihrer Hände, ihre Körpergröße usw. Ist man bereits über den Rollentausch aufgeklärt, sieht man in dieser Szene die offensichtliche Bezugnahme darauf. Schaut man sich die Sequenz ohne Vorahnung an, so klärt sie die Situation kei-

---

Wirkung, die einem Publikum im 21. Jahrhundert ein Gefühl von Echtheit vermitteln soll. Siehe dazu u. a. aus kulturwissenschaftlicher Perspektive Fischer-Lichte und Pflug (2000) und Daur (2013); sowie aus philosophisch-theologischer Perspektive Kreutzer und Niemand (2016).
14 Man denke u.a. an das Projekt *Eine Kirche der Angst vor der Fremde in mir* von Christoph Schlingensief (2008) sowie an die vielen Amateurtheaterprojekte, die sich biografischen Erfahrungen ihrer Mitspieler bedienen.

neswegs eindeutig auf. Das Stück, das bisher die ‚wahren' Geschichten der Darsteller zu erzählen schien, eröffnet also eine sehr subtile Ebene des Fiktiven.[15] Die individuellen Erinnerungen der Frauen werden so zu einem Rollenspiel. Gleichzeitig entsteht durch die Ko-Präsenz der Zeuginnen und dadurch, dass die beiden Geschichten miteinander verknüpft sind, ein Repräsentationsmodus, der besonders, wenn nicht gar einzigartig ist. Meiner Meinung nach lässt sich hier von einer speziellen Art der Ko-Erinnerung sprechen, die die individuellen Erinnerungen der jeweils anderen für die beiden Schauspielerinnen körperlich erfahrbar werden lässt. Für dieses Phänomen möchte ich den Begriff der *performativen Ko-Erinnerung* einführen. Dies erscheint angemessen, da die gegenseitige Verkörperung der Frauen auf zwei Ebenen sowohl „wirklichkeitskonstituierend" als auch „selbstreferenziell" ist, womit die ausschlaggebenden Kriterien des Performativen erfüllt sind (Fischer-Lichte 2004, 34).[16] *Wirklichkeitskonstituierend* ist der Rollentausch für den Zuschauer, insofern er durch die Annahme, in der Inszenierung seien Darsteller_innen und Rolle weitestgehend identisch, einer Täuschung unterliegt, die die Rezeption des Theaterstücks entscheidend prägt. Wie gezeigt werden konnte, ist es bei *Common Ground* wahrscheinlich, dass der Zuschauer die Namen und Geschichten mit den Darsteller_innen verknüpft und diese für wahr hält.[17] Für ihn *ist* die blonde Darstellerin Mateja und die dunkelhaarige Jasmina, ungeachtet der Realität außerhalb der Bühne. Selbst wenn er im Nachhinein darüber aufgeklärt würde, bliebe sein Eindruck dieser beiden Figuren bestehen und ließe sich nicht gänzlich revidieren.[18] *Selbstreferenziell* ist das Rollenspiel schon deswegen, weil es für den Zuschauer nicht offengelegt wird und somit auf nichts verweisen kann und keine Bedeutung generiert. Ausschlaggebender für die Be-

---

15 Darauf, dass erzählte Lebensgeschichte immer fiktionalisiert ist und sich eine „wahre Lebensgeschichte" nicht rekonstruieren lässt, kann an dieser Stelle nicht weiter eingegangen werden, sei aber unbestritten. Siehe dazu u. a. Rosenthal 1995 und zur Autobiografie als Gattung u. a. Schabacher 2007. Nichtsdestotrotz bleibt der Unterschied zwischen einem absichtsvollen Abweichen der Erzählung von der Erinnerung und einem unbewussten Vorgang des Abweichens bestehen, auf den ich mich hier beziehe. Da das Theater als „Fiktionalitätsinstitution" (Klauk und Köppe 2014, 6) beschrieben werden kann, sich in diesem Fall jedoch um Glaubwürdigkeit bemüht (s. o.) befindet sich der Theaterabend auf einer schwer zu definierenden Ebene zwischen ‚Täuschung' und den Konventionen eines fiktionalen Mediums.
16 Ich beziehe mich hierbei auf den von John L. Austin geprägten Begriff des Performativen, den Erika Fischer-Lichte für die darstellende Kunst fruchtbar macht und erweitert.
17 Im Gegensatz dazu ist der Zuschauer bei einem klassischen Drama über diese Täuschung aufgeklärt.
18 Diese Annahme basiert auf persönlichen Erfahrungen und bedarf – im Fall der Weiterverfolgung des Konzepts der performativen Ko-Erinnerung – einer breiteren empirischen Überprüfung.

zeichnung ‚performative Ko-Erinnerung' ist jedoch die wechselseitige Verkörperung selbst. Die Schauspielerinnen wissen zu jedem Zeitpunkt, wer sie sind und unterliegen somit keiner Täuschung, die der des Publikums ähnelt. Doch das gemeinsame Erinnern und das anschließende Einüben der Rolle verändert auch ihre Wirklichkeit: Professionelle Schauspieler_innen lernen im Laufe ihrer Ausbildung diverse Schauspieltechniken, unter anderem solche, bei denen man sich so intensiv in eine Situation oder einen Menschen hineinversetzt, dass es zu körperlichen Reaktionen auf die hergestellten Gedanken und Gefühle kommt.[19] Der Körper der Schauspieler_in wird auf diese Weise physisch beeinflusst. Ist diese körperliche Auswirkung auch vorübergehend, so wird sie dennoch Spuren bei der Darstellerin hinterlassen und die Erfahrung ihr Denken beeinflussen. Daher lässt sich auch hier von der Konstitution einer neuen Wirklichkeit sprechen. Auch für die beiden Betroffenen geht es hierbei nicht um das Erzeugen einer Bedeutung, sondern um den Akt selbst. Dadurch, dass sie sich gegenseitig darstellen, erleben sie – und sei es bruchstückhaft – was es heißt, diese andere Person zu sein. Anstatt sich auf den Konflikt zwischen Nachfahren von Tätern und Opfern einzulassen und auf Schuldzuweisungen zu verharren, gehen die beiden Frauen in größtmöglicher Weise aufeinander zu und versetzen sich im wahrsten Sinne des Wortes in die Lage/in den Körper der anderen. Dabei muss erneut betont werden, dass eine ausschlaggebende Komponente, die den Rollentausch zu einem performativen Akt des Ko-Erinnerns macht, die ist, dass der Zuschauer davon in der Regel nichts erfährt. Es handelt sich *nicht* um einen dramaturgischen ‚Kniff', der gedeutet werden soll, sondern erscheint persönlich motiviert. Theater könnte in diesem Fall, selbst auf professioneller Ebene, als therapeutische Maßnahme verstanden werden. Da beide Frauen auf unterschiedliche Art Opfer des Krieges geworden sind und ihren Vater verloren haben, ließe sich auch von der Überwindung einer „Opferkonkurrenz"[20] sprechen, die das Leid beider anerkennt, ohne dieses zu relativieren.

---

[19] Gemeint sind vor allem das „Stanislawski System" und Lee Strasbergs „Method Acting", siehe u. a. Stanislawski 2002 und Strasberg 1988.
[20] Geprägt hat diesen Begriff Jean-Michel Chaumont in seinem Werk *Die Konkurrenz der Opfer: Genozid, Identität, Anerkennung* (2001). Während die Publikation als Ganzes durchaus kontrovers diskutiert wird (vgl. Benöhr-Laqueur 2002), hat sich der Begriff dennoch durchgesetzt und wurde zum festen Bestandteil des Vokabulars von Erinnerungsdiskursen. So fand Beispielsweise 2012 eine Tagung unter dem Titel „Zur Konkurrenz der Erinnerungskulturen in Deutschland, Frankreich und Polen" statt, bei der „sich „die Ausgangsthese heraus[kristallisierte], dass die Konkurrenz der Erinnerungskulturen sich im Wesentlichen in einer Opferkonkurrenz äußert." Teilnehmer_innen der Tagung waren u. a. Etienne François und Aleida Assmann. (vgl. Tagungsbericht 2013)

Im Zuge der Opferkonkurrenz sei auch an die Figuren erinnert, die außerhalb des Jugoslawienkonflikts stehen, denn ihnen werden die letzten Worte des Stücks überlassen. Orit Nahmias erklärt am Ende der Reise, Heimweh nach Israel zu haben. Andererseits habe ihr das Erlebte gutgetan:

> Orit: It was such a relief for me to look in the mirror and not to see myself. Yes! We're not the centre of the world. And we're not the most fucked up! I guess all happy countries resemble one another, but every sad country is sad in its own special way... Sounds better in Russian.[21]
>
> Niels: Or in German...!
>
> *Dejan, Alexandar, Mateja, Jasmina und Vernesa singen ein melancholisches jugoslawisches Lied. Als sie verstummen, schlägt Niels Orit mit einem Buch auf den Kopf.*
>
> Orit: Auu!
>
> *Black. Ende.*

Der Abend schließt in einer Ambivalenz zwischen Melancholie und Erleichterung, Gemeinsamkeit und Unterschied, sowie Spiel und Gewalt. Deutlich wird jedoch, dass Orits Aussage einer Mentalität der Opferkonkurrenz diametral gegenübersteht: Sie wirkt erleichtert, dass die Leiden der Bevölkerung Israels kein Alleinstellungsmerkmal sind, und in ihrer Formulierung „and we're not the most fucked up" klingt an, dass sie die politische Situation in Ex-Jugoslawien für noch komplizierter hält als in ihrer eigenen Heimat. Ebenso kann ihr Ausspruch in Bezug auf Traumata und andere psychologische Folgewirkungen der Betroffenen gedeutet werden. Auch für Orit scheint das gemeinsame Erinnern eine positive Auswirkung auf ihre Selbstwahrnehmung zu haben. Die im Rahmen der Ko-Erinnerung häufig erwähnte Empathie unterliegt hier jedoch einem egozentrischen Moment – ähnlich dem von Niels Bormann zu Beginn. Dass Orit von Niels durch den Kommentar über ihre Sprache und den Schlag auf den Kopf wie zu Beginn in eine Opferrolle gerät, thematisiert metaphorische die problematisch bleibende Beziehung zwischen Deutschen und Menschen mit jüdischem Glauben. Dies ist zumindest *eine* mögliche Interpretation. Andererseits ließe sich die Geste, bei der Niels nicht aufhört aus seinem Trinkpäckchen zu trinken und keine Miene verzieht, auch als ein Ausdruck seines trockenen Humors verstehen. Und in der Tat ist im Publikum Gelächter zu hören. Wäre dies die Motivation der Handlung, wäre sie vielmehr ein Hinweis auf eine überwundene Zurückhaltung gegenüber Orit

---

21 Der Verweis aufs Russische erklärt sich durch den vorangehenden Satz, eine Variation des ersten Satzes aus *Anna Karenina*: „Alle glücklichen Familien sind einander ähnlich, jede unglückliche Familie ist unglücklich auf ihre Weise" (Tolstoi 2011 [1877/78], 7).

und somit ein Zeichen der Normalisierung ihrer Beziehung zueinander. Während die anderen fünf ihren *common ground* besingen,[22] verbindet die beiden ‚Unbeteiligten' eine nunmehr spielerische Antagonie. Oder aber – auch das ist mit Blick auf die Theaterpraxis durchaus möglich – dieser Schlag soll das Ende des Stückes dramaturgisch davor bewahren, ins Kitschige abzugleiten, was im Verlauf des Abends durch Komik und Brüche schon mehrfach gelungen ist. Eine abschließende Interpretation – sofern so etwas denn existiert – soll an dieser Stelle nicht weiterverfolgt werden.

Der Aufsatz hat sich das Ziel gesetzt, den Versuch einer Ko-Erinnerungserfahrung auf der zeitgenössischen deutschen Bühne zu hinterfragen. Bei *Common Ground* von Yael Ronen und Ensemble wurde deutlich, dass die verschiedenen Erinnerungen und Narrative derjenigen Schauspieler_innen aus Ex-Jugoslawien zu einem komplexen und vielschichtigen Bild des Konflikts beitragen. Im Falle der Schauspielerinnen Jasmina und Mateja lässt sich gar von einer *performativen Ko-Erinnerung* sprechen, die Feindseligkeit und Opferkonkurrenz exemplarisch überwindet. Darüber hinaus lotet das Stück die Möglichkeiten einer multidirektionalen Erinnerung mit Blick auf den Holocaust aus und bringt so die Geschehnisse im ehemaligen Jugoslawien dem deutschen Publikum näher, ohne die Shoah dabei zu verharmlosen. In seiner Komplexität verdient *Common Ground* mit Blick auf die Fragen nach Fiktionalität, Authentizität und Autobiografie sicherlich noch weitere Beachtung.

Literatur

Anonymous. „Mladić (IT-09 – 92)". *United Nations International Criminal Tribunal for the former Yugoslavia*, ohne Jahr. http://www.icty.org/case/mladic/4#tdec (06. Februar 2019).

Anonymous. „The Role of the Prijedor Authorities during the War and after the signing of the Dayton Peace Agreement". *Human Rights Watch*, 1997. https://www.hrw.org/reports/1997/bosnia/Bosnia-03.htm (09. Januar 2019).

Anonymous. „Mladic auf dem Weg nach Den Haag". *Süddeutsche Zeitung* 31.05.2011. //www.sueddeutsche.de/politik/kriegsverbrecher-prozess-mladic-darf-nach-den-haag-ueberstellt-werden-1.1103723 (05. Februar 2019).

Anonymous. „Auschwitz-Birkenau Extermination Camp". *Yad Vashem*, 2019. https://www.yadvashem.org/holocaust/about/final-solution/auschwitz.html#narrative_info (06. Februar 2019).

Arendt, Hannah. *Eichmann in Jerusalem. Ein Bericht von der Banalität des Bösen*. München: Piper, 2013 [1964].

---

22 *Common ground* wird üblicherweise mit „Gemeinsamkeit" und „Gemeinsame Grundlage" übersetzt, lässt sich jedoch im geografischen Kontext auch als *gemeinsamer Boden* interpretieren.

Assmann, Aleida. *Das neue Unbehagen an der Erinnerungskultur. Eine Intervention.* München: C.H. Beck, 2013.
Bachmann, Michael. *Der abwesende Zeuge. Autorisierungsstrategien in Darstellungen der Shoah.* Tübingen: Narr Francke Attempto, 2010.
Benöhr-Laqueur, Susanne. „Rezension zu: *Chaumont, Jean-Michel: Die Konkurrenz der Opfer. Genozid, Identität und Anerkennung*". Lüneburg 2001". *H-Soz-Kult,* 19.02.2002. www.hsozkult.de/publicationreview/id/rezbuecher-1041 (06. Februar 2019).
Chaumont, Jean-Michel. *Die Konkurrenz der Opfer: Genozid, Identität, Anerkennung.* Lüneburg: Zu Klampen, 2001.
Daur, Uta (Hg.). *Authentizität und Wiederholung: Künstlerische und kulturelle Manifestationen eines Paradoxes.* Bielefeld: transcript, 2013.
Fischer-Lichte, Erika und Isabel Pflug (Hg.). *Inszenierung von Authentizität.* Tübingen: Francke, 2000.
Fischer-Lichte, Erika. *Ästhetik des Performativen.* Frankfurt am Main: Suhrkamp, 2004.
Freud, Sigmund. *Der Witz und seine Beziehung zum Unbewussten. Der Humor.* Frankfurt am Main: Fischer, 2006 [1905/1927].
Iser, Wolfgang. „Das Komische: ein Kipp-Phänomen". In *Das Komische.* Hg. Wolfgang Preisendanz und Rainer Warning. München: Wilhelm Fink, 1976. 398–402.
Knittel, Susanne C. *The Historical Uncanny. Disability, Ethnicity, and the Politics of Holocaust Memory.* New York: Fordheim University Press, 2015.
Krause, Joachim. „Deutschland und die Kosovo-Krise". In *Der Kosovo Konflikt: Ursachen, Verlauf, Perspektiven.* Hg. Jens Reuter und Konrad Clewing. Klagenfurt: Wieser, 2000. 395–416.
Kreutzer, Ansgar und Christoph Niemand (Hg.). *Authentizität – Modewort, Leitbild, Konzept. Theologische und humanwissenschaftliche Erkundungen zu einer schillernden Kategorie.* Regensburg: Friedrich Pustet, 2016.
Maull, Hanns W. und Stahl, Bernhard. „Durch den Balkan nach Europa? Deutschland und Frankreich in den Jugoslawienkriegen". *Politische Vierteljahresschrift* 43.1 (2002): 82–111.
Peter, Anne. „Common Ground – Yael Ronen sucht in ihrer Stückentwicklung am Berliner Gorki Theater nach Verständigung über den Zerfall Jugoslawiens". *Nachtkritik* 14.03.2014. https://www.nachtkritik.de/index.php?option=com_content&view=article&id=9271:common-ground-yael-ronen-sucht-in-ihrer-stueckentwicklung-am-berliner-gorki-theater-nach-verstaendigung-ueber-den-zerfall-jugoslawiens&catid=52&Itemid=100190 (05. Februar 2019).
Pfister, Manfred. *Das Drama.* München: Wilhelm Fink, 2001 [1977].
Rosenthal, Gabriele. *Erlebte und erzählte Lebensgeschichte. Gestalt und Struktur biographischer Selbstbeschreibung.* Frankfurt am Main: Campus, 1995.
Rothberg, Michael. *Multidirectional Memory. Remembering the Holocaust in the Age of Decolonization.* Stanford, CA: Stanford University Press, 2009.
Schabacher, Gabriele. *Topik der Referenz: Theorie der Autobiographie, die Funktion „Gattung" und Roland Barthes' Über mich selbst.* Würzburg: Königshausen & Neumann, 2007.
Schlingensief, Christoph. „Eine Kirche der Angst vor dem Fremden in mir. Fluxus-Oratorium von Christoph Schlingensief im Rahmen der Ruhrtriennale 2008". http://www.kirche-der-angst.de/ (06. Februar 2019).

Stanislawski, Konstantin. *Die Arbeit des Schauspielers an sich selbst:* 2 Bde. Leipzig: Henschel, 2002 [1924].
Strasberg, Lee. *A Dream of Passion. The Development of the Method.* New York: Penguin, 1988.
Tagungsbericht. „Zur Konkurrenz der Erinnerungskulturen in Deutschland, Frankreich und Polen, 11.03.2012–15.03.2012 Berlin". *H-Soz-Kult*, 20.08.2013. www.hsozkult.de/conferencereport/id/tagungsberichte-4606 (06. Februar 2019).
Tolstoi, Lew. *Anna Karenina.* Übersetzt von Rosemarie Tietze. München: Deutscher Taschenbuch Verlag, 2011 [1877/78].

Rüdiger Lautmann
Engführungen des Erinnerns an die NS-Homosexuellenrepression und an die Shoah

Die Opfergruppen der Juden einerseits, der homosexuellen Frauen und Männer andererseits in einem Erinnerungsraum multidirektional zusammenzudenken: Das gelingt erst auf den zweiten Blick. Dann allerdings zeigen sich überraschend viele Analogien und Berührungspunkte, ungeachtet der Ungleichzeitigkeit beider Gedenkgeschichten. Eine Ko-Erinnerung begann erst um 1970; in den 25 Jahren zuvor war nur gelegentlich der Homosexuellenverfolgung gedacht worden. Der Politikwissenschaftler Eugen Kogon schrieb in seinem Klassiker *Der SS-Staat*, bei der Befreiung 1945 weitgehend fertig vorliegend, ihr Schicksal könne man nur als entsetzlich bezeichnen. Im Hinblick auf die Grauen des Lagers Dora-Mittelbau, wohin besonders viele Häftlinge mit dem rosa Winkel verlegt worden waren, äußerte Kogon Verständnis dafür, weil es um „weniger wichtige und wertvolle oder als nicht wertvoll angesehene Teile" gegangen sei (1973, 264). Hier verkoppelt die Ko-Erinnerung, wenn man es so nennen will, die NS-Verfolgung mit dem allgemeinen gesellschaftlichen Stigma, das vor, während und nach dem Dritten Reich bestanden hat. Nur zwei weitere Erinnerungsfälle sind zu nennen: ein Artikel in einem Vereinsblatt (Classen von Neudegg 1954–1955) sowie Harthauser (1967). Beide Texte erschienen bezeichnenderweise pseudonym. Die besonders harte Verfolgung dieser Gruppierung war praktisch unbekannt.

Um 1970 nun startete die neuere Emanzipationsbewegung der Homosexuellen, ermutigt von der Stonewall-Revolte in den USA und der Entkriminalisierung im deutschen Strafgesetzbuch. Sie produzierte zwei Ko-Erinnerungen. In den USA schätzte man die Zahl der getöteten homosexuellen Männer – sie trugen im KZ einen aufgenähten Stoffwinkel in rosa Farbe als Kennzeichen – auf etwa 250 000. Diese große Zahl lehnte sich offensichtlich an die bereits bekannten etwa sechs Millionen jüdischer Toter an. Und bei den mehrtägigen Demonstrationen in New York City nach den Stonewall-Ereignissen wurde ein riesiges Rosa-Dreieck mitgeführt. Hier lieferte das KZ ein Emblem für die neue soziale Bewegung. Beides waren *implizite* Bezugnahmen auf den Judenmord.

Solches Gedenken verharrt freilich noch im bloßen Nebeneinander der Nazi-Verbrechen. Hingegen meint ‚multidirektional' einen zusammenhängenden Erinnerungsraum, der sich in mehrere Richtungen erstreckt. Die NS-Feindkategorien bestimmen die Ausdehnung dieses Raumes, den wir zu kartieren haben. Wie entsteht aus parallelen Erinnerungen ein zusammenhängendes Erinnerungskorpus, in dem die einzelnen Linien sichtbar bleiben, aber verwoben sind? Susanne Knittel definiert ‚multidirektional' als die Kopräsenz von zwei getrennten Erinnerungskomplexen in einem einzigen Diskurs oder Text (Knittel 2018, 11). Das heißt, thematisch verschiedene Gedenkkulturen beziehen sich aufeinander, wobei sie sowohl Gemeinsamkeiten auffinden als auch ihre Eigenart markieren. In unserem Fall begegnet dies besonderen Schwierigkeiten: Die beiden Erinnerungskomplexe sind außerordentlich ungleichgewichtig, und zudem ist der Holocaust nur mit anderen Genoziden plausibel zu vergleichen bzw. bisher verglichen worden.

1 Die Geschichte der Geschichte

Die Ko-Erinnerung hat selbst eine Geschichte, die in den 1980ern begann. Da wurden *The Other Victims* zu einem Begriff, um die vorliegenden Dokumentationen zur Shoah zu erweitern. Dem Wort haftet freilich eine gefährliche Ambivalenz an. *Othering* ist auch ein Fachwort aus der Exklusionstheorie und bezeichnet hier das Fremdmachen von Randgruppen, das Ver-Andern. *The Other Victims* – das bedeutet eine Sortierung innerhalb des Arsenals der NS-Feinde. Kann es aber unter den Opfern Richtige und Falsche geben? Bessere und Nicht-so-Gute? Die Frage stellen hieß schon damals, sie zu verneinen. So geschah es von Michael Berenbaum. Angelehnt an Simon Wiesenthal erstreckte er den Begriff Holocaust auf den „systematischen Mord an elf Millionen Menschen, wovon sechs Millionen nichtjüdisch waren", darunter auch Homosexuelle (1990, 20). Dies war noch strategisch (und nicht gedächtnistheoretisch) gedacht, um die NS-Verbrecher zu verfolgen.

Bei der Eröffnung des Forschungsinstituts im US-Nationalen Holocaust-Museum in Washington (an der ich als einer unter den Vortragenden teilnehmen konnte) spielten *The Other Victims* eine kleine Rolle, gemessen an dem der Shoah eingeräumten Gewicht; aber sie waren präsent. Das ist übrigens bis heute ungefähr so geblieben, zumindest in Einrichtungen, die dem Holocaust in einem engeren Sinne gewidmet sind. Daran ist keine Kritik zu üben. Freilich setzt hier nun das Nachdenken darüber an, wie die Ko-Erinnerung verläuft und was sie erbringt. Wahrscheinlich hat es zwei Generationen dauern müssen, bis in der Erinnerungsgeschichte dieser Schritt anstand.

Gedächtnis, Gedenken, Erinnern – sie stellen kein bloßes Abbild gewesener Fakten her, können nicht originalgetreu sein, sondern errichten rekonstruktiv ein neues Bild und ein stets wandelbares dazu. Es ergibt sich ein narratives Faktum von eigener Gestalt und Entstehung. Auch der Holocaust als historisches Deutungsmuster durchläuft selbst eine Geschichte, die sich beispielsweise am Gebrauch seiner Symbole verfolgen lässt. Alles, was wir über die Shoah wissen, ist bereits vermittelt und wird durch Zeichen und Erzählungen übermittelt (vgl. Stier 2015, 4).

Grafische Symbole aus der NS-Zeit erwachten zu neuem Leben nach der Befreiung, darunter das Abzeichen der unter dem Strafparagrafen 175 in den KZ eingesperrten Männer, der rosa Winkel. Dieser war 1945 zunächst ins Vergessen geraten, ungleich anderen Häftlingsetikettierungen (dazu Stier 2015, 21–27). Erst seit den Anfängen der dritten Schwulenbewegung, also in den frühen 1970er Jahren, stand das Symbol des rosa Winkels wieder im Vordergrund aktivistischer Selbstdarstellungen. Das Bewusstsein, in den Konzentrationslagern eine eigene Häftlingskategorie gewesen zu sein, bildete sich zunächst in den USA aus und sprang in die amerikabegeisterte alte Bundesrepublik über. Das Wissen über die historischen Fakten war noch gering; die sechsstelligen Zahlen für ermordete Homosexuelle schufen Erregung. Weder die Entwicklung der Lagerverhältnisse zwischen 1933 und 1945 wurde berücksichtigt, noch unterschied man zwischen einem Lager auf Reichsgebiet und einem Vernichtungslager. So konnte es zu einer Identifikation der NS-Feindziele Homosexuelle und Juden kommen.

Kurz nachdem seit 1978 das Wort vom Holocaust populär geworden war, erschien das Kunstwort Homocaust. Der rosa Winkel signalisierte scheinbar eine Vergleichbarkeit zwischen der NS-Homosexuellenrepression und dem Massenmord an den europäischen Juden. Das wurde von schwulenhistorischer Seite widerlegt. Aber die Assoziation zwischen ‚Homo'- und Holocaust, die Idee eines homophoben Genozids geistert bis heute durch manche Köpfe, wie ein zu Recht ablehnender Artikel (Porter 2018) aus neuester Zeit zeigt; die alte Idee wurde aufgewärmt und zurückgewiesen, jedoch nicht ohne einen Leserprotest im darauffolgenden Heft der Zeitschrift. Der Vorgang zeigt exemplarisch, wie Gedenken sich wandelt.

Die Historisierung der Erinnerungskultur lässt sich auch am Aufstieg des Viktimismus demonstrieren. Die Leiden und Bedürfnisse der Opfer von Unrechtstaten prägen nicht nur die gegenwärtige Kriminalpolitik in westlichen Ländern (vgl. Klimke und Lautmann 2016), sondern auch die Sexualwissenschaft setzt diesen Schwerpunkt. Im queertheoretischen Lager melden sich neuerdings Stimmen, die Fixierung auf Homosexualität zu verlassen und das Verständnis geschlechtlicher Intimität anders zu akzentuieren, womit die Repressionserinnerung überwunden würde. Denn das Erinnern ist an den Bezug auf eine bestimmte Gruppe gebunden, der die Person angehört (vgl. Berek 2009, 81–83). Für die Jahrzehnte seit 1980 gilt jedoch, dass es die Auseinandersetzung um die Wiedergutmachung für die ‚vergessenen Opfer' gab. Von historischer Seite wird das durch den „von Teilen der bundesdeutschen Gesellschaft vollzogenen Wertewandel mit postmaterialistischer Färbung" erklärt, nicht ohne kritisch auf den

„in der Figur des Opfers verkörperten partikularistischen Identitätsdiskurs" zu verweisen (Goschler 2005, 300). Bemängelt wird eine Instrumentalisierung, in Gestalt „einer Politik der Viktimisierung, in der die Rolle als Opfer historischer Verbrechen vor allem dazu diente, aktuelle politische Forderungen durchzusetzen" (Goschler 2005, 348). In diesem Punkt berühren sich Holocaust und Homosexuellenverfolgung.

Für Gruppen, welche von ihrer Gesellschaft unterdrückt werden, wird die Bezeichnung ‚minoritäre Erinnerungskultur' vorgeschlagen (Berek 2009, 182–183). Für eine Ko-Erinnerung eignen sich Minderheiten besonders gut, weil zwischen ihnen kein Machtgefälle besteht, jedenfalls nicht von vornherein wie beim Verhältnis zur Mehrheitsgesellschaft. Um derart minoritäre Erinnerungskulturen handelt es sich in unserem Falle. (Dass die Shoah in Deutschland zum übergeordneten, majoritären Gedächtnis gehört, muss wohl bezweifelt werden.) Die individuellen Zugehörigkeiten zu den Gruppen decken sich in der Regel nicht, sodass sie einander nicht leicht verstehen können; die Kommunikationsschiene einer Gemeinsamkeit des Randgruppendaseins ist nur intellektuell herzustellen und trägt nicht eben weit. Wahrscheinlicher ist, dass sie in Konkurrenz zueinander geraten, ausgelöst durch das Buhlen um Aufmerksamkeit und Anerkennung in der „affirmativen Erinnerungskultur" (Berek 2009, 183) der Gesellschaft, der sie beide angehören.

2 Zu einer Multidirektionalität zwischen Shoah und Homosexuellenverfolgung

Die Homosexuellenrepression war kein Genozid, sondern eine (konsequent und hart durchgeführte) Nivellierungsmaßnahme. An dieser Stelle steht das Konzept einer Multidirektionalität des Erinnerns auf der Kippe, denn die meisten neueren Betrachtungen nutzen es zum Vergleich zwischen rassistischen und kolonialistischen Ausrottungsmaßnahmen, vorgemacht von Michael Rothberg (2009). Auf die Homosexuellen passt das nicht, weder in damaliger noch in heutiger Sicht. Ihnen gegenüber konnte die Zielgruppe einer Vernichtung nicht nach (scheinbar) körperbezogenen Kriterien bestimmt werden. Ein Homosexueller war nicht am körperlichen Aussehen erkennbar, nur am Verhalten. Auch war man sich unklar, warum und wie weit eine gleichgeschlechtliche Präferenz die Persönlichkeit prägte; die nationalsozialistische Sexualwissenschaft erhielt diesbezüglich viele Forschungsaufträge (vgl. v. Rönn 2002). Zwar existierten auch biologistische Ideen über die ‚sexuell Anderen'; das Angeborensein einer gleichgeschlechtlichen Neigung hatte ja seit jeher zur Argumentation homosexueller Emanzipation gehört. So schwirrten auch Ideen zur ‚Reinhaltung' des Erbguts durch die Köpfe; aber es gab kein passendes Konzept zur Umsetzung.

Und da man die (von Himmler statistisch hoch angesetzte) Zahl von Männern, zudem solche in ihren ‚besten Jahren', nicht vollständig verlieren wollte, wurde auf Absonderung, Umerziehung und Abschreckung gesetzt. Nur für die eigenen Reihen galt das Ziel einer Ausrottung, indem die Betreffenden entfernt wurden. Wenn eine Elitetruppe wie die SS homosexuelle Mitglieder entdeckte, drohte durch den Führerbefehl vom 15. November 1941 die Hinrichtung. In der Allgemeinbevölkerung ging man nicht so rigoros vor. Ein Leitartikel der SS-Zeitschrift *Das Schwarze Korps* (vom 4. März 1937) sah in der Homosexualität eine „Seuche in ihrer gefährlichsten Erscheinungsform". Es galt also, die Ausbreitung zu verhindern. Nur ein Kern von zwei Prozent (das waren die „Seuchenherde") sollte ausgemerzt werden; die restlichen 98% aber könnten gesunden, glaubte man.

Die NS-Homosexuellenverfolgung trug gleichwohl einen eliminatorischen Charakter: Alle Vorkommnisse intimer Gleichgeschlechtlichkeit sollten aus dem Erscheinungsbild des Dritten Reichs verschwinden. Deren Sozialschädlichkeit war sehr hoch angesetzt. Im Einzelnen ging es darum, die Gelegenheitsstrukturen zu zerstören (v. a. die Subkultur einschließlich der mann-männlichen Prostitution), die ‚Ansteckung' mit homosexueller Motivation zu unterbinden (also: Jugendschutz) und schließlich die ‚Reinheit' der nationalsozialistischen Organisationen (insb. von HJ und SS) zu bewahren. All dies summiert sich zu einem eliminatorischen Ziel – gerichtet auf die Manifestation der Homosexualität. Himmler sprach 1937 vom „Auslöschen dieses anomalen Lebens. Das musste entfernt werden, wie wir Brennnesseln ausziehen, auf einen Haufen werfen und verbrennen." Er bezog sich hier auf „unsere Vorfahren" und beschwor „das Ende Deutschlands, das Ende der germanischen Welt" (zitiert nach Stein 2007, 73). Himmler, hätte er nur die geeigneten Erkenntnismittel dazu gehabt, wäre zwar vor einer Millionen Menschen betreffenden Endlösung nicht zurückgeschreckt. Einstweilen aber verblieb er in einem prägenozidalen Raum.

Nach einem eng gefassten Kriterium zum Genozid, verstanden als die physische Ausrottung einer Bevölkerung, würde ein kaum überbrückbarer Abstand zwischen Holocaust und Homosexuellenverfolgung bestehen. Das wolkige Konzept eines ‚Quasi-Genozids' hülfe kaum weiter. Überhaupt galten bis vor kurzem Vergleiche mit dem Mord an den Juden als unangebracht. Denn Vergleiche implizieren stets auch die Suche nach Gemeinsamkeiten. Als in den 1980ern die zuvor jahrzehntelang mit Schweigen übergangenen Opfergruppen in das Gedenken einbezogen wurden, bestanden erhebliche Unsicherheiten der historischen Information und der politisch-moralischen Würdigung. Nüchtern rekapitulierte der Religionsphilosoph Steven Katz die Ansätze zu einer vergleichenden Analyse des Holocaust, wobei er diesen mit den tödlichen Maßnahmen gegenüber vermeintlichen Hexen, *Native Americans*, Sklaven, Sinti und Roma und Homosexuellen in einen statistischen Bezug setzte. Sein Resultat lautete, dass

> die Anzahl getöteter Schwuler, obwohl bedauerlich, unentschuldbar, brutal, sich zahlenmäßig auf einen Anteil von unter einem Prozent beläuft. Wie im Falle der perversen Tötung von Hexen in der mittelalterlichen Ära kommen wir hier auf ein Gebiet von Barbarei, Vorurteil, Sadismus und Sexualunterdrückung, aber keines, welches in irgendeinem Sinne genozidal gewesen ist. (Katz 1989, 2524)

Er gelangt zu dem Schluss, dass die analysierten Gruppenschicksale „fundamental vom Holocaust unterschieden werden müssen". Zugleich indessen sagt er, die Statistiken seien „niemals zureichend für die fundamentalen normativen Schlussfolgerungen, nach denen wir suchen, aber sie sind auch nicht irrelevant" (Katz 1989, 2526). Katz hat sich auch später noch religionshistorisch mit dem Verhältnis von Shoah und Homosexualität beschäftigt (1993). Heute weht erinnerungspolitisch ein neuer Wind, sodass andere Schlussfolgerungen möglich geworden sind.

Die Respektabilität einer Opfergruppe beeinflusst bis heute Art und Ausmaß, um eine angemessene Erinnerungskultur zu entwickeln. Dieser Faktor bleibt meist verschwiegen; ihn auszusprechen führt in ein moralisches Dilemma. Unübersehbar wurde für Multidirektionalität lange Zeit eine Ähnlichkeit der Reputationen vorausgesetzt. In den Häftlingskomitees der Lager dominierten die Politischen und die rassistisch Verfolgten. Die ‚unanständigen' Opfergruppen wurden von ‚ehrenwerten' abgelehnt, sobald für sie eine Teilhabe an der Gedenktätigkeit verlangt wurde. Bis heute sind sie nur unvollständig in die Gemeinde der Gedenkwürdigen aufgenommen (im Einzelnen vgl. Lautmann 2008). Die ‚Theresienstädter Initiative', das ist die tschechische Vereinigung von Holocaustüberlebenden, behinderte kürzlich die Forschung der Historikerin Anna Hájková über Fredy Hirsch (1916–1944), der als Jugendleiter in der Häftlingsorganisation tätig gewesen war. Über das Schwulsein von Hirsch solle nicht gesprochen werden, denn das würde „sein Andenken beschmutzen", hieß es.[1]

3 Erkenntnisnutzen der Ko-Erinnerung

Längst bevor jetzt die Überlegungen zur Gemeinsamkeit der NS-Opfergruppen angestellt werden, waren Forscher_innen auf *beiden* Gebieten – Holocaust und Homosexuellenverfolgung – unterwegs. Bezeichnenderweise taten sie dies nicht

---

[1] Siehe Anna Hájková im Tagesspiegel vom 30. August 2018, 19.

explizit als Ko-Erinnerung, vielmehr bearbeiteten sie die Themen nebeneinander. Es handelt sich gewissermaßen um eine Multidirektionalität im Werk einer Person. Überwiegend sind die Autor_innen, die auf beiden Gebieten arbeitet, selbst jüdisch und/oder homosexuell. Zu nennen sind hier George L. Mosse, Charlotte Wolff, Hans-Joachim Schoeps und Michael Pollak; sie haben bedeutende, bis heute zitierte Publikationen hinterlassen. Gegenwärtig aktiv in dieser Themenkreuzung sind Claudia Schoppmann, Lutz van Dijk, Klaus Müller und Anna Hájková, um nur einige zu nennen. Wer in eigener Person mit einem Problem zu tun hat, wird tendenziell dazu neigen, sich mit dieser Problematik auch beruflich zu befassen. Die beiden Erinnerungskomplexe werden dabei nicht konzeptionell, wohl aber motivational aufeinander bezogen.

3.1 Multidirektionalität in der queeren Erinnerungskultur

Das Holocaust-Gedenken hat die Erinnerung an andere Genozide gefördert (Rothberg 2009, 4) und, wie zu ergänzen ist, auch an einige andere Nazi-Gräuel. Einer gegenwärtig geläufigen Denkhaltung entspricht es, aus dem engen Raum je einzelner Verfolgtengruppen auszubrechen und sich übergreifend für Menschenrechte und bürgerliche Freiheiten zu engagieren. Auf so hohem Abstraktionsniveau finden sich alle denkbaren Benachteiligungen ein; moralisch berechtigt, aber vermutlich ohne Erkenntnistransfer zwischen den Gruppen in der sozial- und geschichtswissenschaftlichen Analyse. Rothberg (2009) hat seine Idee der Multidirektionalität begrenzt auf Holocaust und ethnische Säuberungen entwickelt.

Die beiden hier diskutierten Erinnerungskulturen berühren einander in einigen Punkten. Die Emanzipationen der Juden und der Homosexuellen hatten sich im 19. und frühen 20. Jahrhundert ähnlich schnell entwickelt. Das gesellschaftliche Bewusstsein mochte da in seinen statischen Ecken nicht mitgekommen sein und war irritierbar. Das griff die Nazi-Propaganda auf, wenn sie die Leistungen jüdischer Unternehmer und Intellektueller neidvoll herabsetzte und ferner das Gleichgeschlechtliche als krankhaft und dekadent anklagte. Hier übrigens verknüpften die Nationalsozialisten erstmals Antisemitismus mit Homophobie und kündigten für den Fall ihrer Machtergreifung eine eliminatorische Politik an.

Beispielsweise hetzten Rechtsextreme wütend und unablässig seit 1920 gegen den Sanitätsrat Magnus Hirschfeld – als Person, als sexualwissenschaftliche Autorität und als Gründer des Instituts für Sexualwissenschaft. In ihren Polemiken verbanden die Nazis den jüdischen und den homosexuellen Hintergrund von Hirschfeld (vgl. Herzer 2017, 372–378; Zinn 2018, 243). Die gesamte Sexualwissenschaft, die sich Ende des 19. Jahrhunderts gegründet hatte, dann sehr populär wurde und viele hergebrachte Tabus durchbrach, wurde in rechten Kreisen als Produkt jüdischen Denkens hingestellt (vgl. von Braun 2004) und in toto diffamiert. Die Koppelung Judentum/Homosexualität mag seltsam anmuten und ärgerlicherweise wurde sie von den Nazis betrieben, doch legitimiert dieser Befund heute ein Ko-Erinnern.

Allerdings wird dies erschwert durch die immer noch anzutreffende Annahme, es habe eine innere Beziehung zwischen dem Nationalsozialismus und einer („latenten") Homosexualität bestanden. Carolyn Dean diskutiert diese tiefenpsychologischen Spekulationen. Seit Wilhelm Reich, Ernest Jones und Gustave M. Gilbert wurde vielerorts angenommen, ein spezifisch deutscher Charakter, grundiert von jener Sexualempfindung, treibe zu Autoritätshörigkeit und Homophobie an. Ein Abwehrmechanismus nähre die homoerotische Identifikation mit dem Führer und erkläre so die „psychohistorischen Ursprünge der jugendlichen Nazi-Kohorte" (Dean 2004, 119–133). Dass die urnische Emanzipationsbewegung vom deutschsprachigen Mitteleuropa aus ihren sichtbaren Anfang genommen hatte, mochte die Suche nach einer gleichgeschlechtlich-männerbündischen Wurzel des NS-Terrors noch bestärken. Analog zur moralischen Unterscheidung *wir vs. sie* schob sich eine weitere Affektbarriere zwischen Holocaust- und Homophobieopfer. Wenn an den schwulen Nazi geglaubt wird, dann verhindert das die beunruhigende Einsicht, zwischen einer ‚normalen' und einer monströsen Persönlichkeitsstruktur bestehe eine Kontinuität. Das verweist darauf, wir prekär es um unsere Empathie bestellt ist; die Täter sind dann nicht wie wir (Dean 2004, 136). Erst als die schlimme Zuschreibung verblasste, weil auch die zugrundeliegende Theorie über Latenz sich als nicht empirisch geerdet erwiesen hatte, konnten die Homosexuellen genügend Reputation gewinnen, um allmählich in den Kreis der Gedenkwürdigen einzutreten.

Die luftigen Metaphern wie „Echokammer" und auch „multidirektional", beide von Rothberg (2009) eingeführt, übersetze ich in einige Fragen: Wie weit verläuft die Erinnerungspflege in beiden NS-Opferkategorien auf einem gemeinsamen Weg – und wo trennen sie sich? Können die beiden Erinnerungskulturen wechselseitig voneinander profitieren? Dass die Shoah für sämtliche anderen Themen grundlegend gewesen ist, ausgenommen vielleicht die politisch Verfolgten, das beruht nach wie vor auf einer allgemeinen Ansicht und grundiert auch Rothbergs Ansatz. Interessant indessen wird es bei der Frage, ob vom Fall der Homosexuellenrepression etwas Anregendes auf die Shoah-Erinnerung ausgehen kann. Die Antworten könnten auf Unbehagen stoßen, bedenkt man die Reputierlichkeitsbedenken früherer Jahrzehnte.

4 Wo das Holocaustgedächtnis von anderen Terrorgeschichten profitieren kann

Das Unsagbare und das Für-immer-Verborgene. Der österreichisch-französische Soziologe Pollak, der um 1980 selbst Interviews mit jüdischen Überlebenden geführt hat, konstatiert *Grenzen des Sagbaren,* wie er sein Buch nennt, weil „es ein soziales Schweigen gibt, das niemand zum Sprechen bringen kann" (1988, 10). Die Verfolgtengruppe der Homosexuellen gibt ein Exempel dafür, wie historisch damit umzugehen sei, dass etwas zwar unzweifelhaft geschehen ist, aber kaum oder gar keine Spuren hinterlassen hat. Was den Männern mit dem rosa Winkel in den Konzentrationslagern angetan worden ist, wird nur durch ganz wenige Berichte dokumentiert. Bei meinen Interviews mit zwei Überlebenden war schnell der Moment erreicht, der weiteres Fragen verbot; als Interviewer sah ich mich außerstande, nüchtern weiterzubohren. Zudem war drei Jahrzehnte nach den Ereignissen die Erinnerung der alt gewordenen Männer blass. Das selbstauferlegte Schweigen jüdischer Überlebender und die Redegrenzen für forschende Jüngere werden oft deutlich. Erinnerungspraktiken verbinden sich mit Diskursen der Wahrheit und Zeugnislegung, wie es bei Rothberg einmal heißt (2006, 163). Vor wem kann ich, wenn überhaupt, über meine Erlebnisse sprechen? Der Literaturwissenschaftler Michael Warner (2002) liefert eine der theoretischen Grundlagen für Rothbergs Analysen (vgl. Rothberg 2006, 172): die Unterscheidung zwischen Öffentlichkeiten und Gegenöffentlichkeiten (*publics/counterpublics*), gewonnen aus Beobachtungen in den schwulen Subkulturen.

Die Homosexuellen entwickeln seit jeher ein Sensorium dafür, wie offen sie ihre Eigenart zeigen dürfen, ohne einen Ausschluss zu riskieren. Der (jüdische) Soziologe Erving Goffman nimmt dies als eines der Hauptbeispiele, um seine erfolgreiche Stigma-Theorie zu entwickeln: die Unterscheidung zwischen diskreditiert und diskreditierbar. Je offener jemand das Negativmerkmal vor sich herträgt, desto eher drohen harsche Reaktionen. Queere wie jüdische Personen verfügen über Techniken des Verbergens, welches ihnen einen gewissen Schutz verspricht. Doch der Nazi-Staat wollte sich beider entledigen und durchkreuzte das individuelle Stigma-Management, indem er aktiv nach den Auszuschließenden suchte. Beide Gruppen teilten die Folgen einer unfreiwillig aufgedeckten Unauffälligkeit. Ein zentrales Merkmal bestand darin, dass sie auf die neue Situation des terroristischen Angeprangertseins nicht vorbereitet waren. Diese Schnittmenge in den beiden Schicksalsverläufen zu konstatieren ist nicht trivial; sie besteht nicht für alle Verfolgtengruppen gleichermaßen: Einige waren die Entdeckbarkeit gewohnt (die Politischen z. B.), andere hatten Erfahrung mit totalen Institutionen (etwa die Befristeten Vorbeugehäftlinge, B.V., im Jargon: die Berufsverbrecher).

4.1 Unzulänglichkeiten in der Terrorbearbeitung nach 1945

Dem (homosexuellen) Erinnerungsforscher Pollak kam bei der Erhebung von Lebensgeschichten KZ-Überlebender eine bezeichnende Einsicht, die selten weitergedacht wird. Pollak sah die Berichte nicht nur als Zeugnisse von Überlebensstrategien, „sondern auch als Ausdruck von (bereits enttäuschten) Hoffnungen auf eine menschlichere Zukunft". Pollak, der vier Jahre später einer HIV-Infektion erlag, las die Geschichten als „Aufruf zu mehr Verständnis und Menschlichkeit und für die Anerkennung des Wertes jeden Lebens" (1988, 10). Dies deutet auf die Unmöglichkeit hin, geschehenes Unrecht auszugleichen – aller ‚Rehabilitation' und ‚Wiedergutmachung' zum Trotz.

4.2 Säkularisierung des Shoah-Gedenkens

Wenn eine Spielart des Sexuellen in die Erinnerungskultur einbezogen wird, dann wird das Nachdenken über die Taten des Nationalsozialismus, weiter verweltlicht. Der Mord an den europäischen Juden war oft auf seine religiöse Einordnung bzw. auf die Vereinbarkeit mit dem Gottesglauben befragt worden. Bei geschlechtlichen Vorgängen, zumal wenn sie als Libertinage gesehen werden, kommt das kaum vor. Die Erinnerungspflege findet heute mit völlig profanierten Mitteln statt. Was Mitte der 1960er Jahre in den USA mit Schutzmaßnahmen gegen die Diskriminierung von ethnischen Minderheiten und Frauen losging und in der Bundesrepublik 2006 zu einem allgemeinen Antidiskriminierungsgesetz führte, das wird mittlerweile auch gegen antisemitische Äußerungen benötigt.

4.3 Analoge Schicksale in den frühen Konzentrationslagern

Bereits seit 1933 operierten die Nazis mit der Wegsperrung der ihnen unliebsamen Personen. Bis mindestens zum Kriegsbeginn trugen diese Lager keinen Vernichtungscharakter. Viele Juden waren – aus unterschiedlichen Gründen – inhaftiert; der Anteil der Homosexuellen war relativ hoch, im Vergleich zu den späteren Massenlagern. Das Holocaustgedenken fokussiert sich auf die Mordvorgänge im Zeitraum etwa ab 1941. Für die Jahre vor dem Kriegsbeginn bestehen mehrere Parallelen zwischen gelbem Stern und rosa Winkel – die Unterbringung in separaten Blocks, die niedere Position in der Häftlingshierarchie usw. –, denen wir gemeinsam nachgehen können (Ansätze dazu bei Wünschmann 2015, 141–144). In der Verlaufsgeschichte des ‚Dritten Reichs' gehen der ‚Endlösung' einige Stadien voraus, in denen die Härte der Elimination allmählich eskalierte. Für die Anfangsjahre schält sich bezüglich der Homosexuellen ebenso wie der Juden das Ziel heraus, sie sollten aus dem Erscheinungsbild der NS-Gesellschaft verschwinden.

5 Das Gemeinsame der Erinnerungskulturen

In einer längeren Reihe von Situationen geschieht bereits die Ko-Erinnerung. Dabei kommt meist dem Holocaust der Primat zu, nicht verwunderlich bei einem zeitlichen Vorsprung von über drei Jahrzehnten. Die aufgefundenen Fälle ordne ich in drei Formen ein, das sind erstens: Personen, zweitens: Stätten sowie schließlich und am ausgeprägtesten: Diskurse.

Die erste Art gemeinsamen Erinnerns ereignet sich in *Personalunionen*. Bereits aus der Frühzeit der Bundesrepublik sind zwei Namen zu nennen, die einen bis heute anhaltenden Klang besitzen: die Strafjuristen Fritz Bauer und Herbert Jäger. Fritz Bauer (1903–1968) verband beide Erinnerungslinien. Er kämpfte für die Erinnerung an die Shoah. Seit einigen Jahren wird Bauers Leistung als hessischer Generalstaatsanwalt in Frankfurt am Main wieder hervorgehoben; er hat nicht nur zur Ergreifung von Adolf Eichmann in Argentinien beigetragen, sondern auch die Frankfurter Auschwitz-Prozesse initiiert, gegen allergrößte Widerstände. Dass hierbei auch die eigene Lage als ein vom § 175 StGB Bedrohter mitgespielt haben könnte, ja überhaupt Bauers Homosexuellsein, wird weitgehend ignoriert. Der Jerusalemer Prozess gegen Eichmann sowie die Frankfurter Auschwitz-Prozesse sind konstitutiv für eine (wenngleich rächende) Erinnerungsarbeit. Um diese Arbeit nicht zu gefährden, musste Bauer sein Homosexuellsein verbergen, aber ohne es völlig zu verleugnen; denn mit der Herausgabe des Sammelbands *Sexualität und Verbrechen* (1963) engagierte er sich auch hier. Bauer übertrug die redaktionelle Arbeit dem ebenfalls homosexuellen Juristen Jäger (1928–2014), der über das damals zweifelhafte Sexualstrafrecht promoviert hatte (1957) und über die nationalsozialistischen Gewaltverbrechen habilitierte (1967). Jeglicher mannmännliche Sexualkontakt stand bis 1969 als ‚Unzucht' unter Strafe, sodass weder Bauer noch Jäger offen agieren konnten. Beide betrieben aber unverdrossen und nachhaltig eine multidirektionale Erinnerungsarbeit in politischer Absicht.

Die beiden Akteure hatten zahlreiche Vorläufer_innen der Personalunion im Erinnern an die antisemitischen und homophoben Verfolgungen und Pogrome, insbesondere Charlotte Wolff (1897–1986) und George L. Mosse (1918–1999), die ein umfangreiches, für unser Thema auswertbares Wissenschaftswerk hinterlassen haben. In ihre Fußstapfen treten heute Lutz van Dijk, Klaus Müller, Claudia Schoppmann und Norbert Reck sowie inzwischen zahlreiche Jüngere. Von van Dijk (Anne-Frank-Haus in Amsterdam) gibt es mehrere Publikationen, die sich in beiden Richtungen mit den NS-Verfolgungen auseinandersetzen (z. B. 2001 zur jüdischen Geschichte bzw. 2003 zur Verfolgung wegen Homosexualität). Müller wirkt als europäischer Repräsentant für das USHMM und als Organisator des LSBT-Forums in Salzburg. Schoppmann hat die NS-Geschichte der Lesben umfassend dargestellt (1997) und ist am Berliner Zentrum für Antisemitismusforschung tätig. Mit diesen Stichworten sollen personelle Verflechtungen der Erinnerungsarbeit markiert werden.

Eine ‚lebende Erinnerung' (Nora 1990) gibt es heute für die Homosexuellen nicht mehr. Auch hat es bei ihnen nie die *milieux de mémoire* gegeben, also die Gemeinschaften, in denen die Erinnerung lebendig bzw. authentisch erhalten wird (Nora 1989), aus den Gründen des Beschämtseins ob der Stigmatisierung. Die letzten bekannten Häftlinge mit dem rosa Winkel sind vor einigen Jahren gestorben (Pierre Seel sowie Rudolf Brazda). Insoweit sie und andere sich in Video-Befragungen geäußert haben, konserviert im ‚Archiv der anderen Erinnerungen' der Bundesstiftung Magnus Hirschfeld, kommen sie uns noch einigermaßen nahe. Allerdings sind ihre Auftritte geprägt von der Interviewsituation und dem gedanklichen Rahmen, der sich durch die Nachgeborenen gebildet hat und ständig verändert. Wir haben nur noch Dinge und Orte, über die sich Erinnerung vermittelt.

Zweitens: die *Stätten der Ko-Erinnerung*. An Orten und in Bauten materialisiert sich das Gedächtnis. Die Symbolkraft eines Orts und die ästhetische Qualität eines Bauwerks bedingen die Aussagekraft. Hinzutreten die Debatten in den Medien und Gremien, welche die Bedeutung prägen, die ein Mahnmal dann erhält. Das wohlbekannte Projekt der ‚Stolpersteine' wurde für jüdische Opfer begonnen und wird seit etwa 2015 auch für homosexuelle Opfer genutzt. Es ist ein Beispiel für die ‚Gleichförmigkeit', das gemeinsame Erinnern im Sinne von Rothberg („visual matching"; 2011, 532). An der Erinnerungstechnik fällt auf: Der Grund wird nicht genannt; er lässt sich nur erschließen – aus dem Todesort (Auschwitz, Theresienstadt) oder auch am Namen, was ein Typisierungswissen voraussetzt. Die Homosexuellen sind oft nicht erkennbar; Arglose werden sie für jüdisch halten.

Das „Denkmal für die im Nationalsozialismus verfolgten Homosexuellen" besteht seit 2008. Es gleicht in kleinem Maßstab dem für die ermordeten Juden in Europa. Nach dem Beschluss des Bundestages vom 12.12.2003 soll das Denkmal die verfolgten und ermordeten Opfer ehren, die Erinnerung an das Unrecht wachhalten sowie ein beständiges Zeichen gegen Intoleranz, Feindseligkeit und

Ausgrenzung gegenüber Schwulen und Lesben setzen. Die Namen der beiden Mahnmale ähneln einander: „Denkmal für die ermordeten Juden" bzw. „für die im Nationalsozialismus verfolgten Homosexuellen". Administrativ angesiedelt ist das Homosexuellendenkmal bei der „Stiftung für die ermordeten Juden Europas", die aber bloß ‚betreut', nicht verwaltet. Zu den Erstunterstützern der Initiative gehörte der Präsident des Zentralrats der Juden.

Schon der Beschluss des Bundestages von 25.6.1999, das „Denkmal für die ermordeten Juden" zu errichten, war mit der Verpflichtung verbunden, auch „der anderen Opfer des Nationalsozialismus würdig zu gedenken". Das bedeutete, die staatsoffiziöse Erinnerung an die Shoah schuf die rechtliche Grundlage für ein Gleiches zugunsten der Homosexuellenverfolgung. Die rot-grüne Koalition brachte 2003 eine entsprechende Vorlage in den Bundestag ein, die dann auch von der FDP unterstützt wurde. Seitens der CDU/CSU wurde eingewandt, die jüdischen Opfer nähmen eine singuläre Stellung im nationalen Erinnern ein, eine weitere Einteilung nach Opfergruppen sei unverständlich.

Das Mahnmal ist ein einzelner grauer Betonquader, in den ein kleines Sichtfenster eingelassen ist. Ein Blick hinein zeigt den Besucherinnen und Besuchern eine etwa einminütige Kussszene zweier Männer bzw. Frauen. Das Denkmal steht gegenüber vom Denkmal für die ermordeten Juden Europas; eine Fußgängerampel erleichtert den Weg. Im Sommer, wenn die Sträucher belaubt sind, gibt es keine unmittelbare Sicht. Doch fordert die räumliche Nähe zu Vergleichen heraus. Der Betonquader erinnert an die 2711 Stelen von Peter Eisenmans Holocaust-Mahnmal; ein Architekt sprach sogar einmal von der „2.712ten Stele" (vgl. Oettler 2017, 9).

Das Künstlerduo Michael Elmgreen und Ingar Dragset hat seinen Entwurf erläutert: „Wir wollten betonen, dass die verschiedenen Opfergruppen die gleichen Gräuel durchgemacht haben und dass es keine Hierarchie unter den Menschen gibt, die den Terror des Naziregimes erleiden mussten." Die Stele will behaupten: „Wir sind gleich und doch verschieden." Zugleich wird die Besonderheit einer Verfolgung wegen sexueller Orientierung auf subtile Weise hervorgehoben. Der Fall ist für Ko-Erinnerung deswegen besonders interessant, weil in wenigen hundert Metern Entfernung sich weitere Mahnmale befinden, darunter das für die Roma und Sinti, für die Opfer der ‚Euthanasie', das sowjetische Ehrenmal, die Neue Wache. Die Nähe im Schicksal wird durch räumliche Nachbarschaft abgebildet. Zu fragen bleibt: Gehen die Besucher des einen Mahnmals auch zu den anderen?

Drittens: die *Diskurse und Ereignisse der Ko-Erinnerung.* Aus beiden Gruppen mochten viele Betroffene nach 1945 nicht über ihre Erlebnisse sprechen, und nur zögerlich wurde geduldig nachgefragt. Bei dem Thema konnte niemand sicher sein, dass nicht einerseits deutscher Homo- und Judenhass, auf Opferseite eine gewisse Beschämung im Hintergrund mitspielten. Hier liegt der Quellpunkt für die Arbeiten von Rothberg, wenn er die Diskurse über Holocaust und Kolonialismus verkoppelt. Dies ernstgenommen lässt sich fragen: Wenn die europäischen Sexualkulturen seit Mitte des 19. Jahrhunderts eine Normalitätsdiktatur ausbildeten und damit in die Nischen geschlechtlichen Handelns vordrangen, dann ‚kolonialisierten' sie Lebensbereiche, die bis dahin unter ihrem Radar geblieben waren. Bis zum Ende des 18. Jahrhunderts hatte es zwar strikt heteronormative Rechtsregeln gegeben, aber diese waren nur selten durchgesetzt worden, weil kaum Kontrollbedarf gesehen wurde. Auch das gesellschaftliche Denken befasste sich wenig mit diesem Sektor, den Begriff ‚Sexualität' im späteren Sinne gab es nicht. Seit etwa 1850 rückten Gerichtsmedizin, Psychiatrie und Kriminalwissenschaft dem Sexualbereich auf den Pelz, schufen Theorien und Durchsetzungsregeln für das, was als ‚abweichend', also unnormal angesehen wurde. Hiergegen äußerten sich einzelne Sprecher aus den Subkulturen; sie lieferten den Kontrollwissenschaften biografisches Material und befeuerten das Nachdenken über Besonderheiten (Lautmann 2018). In einem spiralartigen Wechselspiel steigerte sich die Brutalität des Zugriffs einerseits, der Wille zur Befreiung andererseits. Im Falle der Homosexualität markierte die NS-Zeit den Höhepunkt des Kontrolltrajekts: Die Liberalität der Weimarer Republik schlug um in die schärfste jemals geübte Verfolgung. Die europäischen Nachkriegsdemokratien leiteten nach und nach eine Entkolonialisierung ein; es dauerte allerdings weitere 25 Jahre, bis die Freiheiten der Weimarer Zeit wiedergewonnen waren. Was sich heute die ‚Kritik der Heteronormativität' und Queer-theory nennt, möchte als Sieg über den Kolonialismus gewertet werden. (Selber zweifele ich allerdings daran, dass es bereits so weit ist bzw. jemals kommen könnte.)

Bei dieser Geschichtsbetrachtung bezieht sich die Multidirektionalität nicht auf die Nachbarschaft zwischen Homophobie und Holocaust, sondern auf die mit dem Kolonialismus. Weiterführend wäre nun zu erwägen, ob auch zum Antisemitismus eine Gleichläufigkeit feststellbar ist. Beispielsweise findet sich ein Engagement für Israel und gegen antijüdische Ausschreitungen eher bei jüngeren und gebildeten Personen, also in demselben Kreis, der heute die Kritik an der Heteronormativität und am Postkolonialismus trägt. In der Theoriefigur der Intersektionalität vereinen sich all diese und weitere Einstellungen, auch dies ein multidirektional sich erweiternder Raum.

An vielen Ereignissen und Diskursen zeigt sich der Einfluss des Holocaustgedenkens auf die entstehende Erinnerungskultur der Homosexuellenverfolgung. Der rosa Winkel ist weltweit zu einem Symbol der schwullesbischen Bewegungen geworden. Es könnte auch, unabhängig vom Judenmord, aus den frühen Lagern hergeleitet werden, wie sie lange vor den Todesfabriken bestanden, evoziert aber heute den Holocaust, der mit dem Stichwort ‚Auschwitz' verbunden ist. Die alljährlichen *Gedenkveranstaltungen am 27. Januar* beziehen seit einiger Zeit auch den rosa Winkel ein. Die *Memoiren-Literatur* enthält Hinweise, so insbesondere die Autobiografien jüdischer Deutscher, die darin ihr Homosexuellsein ansprechen wie in den gehaltvollen und viel gelesenen Büchern von Alphons Silbermann (1909–2000) und Gad Beck (1923–2012). Die neuen Archive mit autobiografischen Opferinterviews sind den Vorläufern im USHMM und anderen Holocaust-Museen in den USA sowie dem umfangreichen Projekt des Steven-Spielberg-Film-and-Video-Archive nachgebildet.

6 Ausblick

Bei der Herausforderung und Aufgabe, Ko-Erinnerungen gemeinsam zum Komplex Holocaust zu entwickeln, stehen wir noch ziemlich am Anfang. Ich habe zeigen wollen und glaube sagen zu dürfen, dass eine ‚andere Opfergruppe' wie die Homosexuellen dafür sehr aufgeschlossen ist. Ermutigend lautet ein Gedanke von Rothberg, wenn er empfiehlt, die multidirektionale Erinnerung dynamisch zu betrachten, unterworfen einem fortlaufenden Verhandeln, wechselseitigen Bezugnehmen und Entleihen, als produktiv und nicht besitzergreifend (2009, 3).

In den Analysen von Rothberg stehen bislang noch die ethischen Probleme im Vordergrund. Er nennt drei Kriterien, denen eine Politik des Erinnerns genügen sollte: eine differenzierte empirische Geschichte, die moralische Solidarität mit den Opfern verschiedener Ungerechtigkeiten sowie eine Vergleichsethik, welche die asymmetrischen Ansprüche dieser Opfer koordiniert (2011, 526). Vielleicht ist das nur auf eine Erinnerungs*politik* gemünzt, und dann sind die normativen Bezüge auch am Platze.

Doch kompliziert der Gebrauch sozialhistorischer Analysen für politische Diskurse die Denksituation. Das Argument der Multidirektivität muss sich inzwischen des Verdachts erwehren, die Abscheu vor den NS-Verbrechen werde dazu instrumentalisiert, andere Verletzungssachverhalte zu politisieren und deren Unrechtmäßigkeit zu begründen. So geschah es 2009 mit dem Schlagwort ‚Gaza ist Israels Warschau', womit die Tötungsgewalt bei Niederschlagung des Ghetto-Aufstandes in Warschau von 1944 mit dem Vorgehen der israelischen Regierung gegen die Palästinenser verglichen und der Gaza-Streifen als riesiges Konzentrationslager charakterisiert wurde. Rothberg hat die krude Analogie kritisiert (2011, 534), weil sie die palästinischen Lebensbedingungen verschleiere.

Nun könnte ich mir gut vorstellen, beim weiteren Ausbau der Komemorationsfigur die ethische Dimension zurückzustellen und die strukturelle Seite zu betonen. Der analytische Begriff von Erinnerungskulturen lässt sich gegen eine ‚ethische Erinnerungskultur' abgrenzen (Erll 2017, 28). Auch dies wird von Roth-

berg ermutigt, wenn er sagt, das multidirektionale Erinnern erfordere und führe zu vergleichender Forschung (2009, 4). Dazu hat er eine Vierfelderkarte entworfen, auf der sich ein multidirektionales Erinnern einordnet (2011, 525), mit den beiden Achsen:
- Achse des *Vergleichs:* das Kontinuum von Gleichsetzung zu Differenzierung
- Achse des *politischen Affekts:* das Kontinuum von Solidarität zu Wettbewerb.

In der Tat lassen sich nach diesem Schema mehrere Erinnerungskomplexe miteinander vergleichen und unterschiedlich beschreiben. Aber der normative Akzent bleibt spürbar.

Ein Vergleich mit der Homosexuellenverfolgung richtet den Blick auf weitere Hintergründe des Holocaust – außerhalb des Rassismus. Das multidirektionale Erinnern wird bei Rothberg meistens für ethno-kulturelle Gruppen durchdacht; im Fokus stehen: Kolonialismus; Palästinenser/Israelis; Juden/Schwarze; Juden/Nordafrikaner. Wie ist von hier die Brücke zu moralkulturell bestimmten Verfolgungen (sexuelle Devianz) zu schlagen? Nun leitet sich die Shoah nicht allein aus dem NS-Rassedenken her, sondern war auch vom Hass auf die kulturellen, ökonomischen und politischen Leistungen des deutschen Judentums angeleitet. Die Verdrängung jüdischer Positionsinhaber_innen aus nahezu allen öffentlichen und privaten Stellen mit Einfluss, wie sie sofort nach dem NS-Machtantritt einsetzte, die Enteignung der Vermögenswerte und das Auslöschen des geistigen Einflusses verweisen auf die Interessen nichtjüdischer Deutscher, sich diese Privilegien anzueignen und Machtgewinne zu vollziehen. Deswegen können auch die nichtrassistisch bestimmten Feindgruppen der Nazis im multidirektionalen Erinnerungsraum einen Ort finden. Der eliminatorische Antisemitismus hatte weitere Ursachen als den Rassismus. Hier könnte die Shoah-Analyse vielleicht sogar aus der Homosexuellenverfolgung lernen, dass nämlich der eliminatorische Antisemitismus einen weit ausgreifenden Hintergrund hat; auch die kulturellen Leistungen jüdischer Intellektueller und Künstler_innen sowie die wirtschaftlichen Erfolge jüdischer Unternehmer_innen stifteten den Hass. Die Sexualwissenschaft nach der Jahrhundertwende war erheblich durch jüdische Ärzte geprägt (Albert Moll, Iwan Bloch, Magnus Hirschfeld). Der von Hirschfeld am Sichtbarsten angeführte Emanzipationskampf der Homosexuellen konnte als etwas Jüdisches dargestellt werden.

Der letzte Gedanke gelte einer Art von Ko-Erinnerung, die am Grunde sämtlicher Überlegungen steht. Es ist die ‚faktuale' Erinnerung an das, was 1933 in Deutschland geschehen ist. Robert K. Merton (der zu der Handvoll der bedeutendsten amerikanischen Soziologen zählt und jüdischer Herkunft ist) schrieb einmal vom *Schönwetter-Liberalismus:* Es hänge vom sozialen Klima ab, wie heftig in einer Gesellschaft die Minderheiten diskriminiert werden (1949, 103, 117–119).

Wenn sich die gesellschaftlichen Verhältnisse ins Schlechte drehen, dann ist es mit einer erreichten Emanzipation vorbei. Das hat auch der Religionswissenschaftler Gerhard/Gershom Scholem gewusst, als er in den frühen 1920ern seiner deutschen Heimat den Rücken kehrte und nach Palästina ging, weil er die Assimilation als Irrweg ansah – obwohl sie von seinem Vater und fast allen Familienangehörigen zum Lebensprogramm erhoben war. Die von der gegenwärtigen LSBTI-Bewegung verfolgte Normalisierung, die in vielem der früheren jüdischen Assimilation ähnelt, könnte einmal ähnlich katastrophal enden – womit die Multidirektionalität auf die Zukunft projiziert sei.

Literatur

Bauer, Fritz, Hans Bürger-Prinz, Hans Giese und Herbert Jäger, Hg. *Sexualität und Verbrechen. Beiträge zur Strafrechtsreform.* Frankfurt am Main: Fischer, 1963.

Berek, Mathias. *Kollektives Gedächtnis und die gesellschaftliche Konstruktion der Wirklichkeit. Eine Theorie der Erinnerungskulturen.* Wiesbaden: Harrassowitz, 2009.

Berenbaum, Michael. „The Uniqueness and Universality of The Holocaust". In *A Mosaic of Victims. Non-Jews Persecuted and Murdered by the Nazis.* Hg. Michael Berenbaum. New York: New York University Press, 1990. 20–36.

Braun, Christina von. *Gibt es eine ‚jüdische' und eine ‚christliche' Sexualwissenschaft?* Wien: Picus, 2004.

Classen von Neudegg, L. D. (Leo Clasen). „Versuchsojekt Mensch. Aus meinem Tagebuch 1939 bis 1945 (KZ Oranienburg)". *Humanitas. Monatszeitschrift für Menschlichkeit und Kultur* 2, 3, 5, 7, 12 (1954) und 1,2 (1955).

Dean, Carolyn J. *The Fragility of Empathy after the Holocaust.* Ithaca, NY: Cornell University Press, 2004.

Dijk, Lutz van. *Die Geschichte der Juden.* Frankfurt am Main: Campus, 2001.

Dijk, Lutz van. *Einsam war ich nie … Schwule unter dem Hakenkreuz.* Berlin: Querverlag, 4. Auflage 2003.

Erll, Astrid. *Kollektives Gedächtnis und Erinnerungskulturen.* Eine Einführung. Stuttgart: Metzler, 3. Auflage 2017.

Goschler, Constantin. *Schuld und Schulden. Die Politik der Wiedergutmachung für NS-Verfolgte seit 1945.* Göttingen: Wallstein, 2005.

Harthauser, Wolfgang (Reimar Lenz). „Der Massenmord an Homosexuellen". In *Das große Tabu.* Hg. Willhart S. Schlegel. München: Rütten+Loening, 1967. 7–37.

Herzer, Manfred. *Magnus Hirschfeld und seine Zeit.* Berlin: De Gruyter, 2017.

Katz, Steven T. „Quantity and interpretation". In *Remembering for the Future.* Hg. Yehuda Bauer et al. Oxford: Pergamon Press, Bd. 3, 1989. 2511–2526.

Katz, Steven T. „Misusing the Holocaust paradigm to mis-write history: examples from recent medieval historiography". *Michael: On the History of the Jews in the Diaspora* (1993): 103–130.

Klimke, Daniela und Rüdiger Lautmann. „Opferorientierungen im Bereich Kriminalität und Strafe". In *Handbuch Therapeutisierung und Soziale Arbeit*. Hg. Roland Anhorn, Marcus Balzereit. Wiesbaden: Springer VS, 2016. 549–581.

Knittel, Susanne C. *Unheimliche Geschichte. Grafeneck, Triest und die Politik der Holocaust-Erinnerung*. Bielefeld: transcript, 2018.

Kogon, Eugen. *Der SS-Staat. Das System der deutschen Konzentrationslager*. München: Kindler, 1973 [1949].

Lautmann, Rüdiger. „Die soziale Ordnung des Gedenkens. Opfergruppen in den nationalsozialistischen Konzentrationslagern". In *Exklusion in der Marktgesellschaft*. Hg. Daniela Klimke. Wiesbaden: VS Verlag für Sozialwissenschaften, 2008. 281–299.

Lautmann, Rüdiger. „Homosexualität und Homophobie – ein Trajekt der westlichen Spätmoderne". *Österreichische Zeitschrift für Geschichtswissenschaften* 29.2 (2018): 36–58.

Merton, Robert K.: „Discrimination and the American Creed". In *Discrimination and National Welfare*. Hg. Robert M. MacIver. New York: Institute for Religious Studies, 1949. 99–126.

Nora, Pierre. „Between Memory and History: Les Lieux de Mémoire". *Representations* 26, special issue: *Memory and Counter-Memory* (Spring 1989): 7–24.

Nora, Pierre. *Zwischen Geschichte und Gedächtnis*. Berlin: Wagenbach, 1990.

Oettler, Anika, Hg. *Das Berliner Denkmal für die im Nationalsozialismus verfolgten Homosexuellen. Entstehung, Verortung, Wirkung*. Bielefeld: transcript, 2017.

Pollak, Michael. *Die Grenzen des Sagbaren. Lebensgeschichten von KZ-Überlebenden als Augenzeugenberichte und als Identitätsarbeit*. Frankfurt am Main: Campus, 1988.

Porter, Jack Nusan. „Did the Nazis enact a ‚Gay Genocide'?" *The Gay and Lesbian Review* 25.5 (2018): 19–20.

Rothberg, Michael. *Multidirectional Memory: Remembering the Holocaust in the Age of Decolonization*. Stanford, CA: Stanford University Press, 2009.

Rothberg, Michael. „From Gaza to Warsaw: Mapping multidirectional memory". *Criticism* 53 (2011): 523–548.

Schoppmann, Claudia. *Nationalsozialistische Sexualpolitik und weibliche Homosexualität*. Pfaffenweiler: Centaurus, 2. Auflage 1997.

Stein, Harry. *Konzentrationslager Buchenwald 1937–1945. Begleitband zur ständigen historischen Ausstellung*. Hg. Gedenkstätte Buchenwald. Göttingen: Wallstein 2007 [1999].

Rönn, Peter von. „Das Homosexualitätskonzept des Psychiaters Hans Bürger-Prinz im Rahmen der NS-Verfolgungspolitik". In *Nationalsozialistischer Terror gegen Homosexuelle. Verdrängt und ungesühnt*. Hg. Burkhard Jellonnek und Rüdiger Lautmann. Paderborn: Schöningh, 2002. 237–260.

Stier, Oren Baruch. *Holocaust Icons: Symbolizing the Shoah in History and Memory*. New Brunswick: Rutgers University Press, 2015.

Warner, Michael. „Publics and Counterpublics". *Public Culture* 14.1 (2002): 49–90.

Wünschmann, Kim. *Before Auschwitz. Jewish Prisoners in the Prewar Concentration Camps*. Cambridge, MA: Harvard University Press, 2015.

Zinn, Alexander. *‚Aus dem Volkskörper entfernt'? Homosexuelle Männer im Nationalsozialismus*. Frankfurt am Main: Campus, 2018.

Anna G. Piotrowska
Happy in Their Own Way, Unhappy Together: Commemorating the Romani and Jewish Holocaust in Music

In the opening sentence of *Anna Karenina* (1877) Lev Tolstoy writes that "happy families are all alike; every unhappy family is unhappy in its own way". Reversing this famous quote, we might say that European Jews and Roma actually followed their own idiosyncratic paths in quiet and prosperous times, but experienced similar – or comparable – anguish and pain in turbulent and violent times. It was during times of upheaval that their paths converged, creating what could be termed 'confluence points'. Throughout history, these confluence points revealed numerous resemblances in the fates of Jews and Roma, most of which have already been diagnosed and discussed extensively in several scholarly texts. Indeed, it can be argued that despite the different positions that the Jews and Roma have been assigned throughout the ages, despite their different political and economic status, we can still observe and analyse certain parallels between their destinies. These parallels are most evident if we look at traditions shared by the two cultures, such as a strong musical heritage, or at the two cultural groups' separate but related experiences of genocide. This paper looks at how the tragedy of the Holocaust is commemorated in Jewish and Romani music. It takes into consideration the distinct cultural situations of the Jewish and Romani people while pointing to the entanglement of their legacies within European musical culture. It seems that their shared past, even if manifested only at specific confluence points, serves as a basis for creating a musical narrative of victimhood that emphasises their similarities rather than differences while also attesting to the need for a unified historical paradigm committed to the idea of learning from the past.

1 Shared Past: The Jews and the Roma

While the Roma "shared with the Jews the doubtful honor of being the quintessential strangers in an overwhelmingly sedentary Christian Europe" (Bauer 1989, 634), the great diversity of Jewish groups as well as the number of various Romani tribes render it almost impossible to draw straightforward parallels between these communities and their histories without reproducing too many oversimplifications and generalizations. Indeed, both the Roma and the Jews were traditionally recognised as representatives of oriental races in Europe (Engel 1880a, 219–222; Engel 1880b, 389–391) and treated as "exotic arrivals" (Ficowski 1953, 18). Nevertheless, as already signalled, their destinies converged only occasionally and one of the earliest examples of such a turbulent confluence point is the settlement of both groups in al-Andalus while it was still under Moorish rule. The Roma and the Jews willingly settled on this territory, but the arrival of the *Reconquista* terminated their tolerant coexistence. The Jews, together with adherents of Islam, were banished from Islamic Iberia: before their official expulsion in 1492, they had been banned from Seville in 1483 and given only 30 days to vacate the city (Roth 1995, 283). Meanwhile, it was commonly believed that the Roma – who had a comparatively dark complexion and engaged in trades and occupations formerly associated with the Moors – were actually closely related to Arabs, possibly even stemmed from them. It was feared that the Moors had never left Andalusian territory, but merely dressed up as Roma people and remained in Catholic Spain (Piotrowska 2013, 55).

Another confluence point of the Jewish and Romani destinies can be found towards the end of the seventeenth century. In his *Buch von der Meister-Singer Holdseligen Kunst* (1697), the German orientalist Johannes Christopherus Wagenseil (1633–1705) wrote that the Roma were the Jews in disguise (Pobożniak 1972, 4). According to this theory, the hated Jews – accused of causing diseases by infecting wells, among other crimes – had managed to hide away awaiting better times. When they decided to come out under the leadership of a certain King Zundel in 1417, they adopted a new name, becoming known to the world as 'Zigeiner'. The Roma, in Wagenseil's view, were therefore descendants of German Jews. Although widely refuted as totally ridiculous, this hypothesis nevertheless survived into the late nineteenth century: in a series of articles on the subject of so-called 'Gypsy music' Carl Engel reminded his readers of Wagenseil's conjectures, even though Engel himself viewed them as largely farcical and wholly ignorant (1880a, 219–220).

Wagenseil's tale of the Roma people's origins, as absurd as it may sound, reveals similarities in the European attitudes towards the Roma and the Jews, both of whom were persecuted, hated and discriminated against, although for different (political, religious, and economic) reasons. In the nineteenth century, certain races were treated as inferior to others, described as atavistic and prone to criminal activities, and the role of their culture was diminished as a result of the application of Darwinian theory in the writings of numerous authors such as Count Gobineau or Cesare Lombroso. Both the Roma and the Jews were categorised as European 'aliens', as 'Asians' contrasted with 'Europeans' (i.e. Germans, Czechs, Slovenians or Italians, etc.), as one census conducted within the territories of the Austro-Hungarian Empire makes abundantly clear (Hofer 1994, 43).

At the same time, Enlightenment ideals and changes in social hierarchy around the turn of the nineteenth century caused the situation of the Roma and the Jews to shift. By the late eighteenth-century, interest in Romani language and culture led to improvements in the status of the imaginary Gypsies who became immortalised in romantic literature, operas, and later also operettas. The situation of the Roma became the subject of increased scholarly interest; yet questions about the relationship between the Roma and the Jews persisted. In 1859 Franz Liszt (1811–1886), who by that time was already a well-known composer, pianist and author, published *Des Bohémiens et de leur musique en Hongrie*. Already in the first edition of the volume there appeared the category of race associated both with the Roma (commonly called the Gypsies) and the Jews. Liszt himself clearly pitted them against the Jews: in a section entitled 'Contrast with Jews', he depicted the Roma as free and brave spirits and the Jews as cruel yet servile people. Liszt's views on the Jews were similar to those presented a few years earlier in the brochure *Das Judenthum in der Musik* (1850) by another prominent composer and writer of the era, Richard Wagner (1813–1883). Wagner stated that "the Jew has never had an art of his own", and that Jewish musical abilities were limited to composing "the ceremonial music of their Jehova rite" (1964 [1850], 55). Opinions featured in *Des Bohémiens et de leur musique en Hongrie* were instantly and forcefully scrutinised by the Jewish press as soon as the book was published, and Liszt was accused of anti-Semitism. The music critic of the newspaper *Pesther Lloyd* Miksa Schütz, wrote a text entitled *Franz Liszt ueber die Juden* under the pseudonym "Saggitarius", in which he presented the composer as a racist (Walker 1989, 389). Even Wagner, who had read *Des Bohémiens et de leur musique en Hongrie* – described Liszt as "a Jew-baiter" (Walker 1989, 389). But despite such a harsh criticism, Liszt's unflattering opinions of the Jews were not only kept intact but were even reinforced in the next edition of the book, which appeared in 1881. It is, however, possible that it was Liszt's life companion, princess Carolina von Sayn-Wittgenstein, rather than Liszt himself, who was responsible for this chapter on the Jews, seeing as she took it upon herself to prepare the second edition of *Des Bohémiens et de leur musique en Hongrie* for print. Ironically, Nazi officials such as Herbert Gerigk cited the very same book to argue that Sayn-Wittgenstein had Jewish origins (Weissweiler 1999, 104).

The juxtaposition of the Jews and the Roma in musical criticism was a trope seized by other nineteenth-century writers: Engel, for example, also pointed to the similarities in their musical cultures, praising these "oriental races" for preserving the unique character of their music. He wrote about the "resemblance between the two races, that the Jews as well as the Gypsies evince an extraordinary fondness for cultivating the musical art" (1880, 220). Indeed, the Roma and the Jews had been recognised as skilled violinists and cymbal (dulcimer) players in parts of Central and Eastern Europe for centuries. The figure of the Jewish cymbalist was immortalized in literature (e.g. in the Polish national epos *Sir Thaddeus* from 1834 by Adam Mickiewicz), for example, while the Jewish violin player was immortalised in musicals (e.g. *Fiddler on the Roof*, 1964) or in Marc Chagall's paintings.

Another dominant confluence point in the narrative of the shared history of the Roma and the Jews concerns their fate under the Nazi rule. Both the Jews and the Roma were declared to be of 'alien blood' (despite the Aryan origin of the Roma) and were categorised as 'Rassengemische' dangerous for the purity of the German race. The decision to exterminate the Roma was taken in early 1941. The Romani Holocaust (known also as 'O Baro Porrajmos', i.e. The Great Devouring) was the "consequence of German National chauvinism fueled by racist beliefs" characterised by the same cruelty against non-Aryans as the Shoah, as it included practices such as "sterilization, harassment, segregation, deportation, imprisonment, physical brutality, medical human experimentation, and murder" (Mbabuike and Evans 2000, 21–22).

Both the Roma and the Jews were incarcerated in concentrations camps. Despite their physical closeness, however, they did not mingle: even in the camps, they occupied different spaces. Most Jews – especially those coming from Central, Eastern, and Southeastern Europe – had encountered Roma people in the times before the war, but, as "in much of prewar Europe, Roma tended to live at a social distance from Jews" (Joskowicz 2016, 111), they knew very little about them. This situation did not change much in the camps, where "Jews and Roma both gauged their position [...] through the presence of the other, believing that the demise of another victim group and its treatment spoke directly to their own chances of survival" (Joskowicz 2016, 119).

Yet both groups saw music as a survival strategy, or at least as something that enabled them to improve the conditions of their imprisonment (Piotrowska 2015, 67–68). Both the Jews and the Roma thus actively cultivated their musical traditions while in the camps, either individually or in organised orchestras and choirs. But while Jewish music-making has already been researched and documented extensively, little has been written about the music the Roma played in the camps. Considering how many musicians were among them and how much musicianship is treasured in Romani culture, it is likely that music was a constant in the daily life of Roma concentration camp inmates. Indeed, postwar memoirs by concentration camp survivors often mention that music by Roma inmates was often heard by others, for example when "the sound of a Gypsy violin drifted out from one of the barracks [...] as though from happier times and climes" (Kogon 1950, 129). Romani survivors also remember making music while in the camps. Ceija Stojka (1933–2013) recalls that the Roma

> were always singing. All the time and everywhere. One can even sing on the gallows [...] as many of us did, just for yourself, to yourselves, soundlessly, inside. This way you can sing to forget about the fear or to chaste away bad thoughts. (Stojka 1992, 151)

Some authors argue that making music has helped the Roma through the worst times in their history, for they

> are an ancient people, prolific and full of vitality [...] Gypsies find solace from shared martyrdom in their love of music. Despite their hungry bellies, and their weakened conditions, Gypsies – young and old – would assemble outside their destitute, make-shift quarters at Auschwitz to make music and dance. (Mbabuike and Evans 2000, 19)

For the Romani survivors, music became their own form of expressing and commemorating the Holocaust experience after the Second World War (Kadar 2005, 241). For example, Růžena Danielova (1904–1988), a Roma inmate from Auschwitz, performed the song she composed while "imprisoned for two years", adding that she wrote it "under the most devilish circumstances" and was never sure if she was "capable of finishing it without crying" (Holy and Nečas 1991, 23).

There are also accounts suggesting that NS officials enjoyed music by the Roma. One Romani woman, Danica Jovanovich, claimed that making music saved her life when, during the war, she met German officers in the streets of Belgrade. She had her tambourine with her, so she performed for them and was let go. Years later, when recalling this encounter, Jovanovich was absolutely certain that "tambourine saved me from certain death [...] If I hadn't had it, I would have been killed by firing squad" (Polansky 2008, 16–17). It is also known that SS officers at Auschwitz and in other camps took pleasure in listening to music by the Roma (Schmidt 1991). During the war, the romantic tradition of performing so-called 'Gypsy music', i.e. the repertoire associated with the Roma, was even cultivated in Jewish ghettos: one of the Warsaw Ghetto restaurants, owned by Arkadi Flato, was named 'Gypsy Tavern/Cygańska Tawerna' (Joskowicz 2016, 116). Ironically, in these dark times it was the Romantic, idealised vision of the 'Gypsy culture' that continued to influence the reception of the Romani people and their musical traditions, even in spaces like the concentration camps and ghettos.

2 The Jewish and Romani Holocaust in music

The Romantic view of the Roma that dominated the Western imagination in the nineteenth and early twentieth centuries also found its way into musical productions after the war. The Romani Holocaust seemed, at least initially, to be ignored. Instead, the highly idealised image of the Roma prevailed in those – alas rather rare in comparison to earlier times – compositions written after 1945 that mentioned the 'Gypsies'. For instance, in the cycle of songs *Zigeunerweise* (1959) by Rudolf Desch (1911–1997) with lyrics by Georg Britting (1891–1964), the 'Gypsy life' is presented through a series of stereotypical images that resorted to conventional associations: the evening by the bonfire, dances, songs, the preparation of a typical Gypsy supper. Paul Zoll (1907–1978) handled the 'Gypsy topic' in similar ways in his secular cantata *Mond über dem Zigeunerwagen: Zigeunerlieder für gemischten Chor, Bassbariton, und Klavier* (1961) that alluded to the routine of Romani life. Unlike the Romani Holocaust, which totally absent from the musical works composed in the years following the Second World War, the Jewish Holocaust was commemorated in music already in 1940s. For example, in 1944 Michael Tippett (1905–1998) presented his opera *A Child of Our Time* based on a true story that the composer had read in the newspapers recounting the life of the young Jew Henschel Grynszpan/Grünspan (1921–1942). He was a Polish-Jewish refugee born in Germany, who had escaped to France as a teenager. Ignored by the authorities, in an act of despair – protesting the world's indifference to the plight of Jewish refugees – Grynszpan killed Ernst vom Rath, a German diplomat. Most compositions commemorating the Jewish Holocaust alluded, however, directly to the tragic life of the Jews imprisoned in ghettos: they were lamented, for example in *Requiem* (1945–1948) by Roman Palester, which featured the narrative of a survivor from the Ghetto in Warsaw. Similar topic appeared in Arnold Schoenberg's *A Survivor from Warsaw* (1947). In 1960 some of the most renowned German composers of the time, Boris Blacher, Karl Amadeus Hartmann, Hans Werner Henze, Rudolf Wagner-Régeny and Paul Dessau collaborated to compose a piece of music commemorating the Jewish Holocaust. Although these composers represented different generations and ethnic minorities and followed different artistic paths, together they created a very distinctive collective work entitled *Jüdische Chronik* (1960) to a text by Jens Gerlach (1926–1990). That unusual, somber, five-movement piece of music, spawned discussions about the pitfalls of representing the Holocaust in the arts and prompted debates about the limits of music 'after Auschwitz'.

The Romani Holocaust was not commemorated in musical compositions until the 1980s, when it also first emerged as a topic of wider public debate. As Gilad Margalit notices, "the very thematization of such a topic reflects the deep change that occurred in the 1980s in the Federal Republic's political culture following the civil rights campaign for the Sinti and Roma organised by Gypsy activists" (2002, 15). In other European countries, too, the Romani Holocaust began to be more openly mentioned and more frequently referred to in the press in the 1980s (Piotrowska 2017, 137). Musical compositions dedicated to the Romani Holocaust, such as Greta von Zieritz's (1899–2001) composition *Zigeunerkonzert für Solovioline und Orchester in 6 Bildern* (1983), also started to appear at this time. Zieritz's composition was clearly inspired by the book *In Auschwitz vergast, bis heute verfolgt: Zur Situation der Sinti und Roma in Europa* (1979) by Tilman Zülch, as the first movement of Zieritz's work is titled after Zülch's book. The tribute Zieritz paid to the Romani Holocaust by embedding Romani themes in her music should be regarded as symptomatic of a broader shift in European commemorative culture. Zieritz had been fascinated by the romantic ideal of Roma culture earlier in her life as attested by the composition *Bilder vom Jahrmarkt* (1944) for flute with piano accompaniment that also included a piece called *Zigeunerin*. It is telling that the composer – skillfully adapting elements of Romani music in her compositions, for instance, by introducing the cymbals in her *Zigeunerkonzert* – decided to reflect on the Romani Holocaust so many years later, in the 1980s. The next decades brought other compositions commemorating the Romani Holocaust, but it needs to be stressed that these are still rather rare. It is therefore all the more important to discuss the ones that do exist, such as *Requiem for Auschwitz* (2009) for orchestra, choir, and soloists by the Sinto musician Roger "Moreno" Rathgeb (b. 1956). The composition was inspired by Rathgeb's visit to Auschwitz and commemorates all Holocaust victims, as the composer sees no difference between the genocide of the Jews or the Roma. In an interview, he stated that "it's completely the same thing. The numbers differ a bit, but that's not what is essential". His Requiem was accordingly "not dedicated only to the Romani victims, but to everyone who suffered or perished in Auschwitz" (Jurková 2012). In the same interview, the composer explained that certain recurring motifs in his composition that might be associated with so-called 'Gypsy music' should not be interpreted as solely representative of that culture. By thus stressing the universal character of his *Requiem for Auschwitz*, he dismissed the possibility of interpreting it as 'Gypsy music'.

The tendency to commemorate the Holocaust without distinguishing between its different victim groups is not new. After the end of the war, several composers – whether of Jewish or Romani origins or not – decided to honour the victims of the Holocaust in their work, whether by trying to come to terms with their own experience, bringing comfort to survivors, or commemorating the past. Even when paying a tribute to individual victims, however, they tried to emphasise the universality of the message conveyed. Krzysztof Penderecki (b. 1933), for example, commemorated the victims of concentration camps in his *Brygada Śmierci (Sonderkommando 1005)/Brigade of Death* (1963) for voice and tape by dedicating it to all who were murdered in Auschwitz-Birkenau. The work is a musical realisation of the wartime diary of a young Jew Leon Weliczker (1925–2009). The sonoristic oratorium *Dies irae* (1967) by the same composer accompanied the unveiling ceremony of the International Monument to the Victims of Fascism in Auschwitz-Birkenau. Another Polish composer – Jerzy Maksymiuk (b. 1936) composed *Oratorium Oświęcimskie/ Auschwitz Oratory* (1973) to pay homage to all mothers and their children born in Auschwitz-Birkenau (the text is based on the testimony of the midwife Stanisława Leszczyńska). Another large-scale composition, *Holocaust Memorial Cantata* (1992) by Marta Ptaszyńska (b. 1943), which was composed to the text of *Chant for All the People on Earth* written by American poet and Second World War veteran Leslie Woolf Hedley (1921–2013), pays homage to the victims of the Holocaust. This composition abounds with genuinely moving moments, such as the lyrical a cappella chorus "May I Become Less Than Nothing" juxtaposed with the dissonant orchestral opening. On the suggestion of Jehudi Menuhin (1916–1999), who conducted this work in 1993, Ptaszyńska decided to re-dedicate the cantata to all victims of the murderous ideologies of the twentieth century. By emphasizing the similarities of dictatorial regimes and their systems of oppression the composer stressed the universality of victimhood as a paradigm shared by all humanity.

3 'Memory wars' in musical commemorations

One way in which the Holocaust has been defined is as the systematic and atrocious genocide of people representing various races and nationalities – in Europe affecting predominantly Jews and Romanis, but also Africans or Blacks, among other minorities – which occurred under Nazi rule immediately before and during the Second World War (cf. Mbabuike Evans 2000, 1, 3). In the post-war era, the crucial question, voiced, among others, by contemporary Israeli philosopher Avishai Margalit, remains: what should humanity remember? Margalit proposed to categorise the Holocaust, and other "striking examples of radical evil and crimes against humanity, such as enslavement, deportations of civilian populations, and mass exterminations" as "a direct onslaught on the very idea of shared humanity" (2002, 78–79). While agreeing with this standpoint, many academics claim the impossibility of representing the experience of the Holocaust by linguistic means. It is argued that at the same time the language of the arts, specially music – defined as a universal medium – offers quite a unique chance to express what seems otherwise inexpressible. Indeed, as I already showed above, the dramatic events of the Holocaust catalyzed an eruption of creativity in many composers, for whom such an assault on humanity became the source of direct inspiration (van Gessel 2015, 41–57). Among compositions honouring and mourning Holocaust victims – those who died, perished or survived – one can find pieces of exquisite beauty written by renowned composers of different nationalities.

References to the Holocaust in musical compositions (either, for example, in titles directly alluding to the Second World War, or in lyrics based on eyewitnesses' testimonies) can be interpreted as an artistic alternative to triumphalist narratives and viewed as a "hopeful project" facilitating the transmission of cultural memory (Margalit 2002, 79, 82). The commemoration of the Holocaust in music can be also read as an attempt to capture memories and emotions associated with the genocide. Its atrocities can be, as it were, 're-felt' and re-experienced by those listening to particular compositions. Listeners are offered the unique possibility of transgressing temporal and spatial boundaries, and to thus feel a particular kind of solidarity with the victims. Music metaphorically encompasses these past experiences by using a system of numerous, commonly accepted and recognizable signs and symbols (e.g. melodic, rhythmic, instrumental, etc.) which prompt certain interpretations. Compositions that commemorate the Holocaust often make use of such musical semiotics while also introducing human voices (in oratorios, cantatas, etc.). By presenting, for example, original survivor accounts, these voices personalize the message conveyed by the music and invite listeners to identify with it.

Although the universal character of the Holocaust has been recognised, several authors express their apprehension that in the realm of musical culture too much focus has been put on remembering the Jewish Holocaust. That tendency is particularly observed among composers of Jewish origins. James Loeffler, a professor of Jewish history at the University of Virginia, warns that

> by labeling certain works of art as 'Holocaust music' we risk creating a genre that turns the details of history and the complex meanings of music into one saccharine lesson in universalist tolerance. It may sound like heresy to criticize a pious act of Holocaust remembrance. But the true heresy is to turn Jewish composers into shadow images defined only by their status as Hitler's victims. (Loeffler 2013)

The hazard Loeffler is talking about has been discussed by other scholars, too, who admit that the Jews tend to be most vocal about their Holocaust experience, while other groups of victims are less prone to publicise it. As already signaled, the Romani Holocaust remained nearly invisible until the 1980s, and even nowadays it is often discussed only in the context of the Jewish Holocaust (and this paper is no exception). Some authors argue that different approaches to the issue of the Holocaust might be connected with cultural differences, the level of literacy as well as access to the media of the former inmates. Indeed, Romani culture has traditionally been oral, and consequently mostly Jewish survivors offered written testimonies, in which they mentioned the perishing of the Roma (Joskowicz 2016, 117). Yet for them, the Roma remained usually 'nameless' and that namelessness with which 'Gypsies' appear in Jewish Holocaust testimonies [...] reflects the different paths through which Romani and Jewish experiences have entered the historical record since the mid-twentieth century. While the immediate postwar era witnessed the proliferation of efforts to document the fate of Jews under Nazi rule, few initiatives emerged to document the Romani Holocaust. (Joskowicz 2016, 122)

Possibly as a consequence of "Jewish exclusivism" (Loshitzky 2003, 58) the models were created that

have come to shape the collections and narratives of the Romani Holocaust. [...] [E]ven today, Romani history cannot be written without taking account of Jewish archival and memory politics, whereas Romani experiences remain a marginal concern within Jewish history. (Joskowicz 2016, 112)

Janina Bauman, a Jewish survivor of the Holocaust, suggested that the Romani Holocaust

tends to be overlooked or even denied by historians, also by a number of the Jewish historians of the Holocaust, who claim that Jews were the unique population targeted to the last man, woman and child for complete extermination. (Bauman 1996, 85)

Consequently, the Roma as the victims of the Holocaust fell under the category of "the Forgotten" (*die Vergessenen*). That name was coined in early 1946 by two former inmates of Dachau. The painter Karl Jochheim-Armin (1909–1987) and the graphic designer Georg Tauber, neither of whom was Roma, campaigned immediately after the end of the Second World War for the political recognition of the 'forgotten' victims, as the Jewish Holocaust seemed to be predominantly commemorated.

The process of 'forgetting' the Romani Holocaust experience has also been seen as relating to the Romani culture, in which oral traditions prevail (Loshitzky 2003, 58). Even in the twentieth century, the Roma rarely fought for the recognition of their social status, often staying away from educational systems or even preferring a vagabond lifestyle. Because of this, their memories and testimonies of the Second World War rarely, if ever, reached the European public sphere. However, their ostensible lack of memory never equaled forgetting: the memory of the Romani Holocaust was deeply rooted within the Roma communities; "the Holocaust stigma marked the whole Romani culture in the post war period as a catalyst of emotions and feelings rooted in the experience" (Polish Association of Roma). But initially, the ways in which the Roma tended to commemorate their experience of the Holocaust only addressed and involved their own groups: survivors related traumatic times under the Nazi rule to their closest relatives and friends. Because of this, their "collective experience became consolidated into collective memory, and therefore these memories remained vivid in the consciousness of the younger generation who had not themselves endured the horrors of Auschwitz" (Margalit 2002, 27). Romani survivors shared their suffering in order to find "solace and meaning through collective affirmation of the significance of death" (Thomason 2013, 148). Reading autobiographies such as Stojka's, who survived several concentration camps, it becomes clear that for the Roma "history and memory are not separate but rather interdependent concepts" (Riegler 2007, Article 12). As this kind of remembering is invested with strong emotions, it constitutes a "counter-memory/history" that withstands official narratives of historical continuity (Foucault 1977, 139–164) and proves that in the case of Romani culture "forgetting is the ultimate transgression" (Huyssen 2000, 35).

Is the attitude of the Jews and the Roma themselves the reason why the Jewish Holocaust has been so widely acknowledged, also in the realm of the arts – in paintings, sculptures, on screen, and in music, while the Romani Holocaust has received comparatively little attention (Loshitzky 2003, 58)? Asking such questions only deepens the divide between the Holocaust against the Jews on the one hand, and against the Roma and other groups on the other, the kind of 'memory wars' that scholars think should be left behind in favor of the new paradigm in which the narratives of one victim group facilitate the public recognition of the victimhood of other groups (Rothberg 2009, 118). As several authors underline, the

> holocaust atrocities [...] were so inhuman, so atrocious and diabolic that any attempts to minimize the evils of holocaust on any group would be tantamount to betrayal and dehistoricization of events of the last century. (Mbabuike and Evans 2000, 9)

The commemoration of the Holocaust in music should reflect the concept of the "multidirectional memory" proposed by Rothberg (2009). It seems that the Jews and the Roma – traditionally the Others in the European culture, the European 'enemies within' – share similar histories of marginalization, racialization, extermination. Their shared Holocaust past even resulted in the existence of shared archives (Joskowicz 2016, 130). In the twenty-first century, we are witnessing the cultural revival of joint Jewish and Romani spaces. Not only their past, but also their present and future are often discussed together, from a comparative perspective (Rüthers 2014, 89–112). By acknowledging their common past and commemorating their shared and individual experiences of the Holocaust, we recognize and pay home to their shared status as victims of an organised assault on a shared humanity.

Literature

Bauer, Yehuda. "Gypsies." In *Encyclopaedia of the Holocaust*. Ed. Israel Gutman. New York: Macmillan, 1989. 634.

Bauman, Janina. "Demons of other people's fear: The plight of the Gypsies." In *Stranger or guest? Racism and Nationalism in Contemporary Europe*. Ed. Sandro Fridlizius and Abby Peterson. Stockholm: Almqvist & Wiksell International, 1996. 81–94.

Engel, Carl. "The Music of the Gipsies (I)." In *The Musical Times and Singing Class Circular* 21. 447 (1880a): 219–222

Engel, Carl. "The Music of the Gipsies (II)." In *The Musical Times and Singing Class Circular* 21.450 (1880b): 389–391.

Ficowski, Jerzy. *Cyganie polscy* [Polish Gypsies]. Warsaw: Państwowy Instytut Wydawniczy, 1953.

Foucault, Michel. *Language, Counter-Memory, Practice*. Ed. Donald E. Bouchard. Ithaca, NY: Cornell University Press, 1977.

Hofer, Tamás. "Construction of the 'Folk Cultural Heritage' in Hungary and Rival Versions of National Identity." In *Hungarians between 'East' and 'West'. Three Essays on National Myths and Symbols*. Ed. Tamás Hofer. Budapest: Museum of Ethnography, 1994. 27–53.

Holy, Dušan and Ctibor Nečas. "À Auschwitz il y a a une grande prison: Ausviate hiKher Baro." *Cahier de Litterature orale* 30 (1991): 15–35.

Huyssen, Andreas. *Twilight Memories: Marking Time in a Culture of Amnesia*. New York: Routledge, 1995.

Joskowicz, Ari. "Separate Suffering, Shared Archives: Jewish and Romani Histories of Nazi Persecution." *History and Memory* 28.1 (2016): 110–140.

Jurková, Inka. *Interview with Romani composer Roger Moreno Rathgeb* [Prague, 26.12.2012], translated by Gwendolyn Albert. http://www.romea.cz/en/entertainment/interview-with-romani-composer-roger-moreno-rathgeb (10 November 2018).

Kadar, Marlene. "*The Devouring*: Traces of Roma in the Holocaust: No Tattoo, Sterilized Body, Gypsy Girl." In *Tracing the Autobiographical*. Ed. Marlene Kadar, Linda Warley, Jeanne Perreault, Susanna Egan. Waterloo, ON: Wilfrid Laurier University Press, 2005. 223–246.

Kogon, Eugen. *The Theory and Practice of Hell: the German Concentration Camps and the System Behind Them*. London: Secker & Warburg, 1950.

Loeffler, James. "Why the New 'Holocaust Music' Is an Insult to Music—and to Victims of the Shoah." *Tablet Magazine* (2013), https://www.tabletmag.com/jewish-arts-and-culture/music/137486/holocaust-music-victims (11/11/2018).

Loshitzky, Yosefa. "Quintessential Strangers: The Representation of Romanies and Jews in Some Holocaust Films." *Framework* 44. 2 (2003): 57–71.

Margalit, Avishai. *The Ethics of Memory*. Cambridge, MA: Harvard University Press, 2002.

Margalit, Gilad. "On Ethnic Essence and the Notion of German Victimization: Martin Walser and Asta Scheib's 'Armer Nanosh' and the Jew within the Gypsy." *German Politics & Society* 20. 3/64 (2002): 15–39.

Mbabuike, Michael C. and Anna Marie Evans. "Other victims of the Holocaust." *Dialectical Anthropology* 25.1 (2000): 1–25.

Piotrowska, Anna G. *Gypsy Music in European Culture*. Boston: Northeastern University Press, 2013.

Piotrowska, Anna G. "The Image of Rom Musicians in the Communistic Press- Preliminary Observations." In *Dynamics of Cultural Processes. Transfer and Memory*. Ed. Milena Bozhikova, Katica Kulavkova. Sofia: Marin Drinov Publishing House of Bulgarian Academy of Sciences, 2017. 132–143.

Pobożniak, Tadeusz. *Cyganie* [Gypsies]. Krakow: Polska Akademia Nauk, 1972.

Polansky, Paul. *One Blood, One Flame: The Oral Histories of the Yugoslav Gypsies Before, During and After WWII*. Nish: Kosovo Roma Refugee Foundation, 2008.

Riegler, Roxane. "The Necessity of Remembering Injustice and Suffering: History, Memory, and the Representation of the Romani Holocaust in Austrian Contemporary Literature." *Studies in 20th & 21st Century Literature* 31.1 (2007): 260–284.

Roth, Norman. *Conversos, Inquisition, and the Expulsion of the Jews from Spain*. Madison: The University of Wisconsin Press, 1995.

Rothberg, Michael. *Multidirectional Memory: Remembering the Holocaust in the Age of Decolonization*. Stanford, CA: Stanford University Press, 2009.

Rüthers, Monica. "Vom 'Fiedler auf dem Dach' zu den 'Gypsy Kings' – Juden und Roma/Zigeuner in den europäischen Topografien der Erinnerung." *Jahrbücher für Geschichte Osteuropas, Neue Folge* 62.1 (2014): 89–112.

Stojka, Ceija. *Wir leben im Verborgenen. Erinnerungen einer Rom-Zigeunerin*. Vienna: Picus, 1988.

Stojka, Ceija. *Reisende auf dieser Welt. Aus dem Leben einer Rom-Zigeunerin*. Vienna: Picus, 1992.

Stowarzyszenie Romów w Polsce/ Polish Association of Roma, *Gypsy Holocaust*: http://www.stowarzyszenie.romowie.net/Syndrom-Holokaustu-152.html (11 November 2018).

Thomason, Alistair. *Alzac Memories: Living with the Legend*, Clayton: Monash University Press, 2013.

van Gessel, Jeroen. "Holocaust Compositions from Recent Decades. Between 'Imagined Victims' and the Quest for Being 'Virtually Jewish'." In *Scores of Commemoration*. Ed. Béla Rásky and Verena Pawlowsky. Vienna: New Academic Press, 2015. 41–57.

Wagner, Richard. *Wagner on Music and Drama* (transl. A. Ashton Ellis). New York: E. P. Dutton & Co., 1964 [1850].

Wahrheit macht frei. Dir. Michael Schmidt. Germany, Sweden SVT. 1991.

Walker, Alan. *Franz Liszt* (Vol. 2, *The Weimar Years 1848–1861*). New York: Alfred A. Knopf, 1989.

Weissweiler, Eva. *Ausgemerzt! Das Lexikon der Juden in der Musik und seine mörderischen Folgen*. Köln: Dittrich, 1999.

Zieritz, Grete von. *Bilder vom Jahrmarkt*, Berlin: Ries & Erler, 1944.

Autorinnen und Autoren

Verena Arndt (M.A.) ist seit 2018 Promotionsstipendiatin des Graduiertenkollegs „Zeugenschaft. Episteme einer medialen und kulturellen Praxis" an der Johannes-Gutenberg-Universität Mainz. Am dortigen Institut für Film-, Theater-, und empirische Kulturwissenschaft absolvierte sie zuvor ihr Studium der Theaterwissenschaft und war anschließend als wissenschaftliche Mitarbeiterin tätig. Zudem sammelte sie Arbeitserfahrungen in der Theaterpädagogik sowie als Regieassistentin. Ihr primäres Forschungsinteresse richtet sich auf das Spannungsfeld von Unterhaltungstheater und politischem Theater. Bereits während ihres Studiums begann sie, an internationalen Tagungen teilzunehmen. Für ihre Masterarbeit erhielt sie den Petra-Ernst-Kühr-Preis der Gesellschaft für europäisch-jüdische Literaturstudien. Letzte Veröffentlichung: „Where was the Comedy?" – Lachen im Angesicht des Unvorstellbaren in Theater und Film nach 1945. *Yearbook for European Jewish Literature Studies* 6:1 (2019), 293–311.

Anna Brod, Dr., Studienreferendarin am Gymnasium an der Wolfskuhle Essen mit den Fächern Deutsch, Philosophie und Praktische Philosophie. Promotion am Institut für deutsche Sprache und Literatur der Pädagogischen Hochschule Freiburg zum Thema Opfer – TäterInnen – Theaterpublikum. Szenarien von Zeugenschaft in Theaterstücken zum NSU (Peter Lang, 2019). Zu ihren Forschungsinteressen gehören Gegenwartsdrama und -theater, insbesondere dokumentarische Formen sowie Theaterstücke und Inszenierungen zum NSU und rechter Gewalt. Zuletzt erschienen neben der Dissertation: „Talking about Silence and Talking instead of Silence in Elfriede Jelinek's Das schweigende Mädchen." In *Texts with no words. Communication of Speechlessness*. Hg. Eva Gillhuber und Rita Rieger. Beiheft von *PhiN. Philologie im Netz*, 15/2018 sowie „Radikale Akte der Partizipation? Charakteristika von Bürgerbühnen als einer neuen Theatersparte." In *Der Deutschunterricht* 5 (2019).

Daniela Henke schloss 2014 ihr Studium der Germanistik und der Philosophie an der Albert-Ludwigs-Universität Freiburg ab. Danach war sie zunächst als Wissenschaftliche Hilfskraft für den Sonderforschungsbereich 1015 „Muße. Konzepte, Räume, Figuren." in den Bereichen Koordination des Integrierten Graduiertenkollegs und Gleichstellung tätig. Von Oktober 2014 bis März 2015 erhielt sie ein Stipendium zur Promotionsvorbereitung durch die a.r.t.e.s. Graduiertenschule in Köln. Seit Oktober 2015 ist Daniela Henke Wissenschaftliche Mitarbeiterin und Doktorandin am Graduiertenkolleg 1767 „Fiktionales und Faktuales Erzählen". Darüber hinaus erhielt sie mehrere Lehraufträge am Deutschen Seminar der Universität Freiburg. 2020 wird sie dort ihre Dissertation „Zerborstene Texte und Wirklichkeiten in der Schwebe. Experimentelles Erzählen über den Nationalsozialismus" fertigstellen. Sie publizierte u. a. über das Romanwerk Christoph Ransmayrs, Thomas Harlans und Thomas Lehrs. Letzte Veröffentlichung: „Commemorating the Unexperienced. The Strategical Function of Jean Améry's Memories in the Postmemorial Novel *Morbus Kitahara* by Christoph Ransmayr." In *Status Quaestionis* 18 (2020): 48–63.

Susanne Knittel is Assistant Professor of Comparative Literature at Utrecht University in the Netherlands. She is the author of *The Historical Uncanny: Disability, Ethnicity, and the Politics of Holocaust Memory* (Fordham University Press, 2015; German translation *Unheimliche Geschichte: Grafeneck, Triest, und die Politik der Holocaust-Erinnerung*, Transcript 2018) and the editor, with Kári Driscoll, of „Memory after Humanism", a special issue of *Parallax* (2017) and, with Zachary J. Goldberg, of *The Routledge International Handbook of Perpetrator Studies* (Routledge 2019). Her current research focuses on the figure of the perpetrator in contemporary memory culture. She is the founder of the Perpetrator Studies Network and editor-in-chief of *JPR: The Journal of Perpetrator Research*.

Sven Kramer ist Professor für Neuere deutsche Literaturwissenschaft und Literarische Kulturen an der Fakultät Kulturwissenschaften der Leuphana Universität Lüneburg mit den Arbeitsschwerpunkten: Kodierung von Gewalt in Literatur und Film; Holocaust-Literatur und -Film; Essay und Essayfilm; literaturtheoretische und ästhetische Fragestellungen im Umfeld von kritischer Theorie, Dekonstruktion und kritischer Hermeneutik. Publikationen u. a.: *Transformationen der Gewalt im Film. Über Riefenstahl, Améry, Cronenberg, Egoyan, Marker, Kluge, Farocki* (2014).

Rüdiger Lautmann, Dr. phil., war von 1971 bis 2010 o. Prof. für Soziologie an der Universität Bremen und lebt jetzt in Berlin. Arbeitsgebiete: Recht und Kriminalität, Geschlecht und Sexualität. Einige Buchpublikationen (teils als Hg.): *Justiz – die stille Gewalt* (1972/Neuausgabe 2011); *Seminar: Gesellschaft und Homosexualität* (1977); *Männerliebe im alten Deutschland. Sozialgeschichtliche Abhandlungen* (1992); *Die Gleichheit der Geschlechter und die Wirklichkeit des Rechts* (1993); *Homosexualität. Handbuch der Theorie- und Forschungsgeschichte* (1993); *Der Homosexuelle und sein Publikum* (1997); *Nationalsozialistischer Terror gegen Homosexuelle* (2002); *Soziologie der Sexualität* (2002); *Migranten in der deutschen Polizei* (2010); *Lexikon zur Soziologie* (5. Aufl. 2010); *Sexualität und Strafe* (2016); *Georg Simmel und das Leben in der Gegenwart* (2018). Zuletzt organisierte er das Jahrbuch *Invertito* (Band 21, 2019), darin sein Aufsatz zur Ko-Erinnerung: „Diversität und Einheit. Die NS-Homosexuellenrepression in der Erinnerungskultur". Homepage: www.lautmann.de

Urania Julia Milevski, Dr., ist Lecturer für Neuere deutsche Literaturwissenschaft und Mediengeschichte an der Universität Bremen. 2014 Promotion im DFG-Graduiertenkolleg Dynamiken von Raum und Geschlecht (Universität Kassel und Georg-August-Universität Göttingen) mit der Schrift „Stimmen und Räume der Gewalt. Erzählungen von Vergewaltigung in der deutschen Gegenwartsliteratur". Wissenschaftliche Mitarbeiterin an der Georg-August-Universität Göttingen (2018–2019), am Deutschen Institut der Johannes Gutenberg-Universität Mainz (2016–2019), Vertretungsprofessur Neuere deutsche Literaturwissenschaft und Medien/Literatur- und Mediendidaktik an der Universität Kassel (2018–2019). Publikations- und Forschungsschwerpunkte: Naturalismus, Moderne und Gegenwartsliteratur, außerdem Literaturtheorie und literaturwissenschaftliche Praxeologie, Transmedialität und Serielles Erzählen in Literatur und Medien. Letzte Veröffentlichung: *Frank Wedekind. Gedichte aus dem „Simplicissimus"*. Göttingen: Wallstein, 2019.

Miriam Nandi is lecturer of English literatures and gender studies at the University of Freiburg. She holds a PhD degree and a habilitation from the University of Freiburg and is an alumna of the School of Criticism and Theory at Cornell University. Her research interests include postcolonial theory and literature, early modern life writing, and transnational memory studies. She is the author of *M/Other India/s* (2007), *Gayatri Spivak* (2009), and *Reading the Early Modern Diary* (forthcoming).

Johanna Öttl ist, nach Anstellungen am Trinity College Dublin und an der Universität Salzburg, derzeit Kuratorin des Literaturprogramms im Literaturhaus *Alte Schmiede* Wien und Lehrbeauftragte an der Universität Wien (Fachbereich Germanistik). Promotion mit einer Arbeit über Ästhetiken des Grotesken in der Shoah-Literatur.

Anna G. Piotrowska studied at Durham University (UK) and Jagiellonian University (Poland), where she is currently Professor of musicology. She held several renowned fellowships and awards, taking part in international projects e. g. 'Beyond stereotypes: cultural exchanges and the Romani contribution to European public spaces' under the Humanities in the European Research Area (HERA) umbrella. Her research centres around sociological and cultural aspects of musical life with a special focus on the intersection of musical culture and concepts of race and ethnicity and the role of music in shaping, impacting and mirroring cultural and political contexts. While interested in historical processes, Piotrowska also uses aesthetic, semiotic and anthropological concepts, favouring a comparative approach. She is the author of *Gypsy Music in European Culture* (2013) as well as several books and textbooks in Polish and of various articles in peer-reviewed journals such as *Patterns of Prejudice*, *International Review of the Aesthetics and Sociology of Music*, and *Österreichische Musikzeitschrift*.

Tom Vanassche studied German and English Studies and Comparative Literature at Ghent University and European Studies at King's College London. He was a researcher at the Graduate School 1767 Factual and Fictional Narration at the University of Freiburg (Germany) from 2015 – 2019 and submitted his PhD dissertation „Ruptured Affections. The pathos of anti-pathos in Shoah literature and historiography". He has published on French, German and American narratives of the Shoah, documentary literature, the memory of resistance fighters and the Shoah, the codification of emotionality and on literary translation. Most recent publication: „Screaming silences. Screen Memories and Postmemories of the Resistance and the Shoah in two French Contemporary Novels." In *Status Quaestionis* 18 (Spring/Summer 2020), 64 – 83.

Lena Wetenkamp, Dr., ist wissenschaftliche Mitarbeiterin am Deutschen Institut der Johannes Gutenberg-Universität Mainz. 2017 Promotion mit der Studie „Europa erzählt, verortet, erinnert. Europa-Diskurse in der deutschsprachigen Gegenwartsliteratur". Gastdozenturen an der Uniwersytet Kazimierza Wielkiego Bydgoszcz/Polen (10/2013); der Università degli Studi di Sassari/Italien (07/2015) und der Università degli Studi di Milano/Italien (10/2018). Publikations- und Forschungsschwerpunkte: Deutschsprachige Literatur vom 18. bis zum 21. Jahrhundert, insbesondere interkulturelle Gegenwartsliteratur, inter- und transmediale Fragestellungen, Diskurse zu Gewalt, Postmemory und Trauma. Letzte Veröffentlichung: „‚Gefühlsalphabete': Das Ausbuchstabieren sprachlicher Affekträume bei Ilma Rakusa". In *Affektivität und Mehrsprachigkeit. Dynamiken der deutschsprachigen Gegenwartsliteratur*. Hg. Marion Acker / Anne Fleig / Matthias Lüthjohann Tübingen: Narr Francke Attempto 2019, S. 241–260.

Personen- und Sachregister

Adenauer, Konrad 8
Adorno, Theodor W. 16, 61, 65
Aghet *Siehe* Genozid an den Armenier_innen
Aktion T4 *Siehe* Euthanasie/euthanasia
Alighieri, Dante 42
Antisemitismus/antisemitism 7f., 43, 54, 60f., 70, 74–76, 99f., 113–116, 121, 181, 184–186, 188, 190
Antiziganismus 8f.
Arendt, Hannah 85, 165
Assmann, Aleida 12f., 49, 119, 123, 131, 135, 137, 146–148, 161, 169
Attridge, Derek 24–27, 32f.
Augstein, Rudolf 3
Auron, Yair 63
Auschwitz 27, 44, 54, 65, 85, 93, 106, 111, 161, 165, 185f., 188, 197–200, 203
Austin, John L. 168

Banfield, Ann 140
Barad, Karen 33
Bauer, Fritz 185
Bauer, Yehuda 7
Bauman, Janina 202
Beck, Gad 189
Benjamin, Walter 96
Berenbaum, Michael 176
Berlusconi, Silvio 29f.
Bettauer, Hugo 59
Birkenau *Siehe* Auschwitz
Bischoff, Charlotte 53
Blacher, Boris 198
Black, Max 35
Bloch, Iwan 190
Blumenberg, Hans 35
Borges, Jorge Luis 21
Bormann, Johannes v. 65
Boye, Karin 41, 51
Britting, Georg 198
Broszat, Martin 3
Buchenwald 121

Calis, Nuran David 131
Celan, Paul 126
Césaire, Aimé 85
Chagall, Marc 196
Chaumont, Jean-Michel 5, 169
Cohn, Dorrit 140
Competitive memory 12, 23, 31, 35, 49, 84f., 147
Confino, Alon 146
Cywiński, Piotr 27

Dabag, Mihran 10
Dachau 202
Dadrian, Vahakn 71
Danielova, Růžena 197
de Gobineau, Arthur 194
Dean, Carolyn 182
Dechant, Bernhard 108
Deleuze, Gilles 145
Derrida, Jacques 24, 35
Desai, Anita 86
Desch, Rudolf 198
Dessau, Paul 198
Diaspora 10, 96
Diner, Dan 3
Dischereit, Esther 119, 122–124, 126–131
Döblin, Alfred 66
Draesner, Ulrike 136
Dragset, Ingar 187
DuBois, W.E.B. 85
Dückers, Tanja 137
Düwell, Susanne 109
Dynda, Joanna 109

Eckhardt, Roy 5
Eichmann, Adolf 85, 185
Einzigartigkeit/uniqueness 4–7, 10, 12, 21, 23–25, 29, 65, 101f.
Eisenman, Peter 187
Eke, Norbert Otto 65
Eliot, George 86
Elmgreen, Michael 187
Engel, Carl 194

Entanglement 9f., 63, 65, 193
Erll, Astrid 136, 145, 149f., 189
Euthanasie/euthanasia 7, 26, 29–31, 34, 123, 187

Faulkner, William 26
Fischer-Lichte, Erika 168
Fludernik, Monika 140
Foibe-Massaker 30f.
François, Etienne 169
Franz Ferdinand von Österreich-Este 68
Fraser, Nancy 52
Freud, Sigmund 26, 28, 40, 161
Fricke, Hannes 140
Friedländer, Saul 3, 9
Friedman, Susan Stanford 21f.
Fritzsche, Peter 146

Ganapathy-Doré, Gheeta 91
Gauck, Joachim 70
Genette, Gérard 122, 139
Genozid 5–8, 10, 12, 15f., 27, 29f., 45, 52, 54, 59, 62–67, 69f., 73, 75, 101, 113, 116, 121, 130, 160f., 165, 169, 176–181, 200f.
Genozid an den Armenier_innen 5, 7, 13, 63–68, 70f., 73f.
Genozid an den Ezid_innen 16
Genozid an den Herero und Nama 7, 11, 73
Genozid an den Juden und Jüdinnen (Shoah) 3–8, 10–13, 15–17, 23f., 27–30, 40–45, 68, 50–55, 60f., 63–68, 70, 72–74, 76, 84–93, 95f., 100–102, 104, 106f., 113–115, 119, 121–125, 127–132, 135, 146f., 158f., 161, 165, 171, 175–182, 184f., 187–190, 193, 196–203
Genozid an den Nativen Amerikaner_innen 68, 180
Genozid an den Sinti und Roma (Porrajmos) 5f., 8, 180, 196, 198f., 201–203
Genozid an den Tutsi (Ruanda) 7, 162
Gerigk, Herbert 195
Gerlach, Jens 198
Ghetto 53, 59–61, 63f., 111, 189, 197f.
Ghosh, Amitav 86
Gilbert, Gustave M. 182

Globke, Hans 8
Gockel, Jan Christoph 121
Goebbels, Joseph 89
Goffman, Erving 183
Gold, Tanya 27
Gössner, Rolf 120
Grafeneck 26, 30f.
Grynszpan/Grünspan, Henschel 69, 198
Gstrein, Norbert 99f., 102–104, 106, 108–110, 116f.
GULag 135, 146

Habermas, Jürgen 3f.
Hájková, Anna 180f.
Halbwachs, Maurice 14, 40, 84, 144
Hamburger, Käte 140
Haratischwili, Nino 135, 137, 145f., 148–150
Haraway, Donna 24, 32f., 35, 162
Hardt, Dietrich 83
Hartmann, Karl Amadeus 198
Heidelberger-Leonard, Irene 51
Heine, Heinrich 95
Hell, Julia 51
Henze, Hans Werner 198
Hey'l, Bettina 66
Hilberg, Raul 54, 87
Hillgruber, Andreas 3
Hilsenrath, Edgar 15, 59–62, 64–76
Himmler, Heinrich 8, 64, 179
Hirsch, Fredy 180
Hirsch, Marianne 16
Hirschfeld, Magnus 181, 186, 190
Histoire croisée 9f.
Historikerstreit 3f., 9, 13, 65f., 119, 147
Hitler, Adolf 6, 28, 55, 64, 68f., 125, 158
Hochschild, Adam 67
Hodann, Max 41
Holocaust Siehe Genozid an den Juden und Jüdinnen (Shoah)
Homophobie 177, 181f., 185, 188
Homosexuellenverfolgung 175, 178–180, 187f., 190
Horch, Hans Otto 60
Horkheimer, Max 61

İpek İpekçioğlu, Djane 128

Iser, Wolfgang 161
Islamophobie 115
Israel 14, 61, 63, 75f., 85, 114, 143, 157–159, 171, 188–190
Italienischer Faschismus 31, 103

Jäger, Herbert 185
Janesch, Sabrina 137
Jelinek, Elfriede 108, 121
Jinks, Rebecca 12, 15
Jochheim-Armin, Karl 202
Jones, Ernest 182
Jovanovich, Danica 197
Judenmord *Siehe* Genozid an den Juden und Jüdinnen (Shoah)
Judeozid *Siehe* Genozid an den Juden und Jüdinnen (Shoah)
Jugoslawienkrieg 158, 160f., 164

Kabas, Hilmar 99
Kahveci, Çağrı 120
Kalter Krieg 39, 41
Kansteiner, Wulf 135, 137, 150
Katz, Steven 5–7, 179f.
Keilbach, Judith 131
Kertész, Imre 106
Khider, Abbas 108
Kindt, Tom 140
Kirby, Rachel 63, 70
Klävers, Steffen 7
Knittel, Susanne 68, 162, 176
Kogon, Eugen 175
Kohl, Helmut 8
Kolonialismus/colonialism 7, 11, 40f., 50, 84–86, 88–90, 95f., 100, 135, 178, 188, 190
Köppe, Tilmann 140
Korsch, Karl 85
Kucher, Primus-Heinz 110
Küspert, Konstantin 120f.

Laferl, Christopher F. 140, 145
Lang, Anne 146
Leggewie, Claus 146
Leisch, Tina 108
Lepsius, Johannes 71
Leszczyńska, Stanisława 200

Levi, Primo 53
Linenthal, Edward T. 27f.
Liszt, Franz 195
Loeffler, James 201
Lombroso, Cesare 194
Löw, Andrea 4

Maksymiuk, Jerzy 200
Margalit, Avishai 200
Margalit, Gilad 199
Marx, Karl 52
Maus, Andreas 131
Mauthausen 139
McHale, Brian 140
Menuhin, Jehudi 200
Merton, Robert K. 190
Mickiewicz, Adam 196
Mladić, Ratko 163
Moll, Albert 190
Morgenstern, Christian 95
Mosse, George L. 181, 186
Müller, Klaus 181, 186
Multidirektionale Erinnerung/multidirectional memory 12–14, 16, 21, 23f., 28–32, 35, 42, 49f., 60, 83–86, 95f., 99f., 102, 108, 116, 131, 135, 138, 140f., 144f., 147–150, 171, 175f., 178, 180–182, 185, 188–191
Mussolini, Benito 89

Nietzsche, Friedrich 22
Nolan, Christopher 90
Nolte, Ernst 3, 11
Nora, Pierre 31
NSU 119–132
Nyman, Gert 44, 47, 52, 54

Othmann, Ronya 16f.

Palester, Roman 198
Palmer, Alan 137, 139–141, 144, 146
Penderecki, Krzysztof 200
Peroomian, Rubina 70
Phillips, Caryl 59f.
Pınar Sarp, Özge 120
Pollak, Michael 181, 183f.

Porrajmos *Siehe* Genozid an den Sinti und Roma (Porrajmos)
Postkolonialismus/postcolonialism 7, 9, 83–86, 90, 95f., 105f., 188
Postmemory 94, 135f., 138
Ptaszyńska, Marta 200

Radhakrishnan, Rajagopalan 22, 35
Radzyner, Tamar 110f.
Rathgeb, Roger „Moreno" 199
Reck, Norbert 186
Rector, Martin 41, 46
Reich, Wilhelm 182
Ricoeur, Paul 35
Ronen, Yael 157, 160f., 165, 167, 171
Rosenbaum, Alan 4
Rostock-Lichtenhagen 120
Rothberg, Michael 12f., 15f., 24, 28–30, 49–52, 84f., 95, 100–102, 119, 122f., 131, 135, 137, 146–148, 159, 178, 181–183, 186, 188–193
Ruanda 7, 101, 162
Rubenstein, Richard 4
Rudd, Amber 27f.
Rushdie, Salman 66, 86

Sayn-Wittgenstein, Carolina v. 195
Scheit, Gerhard 121
Schlageter, Albert Leo 121
Schmidt, Helmut 8
Schoenberg, Arnold 198
Schoeps, Hans-Joachim 181
Scholem, Gerhard/Gershom 191
Schoppmann, Claudia 181, 186
Schütz, Miksa 195
Semprún, Jorge 106, 108
Seth, Vikram 83f., 86–906
Shakespeare, William 83, 126, 130, 159
Shoah *Siehe* Genozid an den Juden und Jüdinnen (Shoah)
Sievers, Wiebke 70
Silbermann, Alphons 189
Şimşek, Enver 127
Singularität/singularity 3–12, 14, 21, 23–28, 32, 34f., 70, 119–122, 129, 147, 187

Sklaverei/slavery 13, 24, 28, 59, 100f., 180, 200
Solingen 120
Söllner, Alfons 40, 51
Spanischer Bürgerkrieg 39, 41, 53
Spiegelman, Art 94
Spielberg, Steven 189
Spivak, Gayatri Chakravorty 86, 105f.
Stalinismus 41, 135, 147
Stockhammer, Robert 101f.
Stojka, Ceija 197
Strache, Heinz Christian 99
Stroop, Jürgen 64
Stuckart, Wilhelm 8
Stürmer, Michael 3
Süselbeck, Jan 15f.

Tauber, Georg 202
Tielsch, Ilse 112
Tippett, Michael 198
Tippner, Anja 140, 145
Tolstoy, Lev 193
Trakl, Georg 95
Translation 84, 86, 92f., 95f.
Trauma 15f., 28, 45, 48f., 51, 60, 87, 89–91, 93–95, 106, 135, 138–141, 144f., 148, 170, 203
Troebst, Stefan 147
Tymoszko, Maria 96

Vahsen, Patricia 61
van Dijk, Lutz 181, 186
Venuti, Lawrence 92
Vertlib, Vladimir 100, 102, 109f., 113–116
Virchow, Fabian 120
vom Rath, Ernst 89, 198

Wackwitz, Stephan 137
Wagenseil, Johannes Christopherus 194
Wagner, Richard 195
Wagner-Régeny, Rudolf 198
Walser, Martin 9
Warner, Michael 183
Weber, Max 52
Weiss, Peter 39–51, 53–55
Weitz, Eric 10f., 73
Weliczker, Leon 200

Welzer, Harald   10, 40, 49
Werfel, Franz   63–65, 70
Werner, Michael   10
White, Hayden   66
Wiesenthal, Simon   101, 176
Wilkomirski, Binjamin   106
Wippermann, Wolfgang   6, 8
Wirth, Christian   30
Wolff, Charlotte   181, 186
Woolf Hedley, Leslie   200

Yad Vashem   87, 92–95, 165

Ziai, Aram   84
Zieritz, Greta v.   199
Zimmermann, Bénédicte   10
Zink, Dominik   138
Zoll, Paul   198
Zülch, Tilman   199

www.ingramcontent.com/pod-product-compliance
Lightning Source LLC
Chambersburg PA
CBHW020837160426
43192CB00007B/693